Die größten Fälschungen der Geschichte

Frank Fabian

Die größten Fälschungen der Geschichte

Was so nicht in unseren Schulbüchern steht

Bassermann

ISBN: 978-3-8094-4341-4

1. Auflage
© 2022 by Bassermann Verlag, einem Unternehmen der Penguin Random House
Verlagsgruppe GmbH, Neumarkter Str. 28, 81673 München

Projektleitung dieser Ausgabe: Martha Sprenger
Bildredaktion: Annette Mayer
Satz: JUNG MEDIENPARTNER GmbH, Limburg
Bildnachweis: Aus Meyers Konversations-Lexikon, 4. Aufl. Leipzig 1885–1890:
220; bpk, Berlin: 26 l. (Ägyptisches Museum und Papyrussammlung, SMB/Margarete
Büsing); The Bridgeman Art Library, Berlin: 26 r., 264; Wikipedia: 62, 63
(Jeff Dahl), 267 (M. Garde unter Verwendung eines Originalmotivs von José-Manuel Benitos)
Umschlaggestaltung: Atelier Versen, Bad Aibling
Umschlagmotiv: AKG-Images, Berlin
Herstellung: Timo Wenda

Druck und Bindung: GGP Media GmbH, Pößneck
Printed in Germany

Penguin Random House Verlagsgruppe GmbH FSC˚ N001967

674130000317

INHALT

1. KAPITEL

TABUTHEMA GESCHICHTSFÄLSCHUNG

Viele von uns hängen noch immer dem Glauben an, im Falle des Faches Geschichte handele es sich um ein Gebiet, das längst „wissenschaftlich" genau erfasst ist, in dem es praktisch keine Irrtümer gibt und das inzwischen sozusagen auskartografiert und exakt abgemessen worden ist. Man könnte nicht falscher liegen!

Schon ein oberflächlicher Blick auf die „Geschichte der Geschichte" zeigt uns, dass Historie fast immer dazu benutzt wurde, Machtpositionen zu zementieren, Herrscher zu besingen und/oder einem Glauben Vorschub zu leisten – einer Religion, einer Ideologie oder einer bestimmten Anschauung. Daran hat sich bis heute wenig geändert.

Plaudern wir ein wenig aus der Schule:

In unseren Breiten, auch in Deutschland, war die Geschichtsschreibung bis ins 17./18. Jahrhundert christlich ausgerichtet. Fromme Gelehrte, die den Griffel gut führen konnten (meist Priester) verfassten „Geschichte". Denn nur sie verfügten dazumal über die Fähigkeit, Buchstaben gekonnt aneinanderzupinseln. Ihre grundlegende Absicht bestand darin, die Schafe auf der richtigen Weide zu halten. Also wurden zahlreiche Legenden, religiöse Märchen, erfunden, aber auch juristische Dokumente gefälscht – alles zur höheren Ehre Gottes.

Als im 18. Jahrhundert aufklärerische, aufmüpfige Geister auf offensichtliche Fehler und Ungereimtheiten in der Geschichtsschreibung aufmerksam machten, besserte sich die Situation ein wenig.

Schon bald präsentierte ein gewisser Karl Marx eine neue, höchst anfechtbare „Geschichtsschreibung", die immerhin in der ehemaligen DDR noch weit bis ins 20. Jahrhundert wiedergekäut wurde und die in China oder auf Kuba nach wie vor präsent ist. Die Großlügen des Kommunismus sind bis heute nicht systematisch aufgearbeitet. Buchstäblich Milliarden von Menschen wurden (und werden bis heute!) mit gefälschten Geschichtsdaten versorgt.

Über die Geschichtsfälschungen der Nationalsozialisten, die in Deutschland von 1933 bis 1945 hausten, braucht man ebenfalls kaum ein Wort zu verlieren: Auch die Nazis verfälschten die Geschichte und degradierten Geschichtsschreiber zu ihren Steigbügelhaltern und Stiefelknechten.

Doch selbst in der Gegenwart, in den heiligsten Zirkeln der „Wissenschaft", ist nicht alles Gold, was glänzt. Was die Historie angeht, wird mitunter immer noch „getürkt" und gemogelt, gefälscht und gekungelt, wie wir im Laufe dieses Buches aufzeigen werden. „Geschichte ist ein Mississippi von Lügen" urteilte schon Voltaire, und wir können ihm nur beipflichten. Doch gehen wir zunächst noch einmal einen Schritt zurück und fragen uns, was das eigentlich genau ist: Geschichtsfälschung.

DEFINITIONEN

Von einer **Geschichtsfälschung** spricht man, wenn jemand vorsätzlich versucht, mit unlauteren wissenschaftlichen Mitteln historische Ereignisse falsch darzustellen. Man kann sogar eine Quelle fälschen – wie etwa im Fall der Konstantinischen Schenkung. Diese gefälschte Urkunde ca. aus dem Jahre 800 n. Chr. besagt, dass der römische Kaiser Konstantin angeblich um 315/317 dem Papst und seinen Nachfolgern die Oberherrschaft über Rom, über Italien, ja über die gesamte Westhälfte des damaligen Römischen Reiches geschenkt habe. Die Päpste nutzten diese (gefälschte) Urkunde, um ihre territorialen Ansprüche durchzusetzen.

Von einer Geschichtsfälschung spricht man auch, wenn bestimmte, der eigenen Meinung nicht genehme Quellen absichtlich unterschlagen werden, also eine einseitige Darstellung eines historischen Sachverhaltes vorliegt.

Auch die direkte, plumpe Lüge zählt zur Geschichtsfälschung. In der Ex-DDR wurde etwa in „historischen" Texten behauptet, im Jahre 1950 habe Südkorea den Norden überfallen – und nicht umgekehrt.

Etwas ganz anderes als die Fälschung ist die **Rekonstruktion,** bei der eine Quelle nicht als „alt" ausgegeben wird und wo keine Fälschungsabsicht vorliegt. Trotzdem muss man auch in solchen Fällen oft gewaltige Abstriche beim Wahrheitsgehalt machen.

Nur in geringem Maße unterscheidet sich der Begriff der Geschichtsfälschung von dem der **Geschichtsklitterung.** Hierbei handelt es sich um eine unkritische Geschichtsschreibung, die eine sehr einseitige Position vertritt oder weitab jeder Rationalität liegt. Sowohl die absichtliche als auch die unabsichtliche einseitige Darstellung der Geschichte wird als Geschichtsklitterung bezeichnet. Der Übergang zum Begriff *Geschichtsfälschung* ist mithin fließend. Grundsätzlich ist die Bezeichnung *Geschichtsfälschung* aggressiver, massiver, es liegt eine klare unrechtmäßige, böse Absicht vor.

Von einem **Irrtum der Geschichte** spricht man, wenn keinerlei böse Absicht zugrunde liegt. So ist der (angebliche) Anschlag der Lutherschen Thesen an die Kirchentür zu Wittenberg/Sachsen-Anhalt lediglich ein Irrtum – er hat nie stattgefunden. Trotzdem spricht man in diesem Fall nicht von einer Fälschung, obwohl der Tatbestand, das Anschlagen der Thesen, in vielen Geschichtsbüchern behauptet wird.

Man könnte also mit ein wenig Humor von der bösartigen und der gutartigen Fälschung sprechen.

Grundsätzlich müssen Zeit und Ort stimmen, wenn man genau berichten will, „wie es eigentlich gewesen ist". Aber auch die wirklichen Drahtzieher eines Ereignisses, die oft hinter den Kulissen unsichtbar agierten, müssen sauber herausgearbeitet werden, um Historie so objektiv wie möglich darzustellen, wobei vollständige Objektivität wahrscheinlich nie zu erreichen ist.

Es gibt viele Methoden zu lügen, wie wir im Laufe dieses Buches sehen werden. Ja, es gibt sogar eine „Hohe Schule" der Lüge, die manchmal von einer solchen Raffinesse ist, dass sie uns noch heute sprachlos macht. Wahrscheinlich muss man den Begriff der Geschichtsfälschung ausweiten und ihn umfänglicher definieren, als das bislang getan wurde.

Was sind die Gründe für Geschichtsfälschungen? Mit Geschichtsfälschungen wollen Fälscher ihre eigene (wissenschaftliche) Karriere fördern, Geld verdienen (wie im Fall der Hitler-Tagebücher), Machtstrukturen zementieren oder verändern, Kriegsverbrechen rechtfertigen (Ableugnung des Holocausts), Gegner schwächen, Freunde gewinnen, Reputation herstellen, Gruppen diffamieren und Rechtspositionen untermauern.

BEKANNTE UND UNBEKANNTE GESCHICHTSFÄLSCHUNGEN

Bis heute sind wir hinsichtlich des Themas Geschichtsfälschung nicht genügend sensibilisiert. Es ist noch immer zu einem gewissen Grade tabu. Dabei strotzt die Historie von Halbwahrheiten, Viertelwahrheiten, Schutzbehauptungen und Public-Relations-Statements, wie wir gleich aufzeigen werden.

Scheinbar bekannt sind die Großlügen während des Nazi-Regimes. Forscht man jedoch genauer nach, staunt man, auf wie viel Unkenntnis man in diesem Zusammenhang stößt. Die Konsequenzen dieses Nicht-Wissens trugen immerhin zum Zweiten Weltkrieg bei.

Weiter sind die Fälschungen rund um die kommunistische Geschichtsschreibung inzwischen scheinbar intellektuelles Allgemeingut. Scheinbar! Tatsächlich ist dabei sogar in Fachkreisen kaum bekannt, wie genau Marx oder Lenin die Geschichte verdrehten.

Darüber hinaus gibt es zahlreiche Geschichtsfälschungen, die selbst „Experten" praktisch unbekannt sind – wie etwa die genaue historische Herkunft des Jüngsten Gerichts oder die Anleihen, die der Verfasser des Neuen Testaments bei den Persern machte, oder das (unterschlagene) Wissen rund um ägyptische Quellen.

Hoch brisant wird es schließlich, wenn wir Geschichtsfälschungen in der Neuzeit betrachten – die Ereignisse rund um die Französische Revolution zum Beispiel, immerhin die wichtigste Revolution in der Geschichte der Menschheit. Noch immer wird über die *wahren* Verursacher dieser Revolution das Mäntelchen des Schweigens gedeckt.

Aber auch die national motivierte Geschichtsschreibung verwöhnt uns nicht mit Wahrheit, wie etwa die Geschichte der Vereinigten Staaten von Amerika beweist.

Und die Verfechter bestimmter Geschichtsphilosophien versuchen bis heute, hinsichtlich der Geschichtsschreibung von vorneherein nur eine Sicht- und Denkweise zuzulassen. Sie versuchen, uns das selbstständige Denken zu verbieten. Setzen wir also einen Gegenpol!

Mit diesen Zeilen, Sie haben es längst erraten, fassen wir kurz zusammen, was Sie in diesem Buch erwartet: einige neue Einblicke in die Geschichte, aber auch in die Geschichtsschreibung selbst, die voller Fälschungen und Ideologien ist – weit mehr als wir es uns bisher zugestanden haben. Sie finden weiterhin unorthodoxe Neubewertungen vieler Fakten, die selbst scheinbar bekannte historische Tatsachen auf einmal in einem völlig neuen Licht erscheinen lassen.

Machen wir die Probe aufs Exempel!

Verbotene Ägyptologie, Teil 1

Auch die Auslassung eines wichtigen Sachverhaltes lässt sich als Geschichtsfälschung bezeichnen. Wenn über bestimmte Ereignisse oder Tatsachen nicht oder nur in unzureichender Weise berichtet wird, ist das Ergebnis selbstredend eine Fehlinformation.

In diesem Sinne ist es bemerkenswert, dass in unseren Breiten bis heute (!) einige geschichtliche Erkenntnisse noch immer nicht intellektuelles Allgemeingut geworden sind. So werden beispielsweise bestimmte Erkenntnisse der Ägyptologie unterdrückt, wobei speziell mit zwei Einsichten hinter dem Berg gehalten wird, die an Brisanz nicht zu überbieten sind. Worum handelt es sich bei diesen Einsichten, die unseres Erachtens nur unter die Rubrik „Verbotene Ägyptologie" eingeordnet werden können? Es sind möglicherweise die beiden größten Geheimnisse der Geschichtswissenschaft.

Die Entstehung der Ägyptologie oder Die Entwicklung einer Wissenschaft

Nehmen wir also die Spur auf und suchen wir, hinter das erste Geheimnis zu kommen, das untrennbar verknüpft ist mit der Ägyptologie.

Die Ägyptologie ist eine verhältnismäßig junge Wissenschaft, wiewohl sie sich mit den ältesten Zeugnissen der menschlichen Kultur beschäftigt. Sie erforscht die altägyptische Hochkultur, die offiziell mit dem 5. Jahrtausend v. Chr. angesetzt wird und die mit dem 4. Jahrhundert n. Chr. endet, als die Römer über Ägypten herrschten. Ein unvorstellbar langer Zeitraum!

Sie beginnt – wenn wir vorgeben, Athanasius Kircher (1601–1680) nicht zu kennen – mit der ägyptischen Expedition Napoleons im Jahre 1798, der zahlreiche Ingenieure, Zeichner, Übersetzer, Kartografen und Gelehrte mit sich führte. Einer von ihnen sollte die Welt der Wissenschaft vollständig revolutionieren: Jean-François Champollion. Champollion gelang es als Erstem, die rätselhaften Hieroglyphen zu entziffern (griech. *hieros* = heilig, *glyphein* = eingraben). Deren Entzifferung hatte den Bemühungen vieler Gelehrter so lange widerstanden, weil sie einerseits eine Bilderschrift sind (die Zeichen also in grafischer Form einen Gegenstand wiedergeben), andererseits gesprochene Laute nachahmen und zudem bereits den Übergang zur Silben- und Buchstabenschrift markieren, wie wir sie heute kennen. Mit anderen Worten: Drei verschiedene Methoden der Sprachaufzeichnung (Bilder, Laute und Buchstaben) wurden kunterbunt kombiniert. Es erforderte ein Genie wie Champollion und den Stein von Rosette, um den alten Ägyptern auf die Schliche zu kommen.

Zunächst entdeckte Champollion einen Obelisken (eine vierkantige, in einer Spitze endende Säule), in dem diese geheiligte Steinschrift eingemeißelt war. Am Fuße der Säule wurde eine griechische Übersetzung gratis mitgeliefert, was natürlich für die Entzifferung unendlich hilfreich war. Aber der Fund aller Funde war der Stein von Rosette, eine große schwarze Steinplatte, die an einem Nilarm gefunden wurde und die Aufzeichnungen in drei Schriftsprachen enthielt: Es handelte sich hierbei um die hieroglyphische Schrift, die demotische Schrift (= eine volkstümliche Schreibweise der alten Ägypter, die das einfache Volk benutzt hatte, griech. *demos* = Volk) und die griechische Schrift. Man sprach von der Entdeckung des Jahrhunderts!

Es dauerte trotzdem noch 20 Jahre, bis das gesamte ägyptische Alphabet von Champollion entziffert worden war. Dann aber erstand eine verloren geglaubte Welt neu vor den Augen aller: Ägypten wurde wieder lebendig, die Toten stiegen gewissermaßen aus ihren Gräbern und begannen zu reden, und die Ägyptologie war geboren.

Ein unvorstellbarer Triumph!

Jetzt konnte man die Geheimnisse des alten Ägyptens der Vergessenheit entreißen, jetzt konnte man den sagenhaften Legenden, die man andeutungsweise in den altgriechischen Schriften gefunden hatte, endlich auf den Grund gehen. Die Gelehrtenwelt jubelte und tanzte auf den Tischen.

WISSENSCHAFT, DIE WISSEN SCHAFFT

Wer aber im Taumel des Überschwanges geglaubt hatte, mit der Entzifferung einer Schrift sei alles gelöst, wurde gründlich enttäuscht. Noch immer sahen sich die Gelehrten unendlichen Problemen gegenüber. Es existierten zahlreiche ägyptische Sprachen und Schriften. Und so wie wir heute zwischen Althochdeutsch (ca. 810–1100 n. Chr.), Mittelhochdeutsch (ca. 1100–1500 n. Chr.), Frühneuhochdeutsch (16. Jahrhundert, Luther!) und dem neuhochdeutschen Gegenwartsdeutsch unterscheiden (die zahllosen Dialekte verschweigen wir wohlweislich, um die Materie nicht noch weiter zu komplizieren), so unterscheidet man ebenfalls zwischen mindestens sechs verschiedenen ägyptischen Sprachen, die wir zu unserer und unserer Leser Erleichterung nicht alle aufzählen wollen.

Die Probleme hatten gerade erst angefangen, denn all diese verschiedenen Sprachen wollten entziffert werden! Und wenn man sich vorstellt, dass die Bilderschrift der Mayas (eine alte indianische Hochkultur, hauptsächlich in Süd-Mexiko gelegen, ca. 2000 v. Chr. bis 900 n. Chr.) erst vor Kurzem entziffert worden ist (im 21. Jahrhundert, mit all unseren Computern und raffinierten Dechiffriermethoden), so gewinnt man einen kleinen Einblick in die gewaltige Leistung dieser Pioniere.

Wie auch immer: Der Wettlauf um das esoterische Wissen der alten Ägypter hatte begonnen.

Die Ägyptologie war in ihren Anfängen keineswegs eine wohl etablierte Wissenschaft, wie man sich das heute vorstellt. Die feine Gesellschaft (unter anderem im England des 19. Jahrhunderts) finanzierte zwar, da das zum guten Ton gehörte, snobistisch ein paar Ausgrabungen, um bei einer Abendgesellschaft als Höhepunkt eine Mumie auswickeln zu können, doch von einer wirklichen Systematik konnte keine Rede sein. Amateurhafte Ausgrabungsversuche standen am Anfang dieser Wissenschaft. Heute spricht man lächelnd von Gentleman-Archäologie.

Etwa ab dem Jahre 1898 kamen erstmalig Röntgenstrahlen zum Einsatz, mit denen etwa die Mumie des Pharaos Ramses II. durchleuchtet wurde. Damit wurde unter anderem die nachträgliche Ausstopfung seiner Nase nachgewiesen, der man ein Samenkorn auf den Nasenrücken gesetzt hatte, um den charakteristischen Höcker nach der Austrocknung nachzubilden.

1922 entdeckte Howard Carter in einem aufsehenerregenden Fund das Grab des Pharaos Tutanchamun – ein Ereignis, das die gesamte Weltpresse beschäftigte und den Gerüchten um die geheimen Mächte der alten Ägypter neue Nahrung gab; denn viele Ausgräber starben auf unerklärliche Weise während dieses Unternehmens.

Wenig später schossen viele universitäre Einrichtungen wie Pilze aus dem Boden: Die Ägyptologie wurde hoffähig. Grab- und Statueninschriften, Rituale und Festkalender, Hymnen und literarische Erzählungen auf Papyrus und Kalksteinscherben wurden entziffert, genauso wie Verträge, Briefe, Notizen und Gerichtsprotokolle. Das Gesichtsfeld weitete sich unendlich. In Deutschland konzentriert man sich bis heute auf die sprachwissenschaftlichen Aspekte und die Bauforschung, in England stehen nach wie vor Ausgrabungen im Vordergrund. Ägyptologie wird an

16 deutschen Universitäten gelehrt, sie ist besonders stark in Frankreich vertreten, existiert aber auch an anderen europäischen Universitäten sowie in Amerika, China, Japan, Australien und selbstverständlich in Ägypten selbst. Trotzdem ist es bis heute versäumt worden, auf folgende Ungereimtheiten aufmerksam zu machen.

DER KAMPF DER GELEHRTEN

Die Ägyptologie, und das wurde bisher in dieser Offenheit kaum gesagt, ist keine Wissenschaft wie beispielsweise die Physik. Jedenfalls sehen wir uns keiner Disziplin gegenüber, deren Aussagen hundertprozentig korrekt sind. Es handelt sich lediglich um den geradezu verzweifelten Versuch, Daten und Fakten zusammenzutragen und zu einem halbwegs geordneten Ganzen zusammenzufügen. Aber man stelle einmal folgende Fakten in Rechnung und bilde sich danach sein eigenes Urteil:

1. Zahlreiche altägyptische Quellen (in Ägypten selbst und in den Museen der Welt) sind nach wie vor unbearbeitet und nicht übersetzt. Dazu werden beinahe jedes Jahr neue wichtige Quellen entdeckt.

2. Die Ägyptologie umfasst einen Zeitraum von 5,5 Jahrtausenden – ein schier unendlicher Zeitraum für einen Historiker, denn selbst die besten Spezialisten unter ihnen überblicken selten mehr als ein paar Hundert Jahre.

3. Nach wie vor orientiert sich die Liste der Pharaonen (*Pharao* bedeutet wörtlich *großes Haus* oder *großer Tempel*) an den Schriften eines ägyptischen Priesters namens Manetho. Aber seine Schriften sind verloren gegangen und uns nur durch Zitate aus dem 1. bis 8. Jahrhundert n. Chr. überliefert. Die alten Ägyp-

ter teilten die Zeit nicht wie wir nach der Umdrehung der Erde um die Sonne ein, sondern nach Dynastien, also nach ihren Königen oder Pharaonen. Noch einmal, es ist zu brisant: Die gesamte ägyptische Chronologie fußt auf einem Priester, der vor ein paar Tausend Jahren lebte, von dessen Schriften nichts mehr existiert und von dem lediglich andere Autoren abschrieben! Von Genauigkeit kann also keine Rede sein. Deshalb werden ägyptische Chroniken bis heute ständig geändert, während die Gelehrten nicht aufhören zu streiten – aber das haben sie in der Geschichte schon immer getan.

4. Die Existenz der frühesten Pharaonen kann deshalb nicht mit Sicherheit eruiert werden. Angeblich hieß der erste Pharao Oryxkopfstandarte. Der Begriff *Oryx* bezeichnet eine spezielle Antilopengattung mit schwarzen Markierungen im Gesicht und langen, spitzen Hörnern. Eine Standarte ist eine Flagge, die vor Staatsoberhäuptern hergeführt wird. Vielleicht benutzte dieser erste Pharao der Geschichte also eine Antilopenmaske oder ließ ein Antilopenbild vor sich hertragen. Die weiteren Pharaonen hießen unter anderem Fingerschnecke, Fisch, Elefant, Stier, Storch, Skorpion I., Falke I. oder Doppelfalke. Aber nichts ist sicher. Man nimmt heute an, dass rund 350 Pharaonen im Laufe der ägyptischen Geschichte existierten, aber es gibt auch andere Meinungen.

5. Nicht selten wurde ein (Pharao-)Name nur durch ein Gefäß überliefert, auf dem er eingeritzt war, oder durch einen Siegelabdruck. Die Methoden der Ägyptologie, so intelligent und bemerkenswert sie teilweise sind, können also eines mit Sicherheit nicht für sich beanspruchen: stets der Wahrheit auf den Grund zu gehen. Ebenso gescheite wie abenteuerliche Schlussfolgerungen werden aus winzigen Details gezogen, denn jeder Gelehrte will ein Stückchen Unsterblichkeit ergattern. Was also wissen

wir wirklich? Um es mit den Worten des deutschen Komödiendichters Karl Valentin auszudrücken: „Nichts Genaues weiß man nicht."

6. Ägyptologen widersprechen sich heute intensiver und häufiger als Politiker vor einer Wahl. Es wimmelt von abweichenden Behauptungen in den Texten der Wissenschaftler, alle naslang wird eine neue Theorie schick und modern, alte Behauptungen werden umgestoßen und neue erblicken das Licht der Welt. Chronologien werden heute modern und landen morgen schon wieder auf dem Abfallhaufen der Geschichtswissenschaft.

Es ist also Zeit, dass wir ein wenig den Respekt verlieren vor dem hehren Begriff der „Wissenschaft", wiewohl man auf der anderen Seite vielen ernsthaften Gelehrten Respekt bezeugen muss. Alles andere wäre Hybris. Trotz dieses Kampfes, der allenthalben tobt, wurden jedoch die beiden wichtigsten Geheimnisse der alten Ägypter bis heute nicht in ausreichendem Umfang bekannt gemacht.

Lassen wir die Katze aus dem Sack!

DIE OFFIZIELLE BIBLISCHE WAHRHEIT

Vergessen wir nicht: Unsere Geschichtswissenschaft, selbst in unserem so gelehrten Deutschland, fußt noch immer auf einem weitgehend von der christlichen Geschichtsschreibung geprägten Bild. Früher oblag die Historiografie christlichen Priestern, die im Prinzip gerade einmal die Geschichte Roms und Griechenlands gelten ließen und natürlich die Geschichten der Bibel, des Alten Testamentes. Nur das passte ins Bild, nur so konnten die Gläubigen bei der Stange gehalten werden.

Wenn wir jedoch das Alte Testament mit den Augen eines Historikers, der die Geschichte Ägyptens kennt, genau durchforschen, so fällt sofort auf, wie viel hier abgeschrieben wurde. Gestohlen wollen wir nicht sagen, es klänge zu unfein. Machen wir die Probe aufs Exempel:

- Angeblich ist der Eingottglaube der Vielgötterei weit überlegen, und angeblich waren es die frühen Juden, die erstmalig nur einen einzigen Gott gelten ließen. Diese Behauptung findet man in Tausend theologischen Büchern, die von Christen verfasst wurden.

- Davon abgesehen, dass die Vielgötterei möglicherweise psychologisch leichter verdaulich ist als der Glaube an einen einzigen, übermächtigen, allwissenden, zornigen, wütenden Gott, ist diese Behauptung falsch. Natürlich wurde die These, die Juden (und in der Folge die Christen) hätten als Erste nur einen einzigen Gott anerkannt, in den Gehirnen der jüdischen und christlichen Priester ausgebrütet. Es handelte sich um den geradezu verzweifelten Versuch, die eigene Religion gegenüber den anderen Religionen herauszustreichen und die Menschen von der Einzigartigkeit und Besonderheit des jüdischen/christlichen Gottes zu überzeugen. Man sprach von dem „besonderen religiösen Genie" der Juden, und was der Superlative mehr waren. Geflissentlich „vergaß" man, dass sich die Juden anfänglich ebenfalls vor zahlreichen Göttern verbeugt hatten – etwa vor Baal, Moloch und El. Jahwe war anfänglich nichts als ein unbedeutender lokaler Wettergott, der durch einen Stier symbolisiert wurde, manchmal mit einem gewaltigen Glied. Die jüdische Eingottlehre etablierte sich nur langsam, tatsächlich zog sich der Prozess über viele Jahrhunderte, vom 9. bis zum 4. Jahrhundert v. Chr., hin – von dem hoch gelobten Eingottglauben also keine Spur! Es gab keinerlei „Offenbarung". Wie in vielen anderen Kulturen bekämpften sich die verschiedenen Götter oder besser: deren Anhänger gegenseitig. Jahwe besaß ursprünglich sogar eine Gattin, Aschera.

Wir haben dem „religiösen Genie" der Juden (und damit der Christen) also sehr viel weniger Respekt zu zollen, als es uns jahrhundertelang weisgemacht wurde.[1]

Ungeachtet dessen wurde die Eingottlehre erstmalig in Ägypten erfunden (wenn wir von Persien absehen), und zwar von Echnaton, einem Pharao, der alle früheren ägyptischen Götter von ihrem Thron stieß, die Priesterkaste entmachtete und nur einen Gott gelten ließ: Aton, den Sonnengott.

Viele Gelehrte gehen heute davon aus, dass seine Gottesgesänge unter anderem dem biblischen Psalm 104 als Vorbild dienten. Echnaton, der ägyptische Pharao, erfand also rund 1300 v. Chr. die Eingottlehre, er verjagte die anderen Götter aus dem Himmel, setzte ihnen den Stuhl vor die Tür und verbot seinen Priestern, sie weiter zu verehren. Die Mumifizierer und Einbalsamierer staunten. Enthusiastische Hymnen durften nur noch auf Aton getextet werden, den „Einen". Auch unter Pharao Amenhotep III. gab es bereits monotheistische Hymnen.

Wer diese „Inspirationen" zu leugnen versucht, befindet sich ganz einfach nicht auf der Höhe der wissenschaftlichen Forschung.

- Die Sprüche Salomons stammen, wie man heute weiß, nicht allein von Salomon, dem weisen, jüdischen Herrscher. Historiker wie Will Durant stellten fest, dass sie manches der ägyptischen Literatur schulden. Wir müssen demnach auch hier davon ausgehen, dass wir es nicht nur mit jüdischen, sondern zumindest teilweise mit ägyptischen Weisheiten zu tun haben.

Und das wundert im Grunde genommen nicht: Die höchsten Erkenntnisse wurden erstmals von ägyptischen Wesiren, Schriftstellern und Gelehrten formuliert, Ägypten war einst das intellektuelle und kulturelle Zentrum der Welt! Der Weltmacht Ägypten dienten die Juden jedoch lange Zeit als Sklaven, jedenfalls wenn wir ihren eigenen Schriften Glauben schenken. Undenkbar, dass sie nicht von ihnen lernten!

- Die Erzählung von einem Jenseits und einem Paradies gibt es bei vielen Völkern, auch bei den Ägyptern. Es ist wahrscheinlich, dass diese Idee von den Ägyptern auf die Juden überkommen ist, denn immerhin verbrachten sie eine lange Zeit in Ägypten.
Da die Ägypter von den Juden glühend beneidet wurden, ist es nur verständlich, dass sie vieles übernahmen – willentlich und wissentlich oder auch unbewusst. Selbst der Name Moses, des größten Lehrers der Juden, besitzt eine ägyptische Bedeutung. *Moses* heißt in der ägyptischen Sprache *mein Sohn*.

- Bestimmte, bei den Ägyptern hoch entwickelte medizinische Kenntnisse scheinen die Juden ebenfalls den Ägyptern zu verdanken. Wenn wir von den verschiedenen Plagen hören, die Ägypten heimsuchten, erkennen wir, dass die jüdischen Zauberer offenbar mit den ägyptischen Zauberern wetteiferten. Aber alle Plagen und alle Krankheiten mussten geheilt werden, und so lernten die Juden wahrscheinlich auch die Heilkunst von den Ägyptern.

- Ra, Amun und ein dritter Gott wurden in Ägypten früh zur dreifaltigen Göttlichkeit ernannt oder als die Verkörperungen eines einzigen mächtigen Gottes gesehen. Nicht die Juden, aber die Christen übernahmen später diese Heilige Dreifaltigkeit, die ebenfalls ägyptischen Ursprungs ist, wenn wir von indischen Quellen absehen.

- Die Ägypter waren die Ersten, die der Unsterblichkeit der Seele ein immenses Gewicht beimaßen (lassen wir erneut die Inder außer Acht). Ein unvorstellbarer Aufwand wurde betrieben, damit es die Seele im Jenseits gut antraf. Auch hier hörten die Juden genauestens zu, als sie ihre eigenen heiligen Schriften verfassten. Wie viel konkret übernommen wurde, kann man nur erahnen.

- Der Begriff der Sünde, von dem die Juden geradezu besessen waren, wurde ebenfalls von den Ägyptern erfunden. Zahlreiche ägyptische Schriften reflektieren all die Sünden, die es zu vermeiden galt. Man könnte sogar von einer Vorformulierung der Zehn Gebote sprechen. Denn bereits in Ägypten wurde gegen Ehebruch, Betrug, Diebstahl, die Lüge und Ehrfurchtslosigkeit gegenüber Gott mobil gemacht – lange vor den Juden. Sogar den Ablasshandel gab es im alten Ägypten!

- Die ägyptische Literatur ist voller Wunder, nicht anders als die jüdische und christliche. Auch im alten Ägypten gab es Magiere, die Gliedmaßen wieder anwachsen lassen, heilen, Tote zu neuem Leben erwecken, Regen hervorbringen oder das Ansteigen des Stromes bewirken konnten. Wahrscheinlich sind viele jüdische und christliche Wunder einfach von ägyptischen Wundern abgekupfert und recycelt worden.

- Besonders brisant ist die Geschichte rund um die heilige Maria, die christliche Gottesmutter! Auch hier wurden Informationen schnell unter den Teppich gekehrt. Bis heute wird beispielsweise nicht auf den Umstand aufmerksam gemacht, dass die Vorläuferin der Gottesmutter Maria keine geringere als Isis war – eine im alten Ägypten viel verehrte Göttin und Gottesmutter. Isis (auch Ise, Iset, As oder Aset genannt) war die Schwester und Gemahlin des mächtigen, altägyptischen Gottes Osiris.

Eine der wichtigsten religiösen Legenden im alten Ägypten las sich wie folgt: Von Osiris, dem Bruder und Gemahl, empfing Isis den Gott Horus. Als der (böse) Gott Seth ihren Gemahl Osiris tötete und zerstückelte, setzte Isis ihren Gatten später wieder aus den (zerstückelten) Einzelteilen zusammen, sodass er ins Leben zurückkehren konnte. Er stand von den Toten auf. So berichtet jedenfalls die Legende.

In unserem Zusammenhang ist es jedoch wichtiger, dass Isis allenthalben als liebenswerte, gütige Gottesmutter dargestellt und verehrt wurde. Mütter baten sie um Segen für ihre Kinder. Sie galt als kinderlieb, mitfühlend und mitleidend. Pharaonen tranken (symbolisch) die Milch der Isis, waren sie doch selbst Gottessöhne! Die Kuhhörner, die auf einigen Isis-Darstellungen ihren Kopf zieren, deuteten auf ihre Fruchtbarkeit und die Vermischung mit einer anderen Gottheit hin. Isis war das weibliche Prinzip der gesamten Natur, ganze Mysterienkulte rankten sich um sie.

Die ägyptische Göttin Isis, die als Mutter und Trösterin bekannt war, wurde später zu der Gestalt der Gottesmutter Maria umgeformt. Statuen der Isis mit einem göttlichen Kind in den Armen existierten in Italien und vielen anderen Ländern zuhauf. Mit anderen Worten: Schon *vor* der heiligen Maria gab es eine Gottesmutter!

Himmelskönigin und Gottesmutter – das alles waren Bezeichnungen, die schon für die Göttin und Gottesmutter Isis benutzt wurden. Historikern zufolge kommen die Zeremonien rund um die Isis-Figur der Verehrung der Gottesmutter Maria erstaunlich nahe.[2] Tatsächlich sind die Parallelen zu offensichtlich, als dass sie als Zufall abgetan werden könnten.

Es gab ein eigenes Ritual rund um die Gottesmutter Isis, eigene Gotteshäuser und Tempel. Man kannte Musik und an die Gottesmutter Isis gerichtete Gebete, durch die man sich ihres Beistands versichern wollte. Priester – in weißen Gewändern, tonsuriert, nicht anders als später christliche Mönche – dienten der Isis. Es gab sogar einen eigenen Isis-Dienst. Ein Novize musste zunächst lange fasten und Enthaltsamkeit üben, bevor er diesen Dienst ausüben durfte. Er musste beten, sich geistigen und körperlichen Reinigungen unterziehen und wie bei der christlichen Taufe in heiligem Wasser untertauchen, bevor er sich dieser edlen Gestalt nähern durfte.

Die Gottesmutter Isis tröstete Frauen, und die fühlten sich von ihr verstanden, hatte sie doch bei der Geburt ihres Sohnes ähnliche

Qualen durchstanden wie sie selbst. In allen Volksschichten und in verschiedenen Nationen wurde Isis verehrt.

Isis, die ägyptische Göttin und Gottesmutter, existierte jedoch schon ein paar Tausend Jahre vor Christus! Und vor Maria!

Im 4. Jahrhundert v. Chr. wanderte der Isis-Kult von Ägypten nach Griechenland, wo die ägyptische Gottesmutter ebenfalls tiefe Verehrung erfuhr. Im 3. Jahrhundert v. Chr. begegnen wir ihr in Sizilien, im 2. Jahrhundert v. Chr. setzte Isis sozusagen über nach Italien, wo sie ebenfalls glühend verehrt wurde. Im gesamten Römischen Reich war der Isis-Kult schließlich unvorstellbar populär.

Isis-Ikonen, Isis-Bilder und Isis-Symbole entdeckte man an der Donau, am Rhein und der Seine. Auch in Köln und Mainz fand man sie, ein ganzer Isis-Tempel wurde sogar in London ausgegraben. Im heutigen Deutschland, Frankreich und England verehrte man also die Gottesmutter Isis – von Italien, Griechenland und Ägypten ganz zu schweigen!

Als das Christentum seinen Siegeszug antrat, stand die Isis-Gestalt mit dem Göttersohn auf dem Arm Pate für Maria – die Gemeinsamkeiten können unmöglich abgestritten werden. Die Verwandlung geschah vielleicht langsam, aber dafür umso sicherer, denn das frühe Christentum war klug genug, frühere religiöse Vorstellungen und Figuren in sich aufzusaugen wie ein Schwamm.

Die Idee der gütigen Gottesmutter mit einem göttlichen Sohn war längst vorgeprägt, sie ist nicht christlichen Ursprungs. Diese Figur war fester Bestandteil der ägyptisch-religiösen Welt, da sie die Frauen tröstete. Eine Religion, die nicht genügend Identifikationsfiguren zur Verfügung stellt, stirbt schnell. Menschen wollen sich verstanden fühlen. Und so wandelte sich die Gottesmutter Isis zur Gottesmutter Maria, die „voll der Gnaden war", die ebenfalls Trost spendete und unendlich liebevoll war. Isis mutierte zu Maria, und der Horus im Arm der Isis zu Jesus.

Viele Statuen der Isis mit dem Kind wurden einfach mit (christlich) bischöflicher Zustimmung uminterpretiert. Plötzlich handelte es sich um Statuen, die Maria mit dem Kinde darstellten. Alten Isis-Statuen schob man also flugs eine neue Bedeutung unter – nachdem man sie wahrscheinlich ein wenig verändert hatte.

Isis-Statue mit Kind oder Gottesmutter und Gottessohn

Die heilige Maria mit Kind oder Gottesmutter und Gottessohn

Und so müssen wir auch in diesem Zusammenhang feststellen, dass die christliche Religion der ägyptischen unendlich viel verdankt – weit mehr, als je offiziell zugegeben wurde. Sie verdankt ihr sogar die Idee einer Gottesmutter und eines göttlichen Kindes. Und so könnte man immerzu fortfahren.

UNSERE WAHRE TRADITION

Man wäre völlig naiv, wenn man nicht den Einfluss Ägyptens auf die Juden (und in der Folge auf das Christentum und unsere Kultur) feststellen würde. Die Beweise sind erdrückend.

Es ist undenkbar, dass die Juden nicht von den Ägyptern abschrieben oder „lernten". Also müssen wir umdenken und uns neu orientieren. Unsere angeblich so stark vom Judentum geprägte (christliche) Kultur hat in Wahrheit ganz andere Ursprünge: eben ägyptische.

Natürlich war den christlichen Geschichtsschreibern nicht im Geringsten daran gelegen, auf ägyptische Quellen zu verweisen. Um Jesus Christus in den Mittelpunkt zu rücken, durfte allenfalls Judäa als Gebiet des Urvolkes genannt werden, alles andere hätte die Legenden und den Glauben zerstört. Und so wurde Ägypten fast 2000 Jahre lang im Grunde totgeschwiegen.

Im Mittelalter (ca. 500–1500 n. Chr.) kannten wir Ägypten nur als eine römische Kolonie. Während der Renaissance, im 15. und 16. Jahrhundert, nahm man in unseren Breiten an, die Kultur habe in Griechenland ihren Anfang genommen (von der Bibel immer abgesehen). Selbst zur Zeit der Aufklärung, im 18. Jahrhundert, als viele christliche Geschichtsschreiber entmachtet und auf das rechte Maß zurechtgestutzt wurden, schaute man allenfalls nach China oder Indien. Ägypten wurde nach wie vor ignoriert, man konnte die Hieroglyphen nicht entziffern. Erst als Napoleon in Ägypten einmarschierte und Champollion auf den Plan trat, wurde Ägypten allmählich real. Vorher kannte man das Land höchstens aus der Bibel, wo es ständig geschmäht wurde.

Wir kennen Ägypten also erst seit zwei Jahrhunderten. Außerdem haben wir gesehen, wie fragil die Ägyptologie noch immer ist. Sie steht als Wissenschaft gänzlich am Anfang. Ihre heutigen Thesen und ihr momentaner Wissensstand werden in weiteren zwei Jahrhunderten wahrscheinlich genauso belächelt werden wie die ägyptische Gentleman-

Archäologie des 19. Jahrhunderts heutzutage. Wir können uns in puncto Ägyptologie sicher noch auf viele Überraschungen gefasst machen! [3]

Zusammengefasst bedeutet das: Wir müssen umdenken! Unsere Kultur fußt eben nicht in erster Linie auf Judäa, das bei uns durch das Christentum Eingang fand, sondern in einem ungeahnten Ausmaß auch auf Ägypten, das wir schätzungsweise nicht einmal zu 10 Prozent wissenschaftlich erfasst haben.

Wir müssen also unsere Wurzeln abseits der Quellen suchen, die uns bislang so wohlfeil angeboten wurden. Wir müssen unseren Blick nach Ägypten richten.

VERBOTENE ÄGYPTOLOGIE, TEIL 2

Begeben wir uns in die finstersten Gänge der Pyramiden, die zu den Gräbern der größten Könige der Geschichte führen, und suchen wir den alten Ägyptern ihr zweites Geheimnis zu entlocken.

Bis heute versteht fast kein Forscher, wie Ägypten geradezu aus dem Nichts zu einer solchen Größe aufsteigen konnte. Einige Gelehrte machen die unendliche Fruchtbarkeit des Nils dafür verantwortlich, aber diese Erklärung ist schlicht und ergreifend falsch. Es gab und gibt in anderen Weltgegenden ebenfalls gewaltige Ströme mit lebensspendendem Wasser, die garantierten, dass das Korn gedieh und Nahrung im Überfluss vorhanden war – ohne dass eine solch erstaunliche Kultur geboren worden wäre.

Was also ist das *wirkliche* Geheimnis Ägyptens, das uns bis heute nicht loslässt?

DIE GEBURT DER WELTKULTUR

Versucht man, auch nur ansatzweise die Errungenschaften der Ägypter zu beschreiben, ist man zum Scheitern verurteilt. In dieser aufregenden Zeit und Region existieren zu viele Erfindungen, Neuerungen und Quantensprünge im Wissen.

Allein die Architektur erreichte eine Größe, die nie übertroffen wurde, sieht man von der jüngsten Zeit ab. Plötzlich wurde eine unvorstellbare Organisation auf die Beine gestellt, wie sie die Historie vorher nie gesehen hatte. Hunderttausende Sklaven bauten Pyramiden, deren Pracht und Majestät uns noch heute begeistern. Diese architektonischen Meisterleistungen erforderten ein beträchtliches Know-how, das in gewissem Sinne nicht in diese Zeit passt.

Die alten Ägypter verfügten in jener Periode zudem über sehr reiche Städte, mit Bauten und Tempeln, die uns noch immer sprachlos machen. Sie verbauten weißen Marmor, Granit, Diorit, Alabaster und andere Materialien, die bis heute unvergänglich sind. Raffinierte Säulen entstanden in reicher Zahl, aber auch Flachreliefs, Sphinxe und Statuen – allein in der Nähe des ägyptischen Dorfes Karnak gibt es 86.000 Statuen. Feinste Zeichnungen und Bildhauerarbeiten finden sich überall, Festhallen und Obelisken in überbordender Fülle. Ganze Städte wurden aus dem Boden gestampft, die Architektur der alten Ägypter ist bis heute ein Phänomen.

Wer aber organisierte das alles, *wer* zeichnet dafür verantwortlich? Noch heute bemühen sich unsere erfahrensten Ingenieure, den Bautechniken der alten Ägypter auf die Spur zu kommen, und durchaus nicht immer mit Erfolg.[1]

Die zahlreichen Kanäle und Bewässerungsanlagen waren ebenfalls ein Wunder der Ingenieurskunst. Sie gestatteten es, den Ackerbau auf ein vollständig neues Niveau zu heben. Bereits während der frühesten Dynastien lernten die Ägypter außerdem, Kupfer und Zinn zu schmelzen und Bronze herzustellen. Die Metallurgie erreichte eine neue Sphäre. Plötzlich gab es Räder, Walzen, Hebel, Flaschenzüge, Keile, Drehbänke, Schrauben, Bohrer, Sägen und hundert Arten von Handwerkern, etwa Bauhandwerker, Glasbläser, Holzschnitzer, Lackierer, Emaillierer oder Weber. Handwebstühle entstanden und anderes technisches Gerät, das bis zur Erfindung der Dampfmaschine in unserer vielgepriesenen Neuzeit nicht übertroffen wurde.

Doch *wer* war für diese Explosion von Wissen verantwortlich?

Auch die Erziehung erreichte ein neues Niveau. Regierungsschulen entstanden, Papier und Tinte standen plötzlich zur Verfügung und die Schrift entwickelte sich – vielleicht die wichtigste Erfindung der Geschichte. Unversehens konnten abstrakte Ideen dargestellt werden. Künstlerakademien, Musikhochschulen und Technische Hochschulen wuchsen aus dem Boden. Eine eigene Literatur bildete sich heraus, in einer ganz erstaunlichen Vielfalt. Es gab bereits die Reisebeschreibung, den Roman, die Liebesdichtung und selbstredend die religiöse Hymne, ja sogar verschiedene literarische Revolutionen, in denen sich – nicht anders als heute – neue Schriftsteller gegen alte auflehnten.

Andere Wissenschaften machten ebenfalls Quantensprünge. Die Mathematik wurde geboren, die Astronomie und ein Kalender entstanden. Die Anatomie und die Physiologie, die Chirurgie und die Pflanzenheilkunde erblickten das Licht der Welt. Die Ägypter waren weit über ihre Grenzen hinaus für ihre Heilkunst bekannt. Es gab bereits Gynäkologen, Augenärzte, Ärzte, die nur auf Darmleiden spezialisiert waren, Schädelbruch-Chirurgen und andere Experten mehr. Allein 700 Heilmittel zählt ein einziger Papyrus auf. Die Bedeutung der Hygiene wurde entdeckt, Abführmittel und Magenspülungen existierten und vieles mehr.

Diese Wissenschaften waren laut den Überlieferungen der Priester von Thot erfunden worden, dem ägyptischen Gott der Weisheit, der angeblich 3.000 Jahre lang die Herrschaft auf Erden innehatte. Ihm schrieb man 20.000 bis 36.000 Bücher zu.

Eine besondere Höhe erreichte auch die Astronomie. Jahrhunderte lang wurden die Stellungen und Bewegungen der Sterne und Planeten verfolgt, jahrtausendelang zeichnete man sie akribisch auf. Man unterschied bereits zwischen Fixsternen und Planeten und legte Kataloge über Sterne fünfter Größe an, die mit dem freien Auge kaum zu erkennen sind, wie selbst konservative Historiker zugeben.

Die Philosophie wurde geboren, es gab Mahnsprüche und Weisheitssprüche, von denen die Juden wahrscheinlich eifrig Gebrauch machten.

Die Uhr und die Geometrie wurden erfunden, und ein neues, weitaus höheres Niveau der Wohnqualität wurde geschaffen.

Eine bemerkenswert geordnete Regierung wachte über alldem. Das ägyptische Regierungssystem war das am längsten andauernde und stabilste Regierungssystem der gesamten Geschichte und ist bis heute (!) unübertroffen.

Man appellierte an das Gewissen, wodurch die Moral entstand. Es wurde ein Überlebens-Kodex formuliert, den wir so an anderer Stelle nicht vorfinden.

Wer aber zeichnet für all das verantwortlich, und *wie* können wir uns diese fantastischen Errungenschaften erklären?

Kosmo-Logik

Gewisse Indikatoren weisen darauf hin, dass Geschichte kein zufälliges Sammelsurium einzelner Ereignisse ist, sondern im Rahmen einer gewissen Logik abläuft, einer Kosmo-Logik. Und fest steht, dass sich die Menschheit systematisch höher entwickelt hat, ja erstaunlich höher entwickelt hat, zumindest in technologischer Hinsicht.

Die Entwicklung vom Höhlenmenschen und Neandertaler bis zum Homo erectus und *Homo sapiens*, von der Barbarei zur Zivilisation legt die These einer Evolution nahe.

Tausende von Wissenschaftlern stellten jedoch immer wieder die Frage, wie das geschehen konnte und wodurch diese Quantensprünge der Zivilisation möglich wurden. Speziell das alte Ägypten befindet sich immer wieder im Visier der Forscher, eben weil es so viele Rätsel aufgibt.

Einer unausrottbaren Theorie zufolge fanden diese Zivilisationssprünge deshalb statt, weil die Menschheit von Göttern, sprich Außerirdischen, geistig befruchtet wurde. Und obwohl in Deutschland über 52 Prozent der Bevölkerung an die Existenz von außerirdischen Wesen glauben (in den USA liegt die Prozentzahl sogar noch höher), ist der Beweis hierfür schwer anzutreten. Immerhin scheint heute so viel unstrittig zu sein:

- Vor relativ kurzer Zeit wurde vor der griechischen Insel Antikythera ein gesunkenes Schiffswrack aus dem Jahre 70 v. Chr. geborgen. Unter anderem fand man darin eine winzige, aus zahlreichen Zahnrädern bestehende Maschine, die es ermöglichte, die Relationen verschiedener Gestirne zueinander abzulesen. Sowohl das astronomische Wissen als auch die technische Konstruktion dieses Planetariums im Taschenformat passen jedoch kaum zu dem Wissensstand der damaligen Zeit.

- In Kolumbien und anderen Kulturen rund um den Erdball wurden sogenannte Goldflieger gefunden, Tausende von Jahren alt, die Flugmodelle aus Gold (oder Holz) darstellen. Einige zeigen Höhenruder und Tragflächen, regelrechte kleine Cockpits und – am wichtigsten – aerodynamische Konstruktionselemente, die so in der Natur (bei Insekten etwa) nicht vorkommen. Untersuchungen im Windströmungskanal unter anderem am Aeronautical Insitute, New York, bestätigten ein unverhältnismäßiges aerodynamisches Wissen.

- Man fand eigenartig geformte Schädel in Südamerika: Der berühmteste Schädel ist der sogenannte Starchild-Schädel (Fundort: Mexiko), der einem Außerirdischen gehört haben könnte. Der Starchild-Schädel ist 50 Prozent dichter als normale Schädel, die Augenhöhlen sind auffällig flach und oval und liegen nah beieinander. Vertreter der Prä-Astronautik äußerten die Vermutung, eine extraterrestrische Zivilisation habe ehemals die Erde besucht, um hier Rohstoffe und Gold abzubauen. Um Arbeitssklaven oder billige Arbeitstiere zu bekommen, habe man die eigene DNA mit hoch entwickelten Affen gekreuzt – und erhielt den Menschen. Das „Starchild" oder das „Sternenkind" war angeblich eine dieser Kreuzungen.

Weiter fand man zahlreiche Kristallschädel rund um den gesamten Globus, deren Herstellungsort bis heute nicht endgültig geklärt ist. Diese Kristallschädel werfen mehr Fragen auf, als sie Antworten liefern.

- Ganz davon abgesehen gibt es zahlreiche Malereien, die Astronauten darstellen könnten. „Atemgeräte" am Kopf und „technisches Gerät" am Rumpf geben bis heute Rätsel auf.

- Der Aluminiumkeil von Aiud (Aiud ist eine rumänische Stadt) wirft ebenfalls viele Fragen auf. Er wurde offenbar vor dem Jahre 1825 hergestellt – aber zu diesem Zeitpunkt verfügte man bei uns noch nicht über die Technik der Aluminium-Herstellung.

- Und was ist mit den Steinen von Ica (Peru), auf denen hochtechnische Geräte zu sehen sind? Teleskope, Luftfahrzeuge, erstaunliche genaue Landkarten – all das findet sich auf diesen mysteriösen Steinen. Und dabei sind die Steine nachweislich über 10.000 Jahre alt!

- Am verräterischsten sind freilich unsere Mythen. Es gibt nahezu keine alte Überlieferung, die nicht von Göttern berichtet, also von mit übermenschlichen Fähigkeiten begabten Wesen, die so gar nicht zu dem niedrigen Entwicklungsstand der primitiven Völker passen.
  Gilgamesch, ein legendärer König der sumerischen Stadt Uruk, war angeblich zu einem Drittel Mensch und zu zwei Dritteln Gott. Es wurden ihm übermenschliche Fähigkeiten zugeschrieben, die gewiss nicht von dieser Welt waren.

- Das Mahabharata, ein altes indisches Epos – mit 10.000 Versen das längste Epos der Menschheitsgeschichte und vermutlich um das Jahr 0 verfasst –, beschreibt den Kampf zwischen dem Göttergeschlecht der Kauravas und dem Göttergeschlecht der Pandavas. Mächtige Waffen kommen in diesem Kampf zum Einsatz, vernichtende Energien, Donnerblitze und strahlende Blitze, die ungeborene Kinder im Mutterleib töten, Nahrung verstrahlen, Krankheiten auslösen und das Ausfallen der Nägel und der Haare zur Folge haben, wie es eigentlich nur Atomwaffen vermögen. Das Mahabharata spricht von „Tausenden von fliegenden Fahrzeugen der Götter".

- Im Alten Testament, in der Genesis, materialisieren sich Engel auf Erden und gehen Beziehungen mit Menschenfrauen ein.

- Die griechische Mythologie ist voll von Göttern, Halbgöttern und Titanen, die bestimmt nicht menschlich sind.

- Immer wieder verweisen die Verfechter außerirdischer Intelligenzen überdies auf die Quantensprünge des Wissens in dem alten, rätselhaften Ägypten. Und so viel ist richtig: Die ägyptischen Schriften sind voll mit Göttern, die angeblich von den Sternen kamen und zu den unglaublichsten Taten fähig waren.

Was soll man also von dieser Theorie halten?

Nach Ansicht vieler Forscher sind die ägyptischen Pyramiden bis heute nicht vorstellbar ohne ein hoch entwickeltes bautechnisches Know-how. Die Pyramiden sind astronomische Wunderwerke, die verlängerten Linien ihrer Seiten weisen exakt auf bestimmte Sterne – Orion und Sirius. Wohnten dort die Außerirdischen, die eine Zeit lang Pharao spielten und nach dem Tod eines Pharao-Menschenkörpers alles taten, um wieder zurück zu den Sternen zu fliegen? Fest steht, es wurden sogar eigens Öffnungen in die Spitzen der Pyramiden geschlagen, damit die Seele des Pharaos ohne Probleme entweichen konnte.[2]

Kein seriöser Historiker verzichtet darauf zu betonen, dass selbst in den uralten Zeugnissen der Menschheitsgeschichte ein wahrer Kern enthalten sei. Die Beweise für diese Quantensprünge der Zivilisation, speziell in Ägypten, sind jedenfalls erdrückend und existieren in zu reicher Zahl, als dass sie ignoriert und einfach abgetan werden könnten. Verfolgen wir also diese hoch interessante Theorie noch ein wenig weiter.

MATHEMATISCHE WAHRSCHEINLICHKEITEN

Unsere Erde ist ein winziger Planet am Rande einer Galaxis. In einer einzigen Galaxis existieren rund 100 Milliarden Sterne, aber es gibt etwa 100 Milliarden Galaxien in diesem Universum. Insgesamt sprechen wir hier von rund 10 Trilliarden Sternen.

Die Annahme, dass nur auf der Erde intelligentes Leben existiert, ist angesichts dieser Zahl unendlich arrogant und eigentlich nur vergleichbar mit der Hybris der Priester im finsteren Mittelalter, die die Erde in den Mittelpunkt des Kosmos rückten.

Man rechnet damit, spätestens im Jahre 2020 Planeten zu entdecken, deren physikalisch-chemische Beschaffenheit den Zuständen auf der Erde ähnelt. Längst wurden auf Meteoriten Spuren bakteriellen Lebens gefunden und auf Jupitermonden Wasser – Voraussetzung für Leben mithin.

Aber warum müssen wir uns eigentlich immer notwendigerweise in menschlich-biologischen Denkkategorien bewegen? Warum sollte es keine Organismen geben, die ohne Sauerstoff und Wasserstoff auskommen und giftiges Gas als Nahrung zu sich nehmen? Und warum sollte ein Wesen nur innerhalb eines Körpers überleben können und es kein Reich der Geister geben? Wer kann schon mit absoluter Sicherheit sagen, dass keine Außerirdischen je unseren Planeten besucht haben?

ABENTEUERLICHE SPEKULATIONEN

Wenn außerirdische Intelligenzen einst unseren Planeten und speziell Ägypten besucht hätten, so gäbe das zu einigen abenteuerlichen Spekulationen Anlass. Die Pyramiden und die Königskammern besäßen dann vielleicht astronomische Funktionen, und die zahlreichen Darstellungen der Sterne bei den Ägyptern wären kein Zufall. Götter wären in diesem Fall Außerirdische, da der primitive Mensch schon immer außergewöhnliche Fähigkeiten als göttlich betrachtete.

Das sagenhafte Alter Thots, der zu einem nicht geringen Ausmaß für den Quantensprung des Wissens in Ägypten verantwortlich gemacht werden kann, wäre keine plumpe Erfindung, sondern ergäbe einen Sinn: Vielleicht war er der Führer der Außerirdischen und ein Führer der Menschheit. Die Pharaonen wären in diesem Fall selbst Außerirdische, oder Außerirdische hätten sich menschlicher Körper bedient, um der Kultur einen Schub nach vorn zu geben. Die Ausrichtung der Pyramiden auf das Sirius-System verriete die Herkunft der „Göttlichen" und die Koordinaten ihrer Heimatplaneten im Weltraum. Der „verborgene Raum" und das Jenseits, auf die in so vielen religiösen Schriften Bezug genommen wird, deuteten auf die Sterne. Die Mumifizierung wäre eine (abergläubische) Erinnerung daran, Raumfahrer gewissermaßen zu konservieren und für eine lange Raumfahrt fit zu halten. Die Wiederauferstehung der Toten, die bei den Ägyptern so breiten Raum einnimmt, würde auf ein neues Leben jenseits der Erde hinweisen. Der Begriff *Jetru Neter*, der von den Ägyptologen gern mit *göttliche Meilen* übersetzt wird, aber eigentlich Lichtentfernung heißt, würde auf Lichtjahre verweisen. Pyramiden und einbalsamierte Körper wären aber vielleicht auch nur eine geheime Methode, einen Leib zu verlassen, zu den Sternen zu gehen – und eines Tages wieder zurückzukehren, um den gleichen Leib wieder zu beleben.

Pyramiden wären in diesem Fall Orientierungspunkte für Raumschiffe, denn sie sind weithin sichtbar. Die Hieroglyphen, die heiligen, eingemeißelten Buchstaben, von den Ägyptern selbst als *Medu Neter* bezeichnet, was „die Zeichen der Götter" bedeutet, wären mithin vielleicht ein Versuch der Außerirdischen, den primitiven Menschlingen eine vernünftige Schrift-Sprache beizubringen. Die unvorstellbare Macht der Pharaonen, die Hunderttausende von Sklaven bewegen konnten und deren Autorität nie in Frage gestellt wurde, ergäbe plötzlich einen Sinn. Auch die erstaunliche Stabilität des Regierungssystems wäre verständlich. Seltsame Zeichnungen an den Wänden ägyptischer Tempel, die bis heute nicht entziffert sind und scheinbar Helme und Atemgeräte darstellen, erhielten unversehens eine andere Interpretation – von den Darstellungen vieler Flügelwesen ganz abgesehen, die vielleicht das Fliegen symbolisieren. Auf einmal täte sich eine gänzlich neue Welt auf, und einfach alles wäre möglich.[3]

Ungeheuerliche Perspektiven

Historiker sind heute gezwungen, solche fantastischen Spekulationen weit von sich zu weisen. Jeder wird sofort aus dem Kreis der seriösen Forscher ausgeschlossen und fristet ein Außenseiterdasein, der an solche Theorien glaubt. Astrophysikern dagegen ist es eher erlaubt, über außerirdische Intelligenzen nachzudenken.

Aber es sollte auch Historikern gestattet sein, in diesen Dimensionen zu spekulieren. Die hehre Wissenschaft irrte in der Vergangenheit mehr als einmal, und nur wenn sich ein Denker über bestehende Theorien erhob, die brav und artig in der Schule oder der Universität gelehrt wurden, und neue Gesichtspunkte und Betrachtungsweisen zuließ, wurde ein Fortschritt erzielt. Die Geschichte der Wissenschaft ist eine Geschichte der Irrungen und Wirrungen, die Geschichte der Genies ist eine Geschichte der revolutionären Ideen.

Wenn das größte Geheimnis des alten Ägyptens darin besteht, dass Außerirdische dem Menschen zu einem Quantensprung des Wissens verholfen haben, so wäre das nur in einer Hinsicht fatal: Es würde bestehende Theologien über den Haufen werfen und einigen Machtstrukturen einen empfindlichen Schlag versetzen. Auf der anderen Seite würde dieses Denken vielleicht ein paar neue, brauchbare Antworten liefern und unseren Horizont öffnen. Es würde zahlreiche Phänomene erklären, und schließlich ist eine Theorie nur so gut, wie sie Phänomene erklärt. Je mehr Phänomene sich durch eine Theorie verstehen lassen, desto mehr taugt sie.

Wurde also das alte Ägypten von außerirdischen Intelligenzen heimgesucht?

Wir wissen es nicht. Aber wenn dem so wäre, so würde dies unseres Erachtens weniger verwundern als die Tatsache, dass quasi aus dem Nichts eine Explosion des Wissens stattfand.

Stellt man die Anzahl der existenten Planeten und Galaxien in Rechnung, ist jedenfalls die mathematische Wahrscheinlichkeit, dass der Mensch aus einem Urschlamm entstand – also aus ein paar Atomen und Molekülen, die zufällig in der „richtigen" Art und Weise zusammenfanden –, geringer als die mathematische Wahrscheinlichkeit, dass einst andere Rassen aus dem Weltraum unsere Erde besuchten. In mathematischer Hinsicht lässt sich die Theorie der außerirdischen Intelligenzen demnach durchaus vertreten.

Außerdem ist die Annahme außerirdischer Intelligenzen sicherlich glaubwürdiger als die Annahme einer Hölle oder eines Himmels. Beides nimmt heutzutage doch niemand mehr ernst, und es ist auch nicht mehr zeitgemäß, da wir uns längst in einem Zeitalter bewegen, in dem die Raumfahrt fester Bestandteil unserer Realität ist.

Aufgrund der mathematischen Wahrscheinlichkeit und der Feststellung, dass viele Phänomene plötzlich eine logische Erklärung erhalten, sollten wir die so lange belächelte These von fremden Besucher aus dem Weltraum nicht einfach über Bord werfen. Wenn dem so wäre, wäre damit nicht nur der Quantensprung der Zivilisation in Ägypten erklärt, sondern auch eines der größten Geheimnisse der Geschichte gelöst.

Natürlich müsste Geschichte dann vollständig um- und neugeschrieben werden, wie es schon tausendmal in der Vergangenheit geschehen ist. Problematisch wäre das nicht; denn Geschichte ist bei Licht betrachtet ohnehin nichts anderes als das, worauf sich die Gelehrten letztendlich einigen. Es handelt sich also lediglich um eine Gelehrten-Wahrheit. Dennoch muss man der Wahrheit halber auch auf folgende Ungereimtheiten aufmerksam machen.

Die andere Seite der Medaille

Die These, die wir gerade vorgetragen haben, liest sich sicherlich hoch spannend, sie erregt unsere Gemüter bis zum Äußersten und lässt unsere Herzen vor wohliger Aufregung schneller schlagen. Aber man darf nicht vergessen, dass sie nie bewiesen wurde.

Wir geben nur eine Spekulation wieder, eine Vermutung, die sich in bestimmten Kreisen großer Beliebtheit erfreut. Von den meisten Historikern wird sie strikt abgelehnt, ja bis aufs Messer bekämpft. Und so viel ist richtig: Viele „Beweise" wurden inzwischen zerpflückt und auseinandergenommen, sodass sie sich buchstäblich in Luft auflösten. Geben wir eine kleine Kostprobe:

- Zugegeben, das vor der griechischen Insel Antikythera gesunkene und später geborgene Schiffswrack aus dem Jahre 70 v. Chr. enthielt tatsächlich eine winzige, aus zahlreichen Zahnrädern bestehende Maschine, mit der die Relationen verschiedener Gestirne zueinander abgelesen werden konnten.
  Aber wer sagt uns denn, dass es sich hierbei notwendigerweise um einen *Beweis* dafür handelt, dass Außerirdische ihr Wesen oder Unwesen einst auf Planet Erde getrieben haben? Vielleicht unterschätzen wir ganz einfach den technologischen Stand der

alten Kulturen! Vielleicht waren unsere Vorfahren in vielerlei Hinsicht sehr viel gescheiter und gewitzter, als wir heute annehmen.

- Die Existenz der kolumbianischen Goldflieger stellt heute niemand in Abrede. Sie befinden sich mittlerweile beispielsweise in Museen in Bremen, in Bogotá (Kolumbien) oder in Berlin-Dahlem. Aber ihre aerodynamischen Eigenschaften könnten auch darauf zurückzuführen sein, dass lediglich fliegende Fische nachgebildet wurden, die ebenfalls erstaunliche aerodynamische Eigenschaften besitzen.

- Zahlreiche Statuen in Südamerika, die von den Vertretern der Prä-Astronautik flugs als Astronauten identifiziert werden, ähneln auf verblüffende Weise Zeremonienmasken; die Interpretation mag also ganz anders sein, zumal es nicht logisch ist, dass Astronauten von anderen Planeten genau so aussehen müssen, wie wir uns heute Astronauten vorstellen.

- Auch die zahlreichen Kristallschädel existieren, ohne Zweifel. Aber es ist doch auffällig, dass die Herstellungsweise nach Idar-Oberstein weist, in ein kleines deutsches Städtchen, in dem die Diamantschleiferei seit Jahrhunderten zu Hause ist und höchstes Niveau erreichte. Hier wurden im 19. Jahrhundert Schleiftechniken verwendet, die auch an den Kristallschädeln feststellbar sind. Sollten Außerirdische tatsächlich so unterentwickelt gewesen sein, Schleiftechniken einzusetzen, die bei uns ins 19. Jahrhundert zurückgehen?

- Der berühmte Starchild-Schädel sowie generell seltsam deformierte Schädel wurden inzwischen genauesten Untersuchungen unterzogen. Nie wurde dabei festgestellt, dass es sich hier um Außerirdische gehandelt haben könnte. Im Gegenteil: Es zeigte sich, dass Deformierungen in einer bestimmten Epoche und Region manchmal einfach Mode waren, vergleichbar mit bei bestimmten Völkern auch heutzutage noch absichtlich deformierten und in die Länge gezogenen Hälsen, weil das als schön gilt. Bei den Chinesen galten kleine, verkrüppelte Füße bis ins 19. Jahrhundert hinein als schön, weil das dadurch verursachte hilflose Trippeln offenbar einen erotischen Effekt auf die Männer ausübte. Auch die Hunnen deformierten einst ihre Schädel absichtlich. Es handelte sich, wiederholen wir es, einfach um ein Schönheitsideal.

Konkret entdeckte man, dass der Starchild-Schädel rund 900 Jahre alt ist, der Besitzer normales menschliches Erbgut besaß und möglicherweise an einer bestimmten Krankheit gelitten haben könnte, die die Deformation erklärt.

- Der Aluminiumkeil von Aiud wird heute von den meisten Wissenschaftlern als glatte Fälschung angesehen. Das Gleiche gilt für die Steine von Ica. Zwar schlugen die Spekulationen einst haushohe Wellen, aber im Jahre 1998 entdeckte der Forscher Vicente Paris nach vierjähriger Analyse Spuren von moderner Farbe und modernen Poliermitteln auf diesen Steinen. Als Drahtzieher gilt inzwischen ein gewisser Cabrera, der Indios dafür bezahlt hatte, die Steine zu fälschen. Er ließ Tausende davon herstellen und verhökerte sie für harte Dollars.

- Und die zahlreichen Darstellungen geflügelter Wesen in ägyptischen Grabkammern? Nun, die Seele musste im Gegensatz zum Körper optisch differenziert dargestellt werden. Es handelt sich aller Wahrscheinlichkeit nach nicht um extraterrestrische Intelligenzen, sondern um religiöse Illustrationen.

DER BEWEIS FÜR AUSSERIRDISCHE …

… steht mithin noch aus. Man kann diese These zwar glauben, beweisen kann man sie aber nicht. Es gibt keine Dokumente, auf die wir uns stützen können, keine Außerirdischen, die vor der Fernsehkamera auftreten und zugeben, von Sirius aus einen kleinen Ausflug auf die Erde unternommen zu haben. Weiter muss man eingestehen, dass die „Beweisstücke", die erstmals Erich von Däniken systematisch zusammentrug, der diese These überhaupt populär machte, inzwischen viel von ihrer Beweiskraft und Strahlkraft eingebüßt haben. Dänikens „Beweise" wurden in der Luft zerrissen, ad absurdum geführt, erfuhren gänzlich andere, unspektakuläre Deutungen oder wurden einfach ignoriert.

Däniken wurde mit dem Vorwurf des Plagiats überschüttet, er wurde der manipulierten Interpretation wissenschaftlicher Quellen angeklagt, ferner des Umstandes, nur das zu zitieren, was gerade seine Thesen stützte, und nicht die gesamten Quellen – ja es wurden ihm sogar Verfälschungen von Abbildungen unterstellt. Dennoch ist die Wirkung Dänikens interessant. Er verkaufte bis heute nicht nur über 50 Millionen Bücher, es fanden sich auch zahlreiche Filmmacher, die seine Thesen aufgriffen und einem Milliardenpublikum zugänglich machten. Man denke nur an die Fernsehserie *Atlantis* oder an die Filmhits *Independance Day* und *Stargate* von Regisseur Roland Emmerich.

Wie sollten wir also urteilen?

DER QUANTENSPRUNG

Wir haben nach wie vor einige Abbildungen, die schwer deutbar oder vielleicht sogar undeutbar sind, und wir verfügen über dieses seltsame Phänomen, dass auf unserem Planeten gleichzeitig an vielen Ecken und

Enden ein unendlicher Fortschritt stattfand und das Licht der Zivilisation aufflackerte.

Die Höherentwicklung der Menschheit, kein unbedeutendes Argument, machte speziell in den letzten 10.000 Jahren unvorstellbare Fortschritte – weit mehr als in den vorangegangenen 6 Millionen Jahren! Überall gab es auf einmal enorme Neuerungen.

Wurden sie von Außerirdischen herbeigeführt, die einst unsere Erde besuchten und einen Quantensprung des Wissens in die Wege leiteten? Wenn wir ehrlich sind, können wir diese Frage nicht beantworten.

Einige Argumente sind bis heute nicht vom Tisch gewischt – vor allem die zahlreichen Mythen über Götter und die erstaunliche Höherentwicklung in kürzester Zeit auf dem gesamten Planeten Erde in den verschiedensten Regionen, die kaum miteinander in Beziehung standen.

Noch immer ist es rätselhaft und bereitet Wissenschaftlern Kopfschmerzen, wie diese Quantensprünge der Zivilisation stattfinden konnten, die gewissermaßen wie aus dem Nichts auf einmal auftraten. Die These der Außerirdischen ist, trotz aller Fälschungen und Märchen, die uns bislang aufgetischt wurden, deshalb noch immer nicht passé. Es handelt sich um *eine* Erklärungsmöglichkeit, um *eine* These. Bewiesen wurde bislang jedoch nichts. Bewiesen wurde lediglich, dass sich der Mensch, verliebt in eine These oder in Geld, mitunter zu den abenteuerlichsten Fälschungen hinreißen lässt.

Trotzdem ist dieser Glaube unausrottbar!

Vielleicht wurden wir doch einst von Göttern oder Außerirdischen heimgesucht, wer kann das schon mit Sicherheit ausschließen? Beenden wir die Diskussion mit einer Aufforderung des der Fälschung angeklagten Erich von Dänikens. Nachdem er die unglaublichsten Theorien vorgetragen hat, die so ziemlich alles auf den Kopf stellen, was gängige Wissenschaft für richtig hält, beendet Däniken gewöhnlich seine Ausführung augenzwinkernd mit diesem Satz: „Meine Herrschaften, bitte glauben Sie mir kein Wort!"

2. KAPITEL

DER BIBLISCHE GROSSBETRUG ODER UNSER PERSISCHES ERBE

Bis heute wird an den meisten europäischen Schulen und Universitäten so getan, als beruhe unsere Kultur (abgesehen von Rom und Judäa) auf Griechenland, das gewöhnlich hoch gepriesen wird. Im 18. Jahrhundert begann die deutsche und englische Elite, einschließlich Lord Byron, Herder und Goethe, sich bis zum Boden zu verneigen, sobald die Rede auf Griechenland kam. Die Perser wurden abgetan als ein barbarisches Volk, das allenfalls dazu gut war, die unendliche Überlegenheit der Griechen zu illustrieren: Immerhin wurden die Perser mit ihrem zahlenmäßig vielfach überlegenen Heer von ein paar tapferen Griechen besiegt! Korrekt? Die degenerierten Perser wurden im Jahre 333 v. Chr. schmählich in die Flucht geschlagen, und man setzte ihren König einfach ab – womit dieses Volk gewissermaßen aus der Geschichte verschwand. Richtig?

Die Perser waren ein Haufen Feiglinge, die den stolzen Griechen nicht das Wasser reichen konnten. Falsch oder richtig?

Falsch! Tatsächlich könnte keine Meinung törichter sein. In unseren Breiten wird gern vergessen, dass vor Rom ehemals die Perser die bekannte Welt regierten. Einst kam niemand den Persern gleich. Sie galten als unbesiegbar und herrschten (mit Unterbrechungen) fast ein Jahrtausend (!) über ein gewaltiges Reich, in dem die politische Organisation so hoch entwickelt war wie in keinem anderen Land der Erde. Auf der Höhe ihrer Macht beherrschten die Perser Ägypten, Syrien, die Länder des (heutigen) Israel und Libanon, Teile Nordostafrikas, Teile Griechenlands, die Landmassen der (heutigen) Türkei, Afghanistan, Teile Westasiens, Nordwestindien und das eigentliche Persien, das wir heute als Iran kennen. Das alte Persien umfasste also eine hundertmal größere Landmasse als der Iran! 40 Millionen Seelen schauten demütig zu den Persern auf, die offenbar das schönste und bewundertste Volk der Erde waren, aufrecht und kräftig, abgehärtet und trotzdem verfeinert, reich und gleichzeitig großzügig.

Sie übernahmen das umständliche Alphabet der Babylonier und verbesserten es, indem sie 300 Zeichen auf 36 reduzierten. Diese mutierten allmählich zu Buchstaben – der letzte große Durchbruch in Sachen Schrift. Viele unserer heutigen Wörter haben einen persischen

Ursprung. *Pitar* bedeutete Vater, *nama* Name, *matar* Mutter, *bratar* Bruder – wir finden noch heute in unserer Sprache viele persische Wurzeln.[1]

Im Verkehrs- und Transportwesen waren die Perser Genies. Ihre Ingenieure bauten Straßen und Wege, die uns noch heute staunen lassen. Eine ihrer Straßen (im Altertum!) war 2.400 Kilometer lang! Es wurden erstaunlich haltbare Brücken über reißende Ströme geschlagen, über die Hunderte von Elefanten sicher das andere Ufer erreichen konnten. Über diese Straßen und Wege wanderten aber nicht nur die Perser, sondern auch die Engel und Teufel ihrer Religion, die über das Judentum und Christentum in unseren Kulturkreis Eingang fanden.

Unvergleichlich war der persische Großkönig, der *Khschathra*, was Krieger bedeutete, worin wir noch heute die Silbe Scha oder Schah erkennen können.

Hoch entwickelt war zudem das Recht. Es gab zahlreiche präzise Gesetze, die sich nie änderten, und darauf waren die Perser besonders stolz. Andererseits waren die Strafen zu dieser Zeit barbarisch: Erregte man das Missfallen des Großkönigs, wurde man beispielsweise gekreuzigt. Aber die Gesetze verschafften dem Riesenreich eine gewisse Stabilität.

Die Verwaltung war exzellent und bestens organisiert. Die Unterkönige konnten sich der Gunst des Khschathra gewiss sein, wenn sie ihre Provinzen, Satrapien genannt, in Schuss hielten. Sie durften sich in ihren Jagdrevieren entspannen, die die Perser als Paradies bezeichneten.

Mehr als ein Historiker spricht davon, dass das Persische Weltreich bis zu diesem Zeitpunkt das erfolgreichste Regierungsexperiment der Geschichte war. Es überdauerte mit Unterbrechungen rund 1.000 Jahre, aber wir sind geneigt, die Herrschaft der Perser sehr viel länger anzusetzen. Der wichtigste Grund für die politische Stabilität: Die Perser gestatteten jedem unterworfenen Volk, seine Religion beizubehalten, seine Sitten und Gebräuche, seine Sprache, seine Gesetze, sein Münzwesen und oft sogar seine Könige. Sie waren unvorstellbar tolerant. Nach den anfänglichen Eroberungszügen war das Persische Weltreich von Frieden gesegnet – über lange Perioden hinweg.[2]

Darüber hinaus leistete Persien einen Beitrag zur Religion wie nie ein Volk vorher oder nachher. Womit wir bei unserem Thema sind.

ZARATHUSTRA

Der Name Zarathustra ist untrennbar mit dem persischen Weltreich verbunden. Seine Existenz steht fest, über seine genaue Lebenszeit streiten sich jedoch die Gelehrten. Zarathustra (oder Zoroaster, Zartoscht, Zarathuschtra, wörtlich: der Besitzer des goldfarbenen Kamels) lebte wahrscheinlich zwischen dem 20. und dem 6. Jahrhundert v. Chr., manche Quellen meinen sogar, er sei noch älter. Er war ein Prophet, der den Persern eine ganze Religion schenkte, die den Beginn eines vollständig neuen Denkens darstellte und eine vorher unbekannte Theologie schuf – geradezu aus dem Nichts.

Zarathustra soll bei seiner Geburt laut gelacht haben. Er sei göttlich empfangen worden, weiß die Überlieferung, ein himmlischer Strahl sei in den Busen einer Jungfrau gedrungen. Wir können uns jedoch eines Schmunzelns nicht erwehren, wenn wir hören, dass immerhin auch ein Priester bei der Empfängnis mitgewirkt habe, freilich von einem Engel geleitet.

Zarathustra wird als ein äußerst rechtschaffener Mensch mit unendlicher Liebe zur Weisheit beschrieben. Im Erwachsenenalter habe ihn der Teufel versucht, aber vergeblich. Trotz schwerer Prüfungen sei er dem höchsten Gotte, genannt Ahura Mazda, dem Herrn des Lichts, dem weisen Herrn, treu geblieben. Dieser Gott sei ihm eines Tages erschienen und habe ihm das Avesta ausgehändigt, das Buch des Wissens und der Weisheit, mit dem Gebot, den Inhalt den Menschen zu predigen.

In der Folge zog Zarathustra lehrend und predigend durch die Lande. Nur ein einziger Gott, eben Ahura Mazda, sollte und durfte angebetet werden! Alles, so Zarathustra, sei von ihm geschaffen worden: die Gestirne, die Sonne, der Mond, das Wasser, die Meere, die Erde, die

Pflanzen, die Tiere und sogar der Mensch.

Weiter lehrte er, dass Gut und Böse immer miteinander kämpften. Der Mensch müsse sich deshalb entscheiden. Gute Gedanken, gute Worte und gute Taten seien wichtig, zudem Wahrheitsliebe und Frömmigkeit. Das Gute würde am Tag des Jüngsten Gerichts siegen. Sofern das Gute im Menschen überwiege, dürfe er an diesem Tag über eine Brücke ins Paradies schreiten.

Zarathustra lehrte die Abstammung aller Menschen von einem Urelternpaar, die Sintflut, die der Herr des Lichts über die Menschen kommen ließ, weil er unzufrieden mit ihnen war, den Kampf mit dem Teufel (später vielen Teufeln), die Prophezeiung des Weltuntergangs und die Existenz einer Hölle und eines Fegefeuers. Die Hölle wird als schrecklicher Ort beschrieben, in dem die verurteilten Seelen bis ans Ende aller Zeiten braten müssen.

Anfänglich war Zarathustra nicht besonders erfolgreich. Aber als ein hoher Fürst seine Worte vernahm, half er ihm, den neuen Glauben zu verbreiten, worauf dieser einen unvergleichlichen Siegeszug antrat. Zarathustra starb hoch betagt: Ein Blitzstrahl traf ihn, wissen seine Jünger, und er fuhr schnurstracks in den Himmel auf.

Netto-Erkenntnis

Wiederholen wir und bringen die Theologie Zarathustras auf den Punkt. Folgendes wurde – lange vor Christus! – gelehrt:

- eine Art Jungfrauen-Geburt;

- die Existenz eines einzigen, übermächtigen Gottes;

- die Erschaffung der Welt, ja alles Existierenden einschließlich des Menschen, durch diesen übermächtigen Gott;

- der ewige Kampf zwischen Gut und Böse, zwischen Gott und dem Teufel;

- die Versuchung (des Propheten) durch den Teufel;

- das Jüngste Gericht;

- die Existenz von Himmel und Hölle;

- die Existenz des Fegefeuers;

- die Himmelfahrt des Propheten;

- die Sintflut aufgrund der Sünden der Menschen.

Man müsste mit Blindheit geschlagen sein, die Übereinstimmungen und Parallelen mit der Bibel nicht zu sehen! Sie fallen uns förmlich an und stechen uns unmittelbar in die Augen, so überdeutlich sind sie. Außerdem gab und gibt es in der zarathustrischen Religion einen Priester, der mit Gesang auf die Gläubigen einwirkte, einen Altar mit Feuer und präzise Riten. Was bedeutet das aber im Klartext?

DIE HEILIGE MESSE

Besuchen wir spaßeshalber einmal eine Heilige Messe, eine katholische Messe, mit der Brille des Historikers auf der Nase. In diesem Fall stellt sich unser Besuch wie folgt dar:

Frohgemut betreten wir die Kirche, die deshalb so hoch und himmelstürmend gebaut ist, weil die Christen glaubten, damit Gott und dem **Himmel** näher zu sein.

Zunächst fallen uns einige Gemälde ins Auge: Ein Heiliger zertritt mit seinem Fuß einen **Teufel**. Auf einem anderen Gemälde entdecken wir verschiedene *Engel*, die mit hoch erhobenen Händen in Richtung **Licht** streben.

Vorn steht der **Altar** mit einem riesigen **Kreuz**. Der Priester stimmt einen **Gesang** an. Eine präzise Abfolge von zeremoniellen Handlungen folgt: Das Credo wird rezitiert, in dem unter anderem ein **einziger Gott** mit seiner Allmacht hoch gepriesen wird. Nun gibt es einen Bußritus, dem Bösen wird der Kampf angesagt, das Gute muss siegen. Es folgt eine Lesung aus dem Alten Testament etwa über die **Sintflut** oder eine Lesung aus dem Neuen Testament über die **jungfräuliche Empfängnis**. Zumindest an Sonn- und Feiertagen schließt sich eine Predigt des Priesters an. Er spricht zum Beispiel über das **Jüngste Gericht** und das **Fegefeuer**.

Dann folgt die Verwandlung von Wein zu Wasser (und der Hostie zu dem „Fleisch Jesu"). Die **heilige Kommunion** findet statt.

Die Verwendung von **Weihrauch, Kerzen** und **festlichen Gewändern** gibt dem Ganzen den nötigen würdigen Rahmen. Die Messe endet mit einem Schlussgebet, Segen und erneut **Gesang**, in dem der **höchste Gott** gepriesen wird.

Sie verstehen? Persisch, persisch, persisch!

Abgesehen von der heiligen Kommunion, die griechischen Ursprungs ist, und dem Rahmen (Weihrauch, Kerzen, festliche Gewänder, die in Indien besonders beliebt waren), haben wir es hier mit einer lupenreinen persischen Zeremonie zu tun. Aber selbst die heilige Kommunion könnte persischen Ursprungs sein, wenn man den Mithras-Kult genauer beleuchtet. Was geschah also wirklich?

DIE VERSCHLUNGENEN WEGE DER KULTUR

Wir tun bis heute so, als ob die Bibel, speziell das Neue Testament, inklusive unserer kirchlichen Gebräuche originär und einzigartig seien. Tatsächlich können wir nicht weiter von der Wahrheit entfernt sein. Alles ist lupenrein heidnisch, wie die Christen bis heute alles Nichtchristliche bezeichnen. Selbst das Weihnachtsfest ist persischen Ursprungs: Weihnachten war ursprünglich ein Sonnenfest, um das Längerwerden der Tage am 22. Dezember und den Sieg der Sonne zu feiern. Wir verdanken den Persern die gesamte dualistische Himmel- und Höllentheologie, die über die Juden und Etrusker schließlich Eingang in andere Kulturen fand. Von dort wanderte die ursprünglich persische Himmel- und Höllentheologie (mitsamt all den anderen verdächtigen „Ähnlichkeiten") in das Christentum, das bis heute behauptet, alles selbst und eigenständig erfunden zu haben.

Mit anderen Worten: Die Bibel oder das Neue Testament ist ein Plagiat. Es handelt sich um geistigen Diebstahl, nichts ist originär. Das aber bedeutet, dass wir in mindestens zweierlei Hinsicht umdenken müssen.

BRUTTO-ERKENNTNIS

Erstens: Unsere alte Sichtweise, dass unsere Kultur nur über Judäa, Rom und Griechenland zu uns gekommen sei, ist schlicht und ergreifend falsch. Wir verdanken den Indern, den Babyloniern, den Ägyptern und den Persern unendlich viel – weitaus mehr, als wir uns gemeinhin zugestehen.

Zweitens: Die Bibel mit dem Neuen Testament fußt auf Quellen, die bis heute nicht sauber und unbestechlich aufgearbeitet worden sind. Allenfalls ein paar Gelehrte wissen um die tatsächlichen Sachverhalte, während die breite Masse nach wie vor im Dunkeln gelassen wird. Es ist an der Zeit, diesen Umstand zu ändern.

3. KAPITEL

DAS URTEIL ÜBER
DAS LETZTE GERICHT

Wir haben bereits erfahren, wie unendlich verquickt die verschiedenen religiösen Lehren auf Planet Erde sind, obwohl allenthalben so getan wird, als ob jedes Land seine eigene originäre, einzigartige Religion besitze. Keine Lüge ist größer, keine gewaltiger!

In unseren Breiten beanspruchte vor allem das Christentum für sich, das Wort Gottes zu verkünden. Seine Prediger machten uns allen weis, dass christliche Ideen direkt von Jesus oder allenfalls Moses und ein paar jüdischen Propheten stammen und auf uns niedergekommen seien. Treu und brav wie die Schafe lernten wir unter anderem, dass eines Tages das Jüngste Gericht oder das Letzte Gericht stattfinden werde. Alternativvokabeln waren Gottesgericht, Jüngster Tag, Weltgericht oder Harmagedon.

Welche Märchen wurden uns über dieses Letzte Gericht erzählt? Die christlichen Priester erzählten mit rollenden Augen und dunklen, drohenden Stimmen, dass am Ende der Zeit ein endgültiges Gericht über alle Lebenden und Toten abgehalten werden würde. Ein höchster Richter würde die guten gegen die bösen Taten abwiegen, woraufhin man entweder in die Hölle fahren würde oder im Himmel Platz nehmen dürfe. Der Richter? Jesus Christus!

Besonders im mittelalterlichen Europa versetzte dieses Märchen die Menschen in Angst und Schrecken. Man glaubte, das Jüngste Gericht stehe unmittelbar bevor. Damit konnte man Gehorsam einfordern und dem Gläubigen bequem Geld aus der Tasche ziehen.

Als „Beweis" hierfür wurde das Matthäus-Evangelium zitiert, in dem es heißt: „Und sie werden hingehen: diese zur ewigen Strafe, aber die Gerechten in das ewige Leben." (Mt 25, 31–46) An die „Bösen" gerichtet lautete die Ansprache: „Geht weg von mir, ihr Verfluchten, in das ewige Feuer!"

Die Hölle wurde in grellen Farben ausgemalt, damit der Zuhörer förmlich schon das Feuer unter dem Hintern spürte. Der italienische Schriftsteller Dante Alighieri (1265–1321) beschrieb später die Hölle in seiner *Göttlichen Komödie* so ausführlich, dass der Leser wirklich ins Zittern geraten konnte: „Die Hölle ist ein unterirdischer Trichter, der bis zum Erdmittelpunkt hinabreicht. Es gibt finstere und schreckliche Klüfte zwischen gigantischen düsteren Felsen; dampfende, stinkende Sümpfe, Bäche, Seen und Ströme; tobende Stürme mit Regenschauern, Schnee, Hagel und Feuerbränden; heulende Winde und eisige Kälte; gequälte Leiber, verzerrte Gesichter, ein Schreien und Stöhnen, das das Blut erstarren macht."[1]

Weiter gab es in dieser christlichen Hölle von Hornissen und Würmern gepeinigte Sünder, Sünder, die im Kote lagen, die zerfleischt wurden, in kochendem Wasser schmachteten, in Blut ertranken und auf glühendem Sand spazieren gingen. Es existierte eine sadistische Vielfalt von Qualen. Immer wieder wurde mit dem Feuer gedroht. Menschen mit verrenkten, umgedrehten Hälsen versanken in der christlichen Hölle in kochendem Pech, andere wurden von Giftschlangen und ausgesuchten Folterungen aller Art gepeinigt – für alle Ewigkeit.

Was sich ein menschliches Hirn an Schmutz, Gestank, Kot, Brutalität und Qual ausdenken kann, wurde dazu benutzt, Menschen auf dem rechten Pfad zu halten und sie zum Glauben zu motivieren. Umgekehrt winkte dem Gläubigen, der auf dem rechten Weg blieb, das Paradies. Eine angenehme Wärme existierte hier, Engel spielten wundersame Sphärenmusik, Seraphime, Cherubime, kurz Erzengel und zahlreiche in Licht gekleidete Engel, umgeben von mystischen Strahlenkränzen, zauberten eine verführerische Atmosphäre.

Während die Dichter dichteten, malten die Maler. Hieronymus Bosch (1450–1516) stellte mit seinem Pinsel die Hölle ebenso schrecklich dar wie Michelangelo (1475–1564) mit seinem Genie den Himmel schön. In vielen Kirchen wurde das Jüngste Gericht thematisiert, und auch die Musik bemächtigte sich dieses Themas.

Das Letzte Gericht war die „wirkliche Wirklichkeit", ja eine höhere Wirklichkeit als die eigentliche Realität – jedenfalls im Mittelalter und auch noch eine gute Zeit danach. Uns wurde weisgemacht, dass sich an diesem Tag unser Schicksal entscheiden würde, für die nächsten Millionen und Abermillionen von Jahren.

Die Lüge bestand nicht nur darin, dass das alles hübsche, von ein paar machthungrigen Priestern erzählte Ammenmärchen waren, sondern dass darüber hinaus frech und dreist behauptet wurde, es handele sich hierbei um das Wort Gottes, das erstmalig im Christentum verkündet worden sei. Der Gläubige wurde also gleich zweimal belogen.

Wir werden auf den genauen Zweck und das Ziel des Letzten Gerichts am Schluss dieses Kapitels noch eingehen. Aber zunächst müssen wir die Tradition dieses religiösen Lügenmärchens ein wenig beleuchten. Es ist zu interessant!

DAS LETZTE GERICHT …

… ist nicht christlichen Ursprungs. Dieser blaue Dunst wurde den Menschen in mindestens sechs Kulturkreisen in die Ohren geblasen – also schon vorher erzählt.

Es ist nicht unwahrscheinlich, dass die Idee in Indien erfunden wurde. Hier existierte der altindische Gott *Mitra*, was wörtlich übersetzt so viel wie Vertrag oder Freund bedeutet. Mitra wurde einer Gruppe von zwölf Gottheiten zugeordnet, denen ursprünglich ethische Begriffe zu Grunde lagen. Mitra war in Altindien der Wächter der Wahrheit, der Gott der Treue, des Rechts und der Pflichten gegenüber Göttern. Aber wichtiger war: Mitra unterschied streng zwischen gut und böse, richtig und falsch. Er symbolisierte das Recht, er sprach Recht, er definierte Recht. Es handelte sich um eine Art Richter.

Der Spaß ist also wahrscheinlich 4.000 bis 6.000 Jahre alt, wenn nicht älter. Aber der altindische Gott besaß noch keine scharfen Konturen. Das änderte sich, als der Gott auswanderte.

MITHRA

Wir wissen nicht, auf welch verschlungenen Wegen der altindische Gott Mitra nach Persien gelangte. Aber die beiden Länder waren Nachbarn, und es existierten Handelsstraßen und ein reger Güteraustausch. Auf diesen Handelsstraßen wurden nicht nur Waren transportiert, sondern auch Götter und Engel.

In Persien ist der Gott Mithra – nun mit h geschrieben – spätestens seit dem 14. Jahrhundert v. Chr. belegt. Persönlich glauben wir, dass er bereits sehr viel früher „einwanderte". In der persischen Sprache bedeutet *Mithra* – nicht anders als im Altindischen – ebenfalls Vertrag, was die Verwandtschaft dieser beiden Götter deutlich macht. Auch in Persien wurde Mithra als der Gott des Rechtes gehandelt, er war unter anderem für die Ordnung, die Tugend und die Gerechtigkeit zuständig. Wir wissen, dass er die Ungläubigen bestrafte und die Gläubigen belohnte. Gegen die Bösen ging er mit einer Keule vor, aber er war auch mit einem Speer, mit Pfeilen, Äxten und scharf geschliffenen Dolchen ausgerüstet. Kurz gesagt hatten Ungläubige oder Übeltäter bei Mithra nichts zu lachen.

Frappierend sind die Lehren des Mithra-Kultes, der nach und nach entstand. Er stimmt mit zahlreichen Gebräuchen des Christentums in zu vielen Punkten überein, als dass es sich hierbei um einen bloßen Zufall handeln könnte:

- Zum ersten Mal wurde hier ein Wochentag besonders gefeiert: der Sonntag, der Tag des Sonnengottes. Dies wurde später von den Christen eins zu eins übernommen.

- Der Mithra-Kult sprach von sieben Sakramenten – genau wie später die katholische Kirche.

- Der Mithra-Kult kannte neben der Taufe und der Firmung sogar die heilige Kommunion. Aus Brot und Wasser oder Wein wurde eine Vereinigung mit Gott herbeigeführt, zumindest wurde damit an Gott erinnert. Mithra-Hostien waren mit einem Kreuzzeichen versehen, versichern uns jedenfalls katholische Quellen.[2]

- Wie Mithra stieg auch Christus vom Himmel herab – beide fuhren schließlich wieder in den Himmel auf.

- Der Mithra-Kult kennt drei *magoi* (Magiere), die Gott huldigten. Im Christentum wurden daraus wahrscheinlich die Heiligen Drei Könige.

- Eine Sintflut kannte man ebenfalls, und auch an die Unsterblichkeit der Seele wurde geglaubt.

- Mithra war ferner ein Mittler zwischen Menschen und Göttern, er war eine Art Heiland und Erlöser.

- Aber die wirkliche Überraschung bietet der Umstand, dass es bereits im Mithra-Kult ein ausgeprägtes Endzeitgericht gab. Es existierte ein Letztes Gericht. Auch hier wurde Recht gesprochen, die Guten wurden von den Bösen getrennt. Man sprach von einer Auferstehung des Fleisches. Man glaubte, Mithra würde die Toten auferwecken, um sie zu richten.

Der Mithra-Kult breitete sich später bis zu den Grenzen des Römischen Reiches aus. Im 2. und 3. Jahrhundert n. Chr. war dieser Glaube praktisch in ganz Europa zu finden und führte zum Bau zahlreicher Gotteshäuser.

Die christlichen Kirchenväter waren über die erstaunlichen Parallelen zu der eigenen Lehre so entsetzt, dass sie verbreiten ließen, bei den Mithra-Lehren handele es sich um freche Diebstähle und sie seien ein Werk des Teufels.

Da der Mithra-Kult jedoch sehr viel früher als das Christentum existierte, liegt die Annahme nahe, dass die Christen die Diebe waren.

Aber gehen wir chronologisch zunächst noch einmal einen Schritt zurück: Viele Vorstellungen des Mithra-Glaubens flossen später in die Lehre Zarathustras ein, obwohl sich Zarathustra zum Teil mit Händen und Füßen dagegen sträubte. Spätestens nach Zarathustras Tod kam es jedoch zu einer Vermischung der beiden Glaubensvorstellungen, ganz so, wie sich der Buddhismus in Indien mit dem alten Brahmanenglauben vermischte, bis er kaum mehr wiederzuerkennen war. Das Totengericht konnte nun nicht mehr aus dem persischen Glauben verbannt werden, egal ob es sich um Anhänger des Zarathustra- oder des Mithra-Glaubens handelte. Denn die beiden Lehren wurden verpanscht.

Und jetzt wird es richtig spannend: Auf einmal wanderte die Idee des Jüngsten Gerichts immer weiter nach Westen und auch nach Süden. Möglicherweise befruchtete Indien (oder Persien oder beide) das alte Ägypten mit dieser Idee, wir wissen es nicht. Wir wissen nur, dass selbst vor 5.000 Jahren bereits Handelsbeziehungen zwischen Indien und Ägypten existierten.

Fest steht, dass sich die Idee eines Totengerichts oder Letzten Gerichts auf einmal auch in Ägypten fand. Es tauchte fast spukartig auf, wie aus dem Nichts. Das Letzte Gericht galt in Ägypten zunächst als das größte Geheimnis, das es gab. Von diesem absoluten Geheimwissen wusste der normale Ägypter überhaupt nichts, es war ausschließlich dem Pharao und der ägyptischen Elite vorbehalten. Es wurde nach allen Regeln der Kunst versiegelt, chiffriert und versteckt. So wurden Gräber mit raffinierten Fallen versehen, da man ihnen sonst das große Geheimnis entlocken konnte. Denn die heiligen Hieroglyphen an den Innenwänden der Grabkammern berichteten davon. Man operierte mit Scheintüren und falschen Kammern, sodass man Kopf und Kragen riskierte, wollte man dieses Geheimwissen erforschen. Um den genauen Ort vieler Gräber durfte ebenfalls niemand wissen, man tötete sogar je und je Baumeister und Sklaven, die eine Grabanlage errichtet hatten. Doch was wussten die alten Pharaonen, was wir nicht wissen?

Das Totengericht in Ägypten

Auch in Ägypten ging man davon aus, dass die Seele (Ka oder Ba) nach dem Tode weiterlebt. Man glaubte, sie trenne sich von dem Leib und befinde sich unversehens in einem Zwischenreich, Totenreich oder Jenseits. Nach dem Tod, im Jenseits, durchschreite die Seele, so der Glaube, zunächst die Todespforte, wo sie von einem gleißenden Licht geblendet wird. Anfangs lauern zahlreiche Gefahren auf sie. Die Seele wandert in der Folge durch ein Land der Finsternis und begegnet Dämonen aller Art, mit denen sie fertigwerden muss. Es gibt gefährliche Feuerseen, Wüsten und Seelenfallen. Diese kann man umgehen, wenn man die Namen der Dämonen kennt, die diese Fallen aufgestellt haben. Weiter muss die Seele, über die „Geografie" im Jenseits Bescheid wissen, sie muss gefährliche Sümpfe umgehen und Ströme durchschiffen können. Diese Hölle trägt den Namen Duat. Es handelt sich um die Felder des Feuers, wo die Seelen der Verdammten gefoltert werden.

Aber man kann allen Gefahren trotzen, wenn man nur die richtigen Zaubersprüche kennt *und* die Namen der Dämonen. Wird man etwa von Geistern mit einem Krokodilskopf bedrängt, so betet man:

„Weiche von dannen, krokodilfratziger Dämon Sui!
Wahrlich, du hast keine Macht über mich!
Denn ... ich lebe und wandle
durch die magische Kraft der Worte in mir ..."[3]

Nachdem die Seele 6 Stunden in diesem Totenreich überlebt hat, wird sie vor ein Tribunal mit 42 Richtern geführt. Den Vorsitz führt der Gott Osiris, der Herrscher der Unterwelt, der König des Jenseits, der höchste Totenrichter. Osiris empfängt die Seele, starr und unbeweglich, denn er ist in Mumienbinden eingewickelt. Einige weitere Götter sind anwesend, wie der Gott Thot, der als

Gerichtsschreiber tätig ist und alle Aussagen genau aufzeichnet. Vor den Richtern wird die Seele befragt, beziehungsweise sie muss beteuern, dass sie sich bestimmter Sünden nicht schuldig gemacht habe. Tatsächlich ist die Litanei der Sünden lang. Schon im alten Ägypten kam der Mensch offenbar nicht ohne Sünde aus, nicht anders als heute. Unter anderem galten Mord, Betrug, Verleumdung, Streitsucht, Lügen, Ehebruch, Flüche, Hochmut und Übermut als Sünde.

Nun gibt es zwei Möglichkeiten: Die Seele (Ka oder Ba), kann Osiris und die 42 Richter überzeugen, dass sie einen guten Lebenswandel geführt hat – oder eben nicht. Wird sie für schuldig befunden, muss sie im Duat, in der Hölle, bleiben, für alle kommenden Millionen von Jahren. Wird sie freigesprochen, warten die schönsten Überraschungen auf sie, die man sich vorstellen kann: Die Seele mutiert zu einem freien Geist, ja zu einem Gott, der jede Gestalt annehmen kann, die er wünscht. Die Seele kann sich in Pflanzen oder Tieren aller Art wiederverkörpern. Sie kann Schwalbe, Phönix oder Schlange sein, ihre Verwandlungsfähigkeit ist unbegrenzt. Sie ist unsterblich und kann jauchzen. Sie kann aber auch auf entfernten Sternen ihren Wohnsitz nehmen und auf gleicher Ebene mit Göttern verkehren. Sie kann im Himmel wohnen, wenn sie will.

Später wurde mit diesem Geheimwissen auch der einfache Mann indoktriniert. Zunächst aber ritzte oder malte man es nur an die Innenwände der Grabkammern innerhalb der Pyramiden, in denen die Pharaonen bestattet wurden, oder pinselte es an die Sargwände. Aber wann geschah das alles? Die entsprechenden Gebettexte oder Grabsprüche existierten mindestens seit 2500 v. Chr. Um 2000 fand man sie verstärkt an Sargwänden, um ca. 1500 v. Chr. schrieb man diese Geheimtexte zunehmend auch auf die Binden der Mumien.

Aber eines Tages sickerte die Wahrheit durch, die religiösen Mysterien wurden verraten. Auch das gewöhnliche Volk erfuhr, was nach dem Tod passierte; es erfuhr von der Existenz des Letzten Gerichts. Jetzt erst begann die eigentliche Herrschaft der Priester. Nur sie wussten, welche Formeln man sprechen musste, um zunächst den Dämonen eine Schnippchen zu schlagen und später vor dem Letzten Gericht freigesprochen zu werden.

Sehr viel später wurde dieses Geheimwissen systematisch gesammelt, und noch viel später in unseren Breiten bekannt und im sogenannten Ägyptischen Totenbuch veröffentlicht. Doch wer galt als Urheber dieses religiösen Geheimwissens?

DIE ERFINDER DES LETZTEN GERICHTS IN ÄGYPTEN

Als Urheber des Totengerichts bezeichnen die ägyptischen Texte selbst manchmal den Gott Thot, manchmal den Gott Ra (Re).

Bei Re oder Ra handelte es sich um den höchsten Gott im alten Ägypten, vor dem sich alle verneigten, selbst die übrigen Götter. Er wurde als die göttliche Sonne bezeichnet und auch mit dem Planeten Mars identifiziert. Er ist der Erste der Götter, der später Amun-Re genannt und bei den Griechen mit Zeus gleichgesetzt wurde. Kein Pharao verzichtete darauf, sich als Sohn des Sonnengottes Re darstellen zu lassen. Re oder Ra war der Herr der Welten und der oberste Richter.

Re, mit Sonnenscheibe und Uräusschlange

Thot dagegen war der Gott der Weisheit, der Wissenschaft und der Erfinder der Hieroglyphen. Gern wurde er als Pavian dargestellt, manchmal mit einem Ibiskopf, mitunter mit Schreibtafel und Griffel. Gleichzeitig handelte es sich bei Thot um den Gott der Zeit und der Zeiteinteilung, Thot war deshalb auch der Gott des Messens. Grundsätzlich lehrte er die Künste und die Wissenschaften und war der Schutzherr der Bibliotheken und Schreiber.

Während des Totengerichts fungierte Thot als Protokollant und hielt schriftlich fest, wer würdig war, des ewigen Lebens teilhaftig zu werden. Zehntausende von Büchern wurden später Thot zugeschrieben, zudem mutmaßte man, er sei der eigentliche Urheber und Erfinder des Letzten Gerichts, nicht Re.

Thot mit Ibiskopf

WILDE GERÜCHTE

Die unglaublichsten Vermutungen wurden bereits darüber angestellt, was die Herkunft des Letzten Gerichts angeht. Es wurde sogar angenommen, dass es sich bei diesem Scheingericht ursprünglich um eine außerirdische Kontrollstation handelte, importiert von dem Planeten Mars und dem Gott Re, um die Menschen auf der Erde zu erziehen und auf den rechten Pfad zu lenken – oder um sie schamlos auszubeuten und mental zu kontrollieren. Wer will hierüber verlässlich urteilen?

Fest steht: Allein die Existenz dieses Letzten Gerichts versetzte die Menschen in Angst und Schrecken. Die Priester konnten die Bevölkerung nach Belieben manipulieren, sie konnten sie ausnehmen wie eine Weihnachtsgans.

Fest steht weiter, dass die Idee des Letzten Gerichts auch in andere Länder und Kulturen hineingetragen wurde. Jedes Geheimwissen besitzt eine unwiderstehliche Anziehungskraft. Und so gelangte die Vorstellung eines Endgerichts schließlich auch in das heutige Israel. Denn die Juden hatten den Ägyptern aller Wahrscheinlichkeit nach einst Sklavendienste geleistet. Das Gottesgericht fand eine neue Heimat.

Das Letzte Gericht im Judaismus

Die Vorstellungen über die Hölle und den Himmel im Judaismus sind unterschiedlicher Natur. Es gibt keine einheitlichen Glaubensvorstellungen. Man unterscheidet zwischen der biblischen Periode, der rabbinischen Zeit und modernen Vorstellungen.

Während der biblischen Periode glaubten die Alten, es gebe einen sehr dunklen Ort, genannt Sheol, einen Platz tief in der Erde, ein Schattenreich für die Toten, in dem man seine Väter wiedertrifft. Das Wort *Sheol* stammt aus dem Hebräischen; hier bedeutet *sha al* so viel wie *graben*, was abermals auf einen Platz unter der Erde hinweist. Aber dieser Ort lässt sich nicht mit der christlichen Hölle vergleichen. Die heiligen Schriften der Juden sprechen davon, dass man allenfalls ein Jahr dort zu verbringen habe, als Vorbereitungszeit auf den Himmel. Aber es existierte auch kein Himmel im christlichen Sinne. Immerhin spricht man von *Gan Eiden*, dem Garten Eden.

In der rabbinischen (späteren) Periode sprachen die Juden schließlich von einer anderen Welt, auch *Alam ha ba* genannt, in der die Seelen der Gerechten Belohnungen, die Seelen der Ungerechten jedoch Strafen zu erwarten hätten. Und jetzt wird es interessant. Speziell die Pharisäer glaubten, es gebe ein Weltgericht, ein Jüngstes Gericht.

Die Pharisäer? Vergessen wir rasch unsere christlichen Vorurteile. Im Christentum wurde der Begriff Pharisäer mit Heuchler gleichgesetzt. In Wahrheit handelte es sich bei den Pharisäern jedoch um religiöse Rechtsgelehrte, die genau darauf achteten, dass die jüdischen Gesetze (zum Beispiel rund um die Eheschließung, den Sabbat und die Reinheitsgebote) penibel eingehalten wurden. Sie waren Rechtslehrer, sie sahen darauf, dass die Gesetze korrekt ausgelegt und befolgt wurden, und sie achteten auf die Einhaltung heiliger jüdischer Vorschriften.

Die Pharisäer waren also religiöse Rechtslehrer mit einem guten Ruf. Im Gegensatz zu anderen jüdischen Gruppierungen lehrten die Pharisäer ein ewiges Leben, sie sprachen von einer Auferstehung der Toten und von einem Letzten Weltgericht. Die meisten beschränkten jedoch die Wiederauferstehung auf Juden, da nur sie von Gott als gerecht eingestuft werden würden. Einige Pharisäer waren gar der Meinung, dass nur in Israel bestattete Juden auch am Jüngsten Tag auferstehen könnten. Deshalb wurde es später üblich, Juden aus aller Welt zusätzlich mit eigens aus Israel importierter Erde beizusetzen, damit sie des ewigen Lebens nicht verlustig gingen.

Auch im Mittelalter und in der Neuzeit gab es innerhalb des Judaismus recht unterschiedliche Strömungen. Aber immer noch behaupteten wichtige Rabbis (hebr. *Rabbi* = Lehrer), es werde eine belohnende und eine strafende Gerechtigkeit geben.

Es ist müßig und bleibt der Spekulation überlassen, wie und auf welche Weise der Glaube an ein Endzeitgericht Eingang in den Judaismus fand. Wir glauben an ägyptische und persische Einflüsse – schließlich hatten sich die Juden lange in Persien aufgehalten und auch in Ägypten, wo sie offenbar als Sklaven lebten. Und genau dort (in Persien und Ägypten) wurde die Lehre vom Jüngsten Gericht verbreitet. Schätzungsweise zwischen 1200 v. Chr. und 540 v. Chr. muss diese Lehre Eingang in das jüdische religiöse Gedankengut gefunden haben, denn im Jahre 540 endete die Babylonische Gefangenschaft der Juden. Die alten Perser und die alten Ägypter standen also Pate bei dieser Idee.

Zwar übernahmen offenbar nicht alle jüdischen Schriftgelehrten die Vorstellung von einem Letzten Gericht, aber die mächtigste Gruppe, die Pharisäer, hing ihr ohne Zweifel an.

Dabei waren die Juden nicht die Einzigen, die von dieser religiösen Kontrollidee fasziniert waren. Tatsächlich gab es ein weiteres Volk, das von den Ägyptern inspiriert wurde – die rührigen, seefahrenden Griechen, die schon eh und je mit den Ägyptern intensive Kontakte gepflegt hatten.

DAS GUT GEHÜTETE GEHEIMWISSEN GRIECHISCHER KULTE

Aller Wahrscheinlichkeit nach wanderte die Idee des Jüngsten Gerichts nicht nur aus Ägypten, sondern auch aus Persien in Griechenland ein. Persien lag sozusagen vor der Haustür, nur einen Katzensprung entfernt. Griechenland wurde gleich von zwei Seiten mit dieser Idee bombardiert.

Forscht man in puncto Letztes Gericht im griechischen Raum nach, so kann man nur staunen. Hier existierten viele Geheimkulte, die teilweise bis heute unerforscht sind. In den meisten Mysterienkulten war es nämlich bei Todesstrafe untersagt, auch nur ein Wort über den Inhalt und die Lehre des Kultes verlauten zu lassen. Man riskierte sein Leben, wenn man die letzten Geheimnisse ausplauderte. In Griechenland waren die meisten geheimen religiösen Gesellschaften zu finden, jedenfalls zur damaligen Zeit.

Worum handelte es sich bei diesen Geheimnissen?

Schon zu Zeiten Homers (ca. 800 v. Chr.) war der Glaube an ein jenseitiges Reich weit verbreitet. Die Seele ging nach griechischen Glaubensvorstellungen nach dem Tod in eine Unterwelt ein, in der der Gott Hades herrschte. Auch die Unterwelt selbst wurde als Hades bezeichnet.

Zunächst hören wir noch von keinem Letzten Gericht, aber mit den verschiedenen Mysterienreligionen im 7. und 6. Jahrhundert v. Chr., allen voran den geheimnisvollen Orphikern, fand diese Idee auch in Griechenland Eingang. Das „Wissen", dass die Seele im Jenseits Rede und Antwort stehen musste und aufgrund ihres schlechten Lebenswandels verurteilt werden konnte, wurde gut gehütet. Es war streng geheim, nicht anders als im alten Ägypten.

Fragen wir ein wenig hartnäckiger nach. Um wen handelte es sich bei diesen mysteriösen Orphikern, die jahrhundertelang alles taten, um kein Wort über ihre Lehre und ihr religiöses Geheimwissen nach außen dringen zu lassen? Die Orphiker führten ihre Lehren auf einen sagenhaften Sänger (Orpheus) zurück. Sie nahmen an, dass der Mensch sowohl Gutes als auch Böses in sich trage. Der menschliche Körper wurde als Kerker für die Seele empfunden, aus dem er jedoch entfliehen könne, wenn er mehrere Körperleben hintereinander ein sittlich einwandfreies Leben geführt hatte.

Die Wiedergeburt oder die Reinkarnation war also eines der ganz großen Geheimnisse der Orphiker. Ein zweites Geheimnis bestand darin, dass man nach einem sündhaften Leben zunächst vor einen Richter zitiert wurde, angeblich, dem man Rede und Antwort stehen musste. Beträchtliche Strafen konnten in der Folge verhängt werden.

Diesen Strafen und dem Zwang, ständig wiedergeboren und erneut in einem Körper eingekerkert zu werden, konnte man entgehen, wenn man sich bestimmten, streng geheimen Einweihungsriten unterzog. Man konnte also dem schmerzhaften Kreislauf von Geburt und Wiedergeburt entkommen!

Im 4. Jahrhundert v. Chr. begegnen wir schließlich vielerorts in Griechenland dem Glauben, man müsse sich nach dem Leben vor einem Totengericht verantworten. Man nahm an, dass drei Richter an der Seite des Gottes Hades über das Schicksal eines Verstorbenen richten würden. Es handelte sich bei diesen drei Richtern um Aiakos, Minos und Rhadamanthys. Aiakos, ein Sohn des Zeus, war berühmt wegen seiner Weisheit und Gerechtigkeit. Minos war der legendäre einstige König von Kreta.

Bei Rhadamanthys handelte es sich ebenfalls um einen Sohn des Zeus, der Name weist jedoch auf einen orientalisch-indischen Ursprung hin. Rhadamanthys wurde von Platon wegen seiner Gerechtigkeit gerühmt, der römische Dichter Vergil zeichnete ihn negativ, angeblich erpresste er Geständnisse von den armen Sündern während des Letzten Gerichts.

Die Idee eines Letzten Gerichts wurde also immer weiter ausgeschmückt, bis sie die religiöse Vorstellungswelt halb Griechenlands erfasst hatte. Doch was unternahmen die Griechen?

Etruskische Religion

Vergessen wir nicht: Die Griechen beherrschten vor den Römern die halbe bekannte Welt, ihre Macht war unvergleichlich. Sie verfügten über starke Heere und die höchste Kultur, in deren Rahmen sie auch ihre religiösen Ideen verbreiteten. Deshalb ist es wahrscheinlich, dass sie auch die Etrusker mit der Idee des Letzten Gerichts infizierten.

Um wen handelte es sich bei den Etruskern? Die Etrusker waren ein antikes Volk, das im nördlichen Mittelitalien siedelte. Spuren der Etrusker sind dort zwischen 1000 und 100 v. Chr. nachweisbar. Nach der Eroberung durch die Römer (300 bis 90 v. Chr.) gingen die Etrusker im Römischen Reich auf.

Die Etrusker hießen auf Lateinisch *Etrusci* oder *Tusci*, auf Griechisch *Tyrrhenoi* – woraus sich später der Begriff des Tyrrhenischen Meeres ableitete, was ursprünglich Etruskisches Meer bedeutete. In dem Wort *Etrusci* mag, sprachwissenschaftlich gesehen, das Wort Turm stecken, vielleicht auch das Wort Tyrann, aber die Forscher sind sich uneinig. Vielleicht bauten die Etrusker, die Vorläufer der Römer in Italien, mächtige Türme zur Verteidigung, oder sie wurden von starken Tyrannen, Alleinherrschern oder

Königen regiert? Der Begriff Tyrann war damals nicht so negativ besetzt wie heute.

Wenn wir dem griechischen Geschichtsschreiber Herodot (ca. 485–424 v. Chr.) Glauben schenken dürfen, wanderten die Etrusker etwa im Jahre 1000 v. Chr. aus der heutigen Türkei nach Italien ein. Die Behauptung scheint Substanz zu besitzen, denn die Sprache und die Kultur der Etrusker besitzen gewisse Parallelen zu einer antiken kleinasiatischen Völkerschaft.

Der Einfluss der Etrusker auf die römische Kultur wurde, nebenbei bemerkt, lange unterschätzt. Dieses kriegerische Völkchen besaß bereits gut angelegte Straßen, Häuser aus gebrannten Ziegeln, eine hervorragend organisierte Armee und eine mächtige Flotte. Einige Städte prägten ihre eigenen Münzen. Außerdem war die Kunst hoch entwickelt; die etruskischen Statuen lassen uns noch heute staunen.

Interessant ist für unsere Belange die hoch entwickelte Religion: Die Etrusker besaßen zwölf gewaltige Götter, die unbarmherzig die Befehle des Hauptgottes Tinia ausführten, der über Donner und Blitz gebot. Von diesen zwölf Göttern flößten besonders die beiden Angst ein, die über die Unterwelt oder die Hölle, einen schrecklichen Ort, geboten und ein geflügeltes Heer von Dämonen befehligten. Im Paradies dagegen tafelte man ununterbrochen auf das Fürstlichste, während hübsche junge Mädchen zum Klang der Doppelflöte und der Lyra ungezwungen und lasziv tanzten. Und nun wird es hoch spannend. „Der Glaube an die Hölle war der hervorstechendste Wesenszug der etruskischen Theologie. Wie die Darstellungen in den Grabkammern zeigen, wurde die Seele des Verstorbenen ... vor ein Unterweltstribunal geführt, wo sie bei einem Jüngsten Gericht die Gelegenheit erhielt, ihr Verhalten während der Lebenszeit zu rechtfertigen. Wenn ihr das nicht gelang, so wurde sie zu Qualen in reicher Auswahl verurteilt."[4]

Zugegebenermaßen gibt es auch andere Stimmen zu den Jenseitsvorstellungen der Etrusker. Unbestritten ist aber, dass sie hoch religiös waren; die etruskische Priesterschaft hütete eifersüchtig ein geheimes Wissen, das heute nicht mehr mit letzter Sicherheit auszumachen ist. Unstrittig ist weiter, dass die Etrusker an eine Reise in die Unterwelt oder an ein Jenseits glaubten und somit fraglos von der Unsterblichkeit der Seele ausgingen. Jenseitsfahrten mit einem Kampfwagen oder in einem Schiff wurden mit Pinsel und Farbe dargestellt. Im Jenseits der Etrusker gab es ohne Zweifel verschiedene Dämonen, die den Toten (oder die unleibliche Seele) empfingen. Der Todesdämon Charun wurde mit einem mächtigen Hammer dargestellt. Er war der Grabwächter, aber er geleitete auch die Seele in die Unterwelt und wies ihr den Weg. Manchmal gab es mehrere Charune oder Begleiter im Jenseits. Charun zur Seite stand Vanth, eine jugendliche, hübsche, meist geflügelte Dämonin des Todes, die mit einer Fackel ausgestattet war, aber bisweilen auch mit einer Schriftrolle in der Hand dargestellt wurde. Schließlich existierten fraglos verschiedene Gottheiten in dieser etruskischen Unterwelt – der interessanteste Gott ist Vetis. Er übte mit hoher Wahrscheinlichkeit eine Richterfunktion aus.

Es besteht zwar auch die Möglichkeit, dass die Seele bereits am Ziel ihrer Reise angelangt war, nachdem sie das Tor zur Unterwelt durchschritten hatte, und mit ihren Vorfahren zu einem gemeinsamen Mahl geladen wurde. Die Interpretationen des Forschers Friedhelm Prayons deuten eher in diese Richtung.[5] Aber der Historiker Will Durant spricht explizit von einem Unterwelttribunal, was wir für wahrscheinlicher halten. Denn zum einen waren die religiösen Vorstellungen der Etrusker in erster Linie von griechischen Vorstellungen geprägt, in die die Idee eines Letzten Gerichts längst Einzug gehalten hatte. Zum anderen spricht dafür die Existenz eines Gottes, der als Richter identifiziert wurde. Es ist also zumindest sehr wahrscheinlich, dass auch die Etrusker an ein Letztes Gericht glaubten.

DAS JÜNGSTE GERICHT IM CHRISTENTUM

Für die Verbreitung der Idee eines Letzten Gerichts waren die Etrusker jedoch allenfalls ein Zwischenspiel. Das Christentum war gewissermaßen von allen Seiten von dieser Idee umgeben. Die Juden glaubten daran, jedenfalls die Pharisäer, ihre mächtigen religiösen Rechtslehrer, außerdem die Perser, die Inder, die Ägypter und die Griechen. Die Einflüsse Israels, Ägyptens, Indiens, Persiens und Griechenlands auf das Christentum sind zu gut belegt, als dass sie geleugnet werden könnten. Mindestens zur Hälfte, wenn nicht mehr, ist das Christentum ohnehin jüdischen Ursprungs – niemand bestreitet das heute.

Zudem gab es genug Kirchenväter, die von griechischen Schriften beeinflusst worden waren oder in deren Adern sogar ägyptisches Blut floss. Vergessen wir nicht: Der heilige Paulus, der größte Missionar in Sachen Christentum, wurde in der heutigen Türkei geboren. Von hier war es nicht so weit nach Persien oder Ägypten. Die Entstehungszeit des Christentums war eine hoch religiöse Zeit. Überall brodelte es von Ideen, Annahmen, Übernahmen und Theorien! Die Vokabel Gott war eine Reizvokabel, die Nerven lagen blank, wenn es um den richtigen Glauben ging. Das Christentum formierte sich erst sehr langsam, alle möglichen und unmöglichen Ideen fanden Eingang in diese junge, wachsende Religion. Hier nur eine winzige Auswahl der verschiedenen Ideen, die anfänglich im Christentum kursierten:

Tatsächlich gab es ursprünglich schier unzählige Glaubensbekenntnisse, eine einheitliche Religion ließ sich daraus anfänglich nicht zimmern. Im christlich inspirierten Gnostizismus (griech. *gnosis* = Erkenntnis) etwa strebte man nach Gottähnlichkeit und suchte höhere Stufen des Seins zu erreichen. Neupythagoräische und neuplatonische Vorstellungen, die mit dem Christentum ebenfalls hie und da vermixt wurden, betonten die Reinkarnation oder Wiedergeburt und andere

Thesen ihrer Gründer. Wieder andere Erleuchtete machten sich anheischig, die Geheimnisse der Engelwelten zu enthüllen. Um 140 n. Chr. schließlich verkündete ein gewisser Markion, man müsse sich von den früheren jüdischen Lehren völlig trennen, wolle man ein echter Christ sein. Gott habe mit dem Körper nur ein übles Gefängnis für die menschliche Seele geschaffen. Er veröffentlichte sein eigenes Neues Testament – und wurde schließlich exkommuniziert. Um 156 n. Chr. machte der rhetorisch begabte Montanus von sich reden, der gegen die Weltfreudigkeit des Christentums und die wachsende Macht der Bischöfe zu Felde zog. Er predigte Einfachheit und Askese und gebärdete sich als neuer Prophet.

Kurz und gut, es gab so viele Irrlehren, wie es die offizielle christliche Kirche später bezeichnete, dass man sie kaum zählen kann. Die Abstinenten übten sich in Selbstkasteiung. Die Enkratiten (griech. *enkrates* = enthaltsam) machten gegen Geschlechtsverkehr und Alkohol mobil. Die Doketisten (griech: *dokein* = scheinen) glaubten, Christi Leib habe nur aus Geist, nicht aus Fleisch bestanden, sein Menschsein sei nur Schein gewesen. Die Adoptianer (lat. *adoptare* = hinzuerwählen) nahmen an, Jesu sei als Mensch geboren worden, habe aber aufgrund seiner Handlungen den Status eines Gottes erlangt. Die Monarchianer (griech. *monarchos* = Alleinherrscher) dagegen behaupteten, Gott Vater und Sohn sei eine einzige Person. Die Monotheletisten widersprachen und lehrten, die Dreifaltigkeit zeichne sich nur durch einen einzigen, gemeinsamen Willen aus (griech. *monos* = einzig). Ein persischer Mystiker, Mani (216–276), behauptete schließlich sogar, er sei der Messias, und erfand eine völlig neue Religion, die er aus alten Religionen schnell zusammenpanschte. Nach dreißig Jahren Predigten wurde er ans Kreuz geschlagen.

So könnte man beliebig fortfahren. Aber schon diese wenigen Zeilen beweisen, wie offen und anfällig das Christentum für fremde Ideen war. Es summte wie in einem Bienenstock. Es existierten zahlreiche Sekten und Gemeinden – aber bestimmt kein einheitliches, christliches Glaubensbekenntnis.

Und so fand auch die Idee des Weltgerichts Eingang in dieses sich gerade formierende Christentum, das ja nicht originär ist, wie wir inzwischen wissen, sondern in vielen Ländern bereits Vorstufen besaß. Die Idee des Gottesgerichts war zu übermächtig und zu verführerisch. Die gelehrten Griechen redeten davon, die verstockten Pharisäer, die an Geheimnisse gewöhnten Ägypter, die legendären Perser und wahrscheinlich sogar die alten Etrusker. Von allen Seiten drang die Idee des Letzten Gerichts in das Christentum ein. Es wurde förmlich damit bombardiert. Die christlichen Priester erkannten sehr rasch, dass die Menschen mit dieser Idee hervorragend bei der Stange gehalten werden konnten. Und so wurde diese geklaute Idee schließlich als kanonisch erklärt, religiös rechtsgültig also, sie wurde christliches Gedankengut. Das Christentum, wie wir es heute kennen, erlag dem Ansturm früherer Propheten und Religionen. Die offizielle Lüge ließ nicht lange auf sich warten. Ab einem bestimmten Zeitpunkt behauptete das Christentum, dass es allein der Erfinder dieser Idee gewesen sei. Nichts könnte weiter von der Wahrheit entfernt sein.

DAS JÜNGSTE GERICHT IM ISLAM

In der Folge breitete sich diese Idee überraschend schnell aus. Überall, wo das Christentum Fuß fasste, führte es im Gepäck auch das Letzte Gericht mit sich. Im heutigen Frankreich, in Spanien, in Deutschland und England, in osteuropäischen Ländern und so weiter wurde die Idee populär. Sie gelangte erneut in die Länder des Vorderen Orients und Arabiens und wurde zurückexportiert, wobei der Judaismus und griechische geheime Überlieferungen sicherlich ein gut Teil beitrugen. Auf diese Weise kam der Islam mit der Idee des Letzten Gerichts in Berührung. Das ist nicht verwunderlich, denn der Islam fußt zu etwa einem Viertel auf jüdischen Quellen. Aber auch viele Figuren und Lehrsätze des Christentums fanden Eingang in diese Religion.

Auch im Islam nimmt man an, dass es eines Tages ein Endgericht geben werde.

Das Paradies der Araber ist jedoch deftiger und sinnlicher als das christliche. Hier gibt es sogenannte Hûris, wohlgestaltete Jungfrauen, die dem gläubigen Muslim einfach jeden (!) Wunsch von den Augen ablesen. Die Hûris haben angeblich Augenbrauen wie gewölbte Halbmonde und ihre Münder sind wie frisch aufgebrochene Feigen, sie sind kurz gesagt makellos. Das Paradies in einer Wüstenregion besteht darüber hinaus natürlich aus himmlischen Gärten, in denen Wasser und Wein im Überfluss zu finden sind. Die Schalen quellen hier über von erfrischenden Früchten, von Trauben und Äpfeln. Das muslimische Paradies ist mehr auf das Diesseits gerichtet als das christliche, wo nur fromm gesungen, gefiedelt und gebetet werden darf.

Auf der anderen Seite ist auch die Hölle nicht von schlechten Eltern: Im Islam werden Frauen für einige Vergehen an den Brüsten aufgehängt und Männer im ewigen Feuer gesotten und gebraten. Der Islam kennt sieben Stufen von Höllen, die grausamer und grausamer ausgemalt werden – man unterscheidet sorgfältig zwischen der Schwere der verschiedenen Vergehen. Aber überall qualmt das Feuer. Für lässliche Sünden muss der Gläubige spezielle Schuhe tragen, um nicht von dem allgegenwärtigen Feuer versengt zu werden. Als Getränk werden in der islamischen Hölle Absud und kochendes Wasser gereicht – in einer Region, wo die Sonne unbarmherzig jeden Tag brennt, eine wirkliche Strafe.

Natürlich gibt es heute zahlreiche Richtungen innerhalb des Islams; nicht überall kommt dem Weltende und dem Letzten Gericht die gleiche Bedeutung zu. Der Tag des Jüngsten Gerichts wird im Islam deshalb heute unterschiedlich beschrieben, aber alle Moslems nehmen das Endgericht für bare Münze und glauben fest daran. Die gesamte Weltgeschichte läuft in den muslimischen Vorstellungen auf eben dieses Letzte Gericht zu. Auch im Islam wird dem Menschen versichert, die beste Methode, der Hölle zu entgehen, bestehe darin, fest und unbeirrbar an den Islam zu glauben. Weiter sind gute Taten förderlich.

„Wer an Allah und den Jüngsten Tag glaubt und Gutes tut, erhält seinen Lohn, er hat nichts zu befürchten." (Sure 2,62, Koran)

Von Bedeutung sind im Islam die Anzeichen dafür, wann das Jüngste Gericht angeblich eintreten wird. Es gibt zehn Zeichen, die den Gläubigen aufmerken lassen. Ein Zeichen ist dann gegeben, wenn ein lupenreiner Betrüger sich zum Gott erklärt, obwohl er eigentlich ein Ungläubiger ist; aber dieser Betrüger ist gemäß den heiligen Schriften des Islam leicht zu identifizieren: Sein rechtes Auge gleicht einer „heraushängenden Weintraube".

WELTWEITE VERBREITUNG

Das Christentum und der Islam sorgten dafür, dass die Idee des Jüngsten Gerichts in alle Welt verbreitet wurde. Mit 2,2 Milliarden Anhängern ist das Christentum heute die größte Religion auf der Erde, gefolgt vom Islam, dem 1,5 Milliarden zuneigen. An dritter Stelle rangiert der Hinduismus (mit 890 Millionen Gläubigen), dessen Priester, die Brahmanen, heute ebenfalls teilweise eifrig mit Himmels- und Höllenvorstellungen jonglieren. Und so fand die Idee des Jüngsten Gerichts Eingang in zahlreiche Kulturen, deren Anzahl wir inzwischen kaum mehr seriös beziffern können. Die Erdbevölkerung mit mehr als 7 Milliarden Seelen (2012) glaubt also rund zur Hälfte an diese Idee. Und jede Religion betont, sie besitze das Alleinanspruchsrecht auf diese Idee – eine faustdicke Lüge, wie wir gesehen haben. Das hält aber die Hälfte der Menschheit nicht davon ab, unbeirrbar weiter an ihr festzuhalten. Doch was ist die Wahrheit?

Die zeitliche Einordnung

Wir wissen bis heute nicht, wer die wahren Erfinder des Letzten Gerichts waren. Sehen wir von Marsianern ab, waren es aller Wahrscheinlichkeit nach die Inder. Kein Volk war je so erfinderisch in Bezug auf Religion. Weiter ist der altindische Gott Mitra der älteste Gott, den wir aufspüren konnten.

Die Idee des Jüngsten Gerichts avancierte zu einem Exportschlager. Fassen wir zusammen, um den Überblick nicht zu verlieren: Um 2000 v. Chr. – wir glauben früher, können es aber nicht belegen – wanderte der Glaube an ein Letztes Gericht nach Persien aus, Mitra wurde zu Mithra. Von Indien aus, vielleicht aber auch über Persien, gelangte die Idee des Letzten Gerichts nach Ägypten. Denn ein reger, riesige Räume umspannender Handel existierte bereits im Altertum zwischen den verschiedenen Kulturen. Ägypter und Perser verbreiteten die Idee eifrig weiter. Auf diese Weise erreichte sie auch die Juden, die Griechen und wahrscheinlich die Etrusker. Die Juden, aber auch persische und ägyptische Quellen inspirierten wiederum das Christentum, das die Idee des Letzten Gerichts freudig übernahm und als eigene Erfindung proklamierte. Der Islam dagegen wurde vom Judaismus und Christentum befruchtet. Christentum und Islam verbreiteten diese Angstidee jedenfalls über die halbe Welt.

Optisch leichter erfassbar mag man die geschichtliche Tradition so zeichnen:

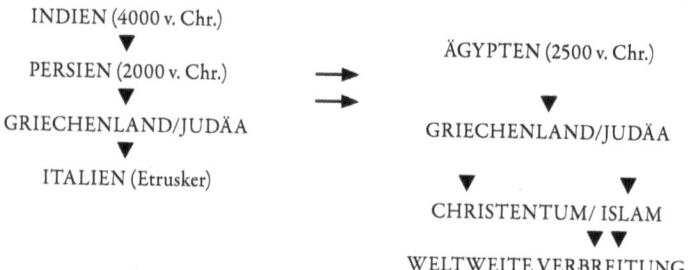

INDIEN (4000 v. Chr.)
▼
PERSIEN (2000 v. Chr.)
▼
GRIECHENLAND/JUDÄA
▼
ITALIEN (Etrusker)

ÄGYPTEN (2500 v. Chr.)
▼
GRIECHENLAND/JUDÄA
▼ ▼
CHRISTENTUM/ ISLAM
▼ ▼
WELTWEITE VERBREITUNG

Unterschlagen wurde in dieser simplifizierten Grafik lediglich der Einfluss der Perser auf das Christentum.

Auf dem halben Planeten Erde finden wir damit diese Kontrollidee, die Angst vor dem Letzten Gericht und der Hölle.

Und damit sind wir auch schon in der Gegenwart angelangt.

Noch einmal: Rund 2,2 Milliarden Christen und rund 1,5 Milliarden Moslems auf Planet Erde glauben immer noch wortwörtlich an das Letzte Gericht, nicht wissend, dass es sich nur um eine Idee handelt, die einst über Indien und Ägypten Eingang in verschiedene Kulturen fand und mindestens 6.000 Jahre alt ist.

DIE TIEFER LIEGENDE ABSICHT

Natürlich besaß das Märchen vom Letzten Gericht, nach dem man stracks in den Himmel auffuhr oder in der Hölle briet, einen Hintersinn. Diese religiöse Räuberpistole verfolgte einen konkreten Zweck, nämlich den, die Schäfchen auf der richtigen Weide zu halten. Denn Furcht besitzt eine starke Überzeugungskraft. Auf diese Art und Weise ließen sich die Gläubigen prächtig kontrollieren. Im Johannes-Evangelium lässt der Autor Jesus sagen: „Ich versichere euch: Alle, die auf mein Wort hören und dem vertrauen, der mich gesandt hat, werden ewig leben. Sie werden nicht verurteilt." (Joh 5, 24, vgl. weiter Joh, Offb 20, 11-12)

Man musste nur blind glauben – und schon sicherte man sich einen Ehrenplatz im Himmel. Recht bequem! Und es schien ein gutes Geschäft zu sein. Ein bisschen Glauben, 70 Jahre lang, für die Ewigkeit im Gegenzug? Darauf konnte man sich einlassen, die Zahlen sprachen für sich selbst. Weiter sicherte das Neue Testament Märtyrern zu, im Himmel besonders gut bedient zu werden. Je intensiver man also glaubte, umso größere Vorteile heimste man später ein. Wenn sogar noch ein bisschen Blut floss, so machte sich das besonders bezahlt. Man köderte die Gläubigen mit wolkigen Versprechungen – und malte ihnen gleichzeitig die schrecklichsten Höllenqualen aus, falls sie nicht glaubten.

Ironisch ist lediglich der Umstand, dass dieser Glaube nur christlich sein durfte – oder nur islamisch, nur griechisch oder nur zarathustrisch, je nachdem, an welchem Ort man sich gerade befand. Mit dem gleichen Trick wurde jedenfalls völlig unterschiedlichen Religionen das Wort geredet.

Das Urteil oder Der Kampf um die Wahrheit

Was also ist Sache und wie muss unser Urteil über das Letzte Gericht ausfallen? Begeben wir uns in die komfortable Situation und sitzen zur Abwechslung einmal zu Gericht über das Letzte Gericht! Bei dem Jüngsten Gericht handelt es sich lediglich darum, mit Kontrolle – mit Zuckerbrot (Himmel) und Peitsche (Hölle) – den Gläubigen bei der Stange zu halten! Auf nichts anderes zielte in Wahrheit dieses Geflunker vom Letzten Gericht.

Tatsächlich funktionierte diese Kontrolle so fabelhaft, dass dieses religiöse Ammenmärchen ständig exportiert wurde. Priester aller Herren Länder nahmen die Idee mit Kusshand auf. Über Indien, Persien und Ägypten gelangte diese genial-teuflische Erfindung, Menschen zu kontrollieren, zu den Juden, Christen und Moslems. Und Christen und Moslems beanspruchten, die wahren Erfinder dieses religiösen Märchens zu sein.

Natürlich musste man sich je und je etwas einfallen lassen; denn eines Tages entdeckten christliche Kirchenväter und Glaubenshüter, wie schon an früherer Stelle angedeutet, dass bereits der persische Mithra-Glaube Pate gestanden hatte, als es um den Schwindel und die Fabelei des Letzten Gerichts ging. Flugs wurde der Mithra-Glaube im Rahmen des Christentums vehement bekämpft. Er wurde nach allen Regeln der Kunst verleumdet. Es konnte, es durfte nicht wahr sein, dass die Christen den Mithra-Kult nur geklaut hatten. Christliche Autoren schrieben, dass Mithratisten Rabenmasken trügen, laut krächzten und mit den Flügeln schlügen. Die Taufe in Persien würde weiter mit Tierblut ausgeführt und bei der heiligen Kommunion spiele ebenfalls Blut die entscheidende Rolle. Nicht anders als einst die frühen Christen von den Römern verleumdet worden waren (die angeblich kleine Kinder verspeist hatten und andere Unappetitlichkeiten mehr), so wurde nun der Mithra-Glauben verhöhnt, hässlich gemacht und der Lächerlichkeit preisgegeben. Es galt, die Originalität des Christentums unter allen Umständen zu wahren.

Christus kämpfte also gegen Mithra. Die Christen gewannen das Gefecht – zumindest in unseren Breiten. Sie waren es, die diese Kontrollidee bis in die entferntesten Ecken des Planeten verbreiteten, bis hin in das entfernte China, unterstützt von den Moslems. Und so glaubt, wie gesagt, heute rund die halbe Weltbevölkerung an das Letzte Gericht – ohne zu wissen, dass hier nur einem uralten indischen, persischen und ägyptischen religiösen Märchen gehuldigt wird, das eines ganz sicher nicht für sich beanspruchen kann: *wahr* zu sein.

4. KAPITEL

DIE KONSTANTINISCHE SCHENKUNG

Um dem Christentum wirklich auf die Spur zu kommen, müssen wir nicht nur nach „hinten" schauen, also in die Jahrhunderte und Jahrtausende vor Christi Geburt, sondern auch nach „vorne", in die Zeit nach Christi Geburt. Hier spielten sich ebenfalls die unglaublichsten Ungeheuerlichkeiten ab, was das Thema Geschichtsfälschungen angeht.

Seien wir ein wenig unbescheiden: Vielleicht wird keine Abhandlung Ihr Verständnis über Geschichte und Geschichtsschreibung stärker verändern als die folgenden Seiten. Sie enthalten starken Tobak. Warum? Immer wieder wird die Frage gestellt – diese zugleich törichte und kluge Frage – „wie es wirklich gewesen" ist, wenn wir uns der Geschichte und der Geschichtsschreibung nähern oder wenn wir unsere Religionsgeschichte aufs Korn nehmen. Töricht? Weil man einem Sachverhalt nie mit letzter Sicherheit auf die Spur kommen kann, der ein paar Hundert oder gar ein paar Tausend Jahre zurückliegt. Klug? Weil man sich nicht für dumm verkaufen lassen will, was die Vergangenheit angeht, weil man sich nicht wie ein Zirkustier an einem Nasenring durch die Arena führen lassen und alles glauben will, was uns im Allgemeinen vorgesetzt wird. Man will endlich die Wahrheit herausfinden. Alles andere ist uninteressant. Man will sich nicht mehr von dem gelehrten Geschwätz einlullen lassen.

Geschichtswissenschaftler, denen an der Wahrheit gelegen ist, stützen sich deshalb heute nachdrücklich auf alte Dokumente, die sie aufspüren können. „Wenn etwas nicht geschrieben steht, ist es nicht wahr", argumentieren sie. Dabei ist oft genau das Gegenteil der Fall. Gerade wenn etwas in geschriebener Form zur Verfügung steht, ist es gewöhnlich nicht wahr, sondern erstunken und erlogen. Mit anderen Worten: Die Dokumente, auf die wir uns heute stützen, sind oft nicht das Papier wert, auf das sie ehemals mit schönen Buchstaben gepinselt worden sind – trotz all der beeindruckenden Siegel und Schwüre, die man manchmal liest. Aber gerade aus solchen Dokumenten will man Geschichte rekonstruieren!

Untersuchen wir deshalb in diesem Sinne zunächst einmal ganz unschuldig die sogenannte Konstantinische Schenkung (lat.: *Constitutum*

Constantini), ein hoch berühmtes und wichtiges Dokument, und fragen wir uns, was es damit auf sich hat!

DIE KONSTANTINISCHE SCHENKUNGSURKUNDE

Um wen handelte es sich bei diesem Konstantin? Kaiser Konstantin (ca. 279–337 n. Chr.) machte vor allem dadurch von sich reden, dass er dem Christentum zum Durchbruch verhalf, das, vergessen wir es nicht, zu seiner Zeit immer noch teilweise unterdrückt wurde. Konkret handelt es sich bei der Konstantinischen Schenkung um eine gefälschte Urkunde, die angeblich etwa im Jahr 316 von Kaiser Konstantin ausgestellt worden war. Sie richtet sich an Papst Silvester I. und seine Nachfolger. In eben dieser Urkunde wird den Päpsten die Oberherrschaft über Rom, ja über ganz Italien und das halbe Römische Reich anvertraut, ferner Grundbesitz in Rom, der die Basis des heutigen Kirchenstaates bildet, sowie einiges mehr, auf das wir noch genauer zu sprechen kommen werden. Kurz gesagt wurde mit dieser Urkunde eine unendliche Machtfülle zementiert, was das Papsttum anging.

Silvester I.? Das war ein Papst, der von 314 bis 335 n. Chr. amtierte. Nach einer frühmittelalterlichen Legende soll er den kranken Kaiser Konstantin vom Aussatz geheilt und getauft haben. Als Dank dafür habe ihm Kaiser Konstantin eben diese Urkunde ausgestellt.

Natürlich ist das alles Unsinn: Die *Konstantinische Schenkung*, die Urkunde, so fand man später heraus, entstand erst im 8. oder 9. Jahrhundert – es handelt sich also um eine lupenreine Fälschung.

Die Konstantinische Schenkungsurkunde wurde in der Folge dazu benutzt, die Vormachtstellung der Päpste zu legitimieren und territoriale Ansprüche zu begründen. Dabei handelte es sich um eine Lüge so groß wie ein Kontinent. Sie wird in ihrer Größe und ihrer Unverschämtheit nur noch übertroffen von ..., doch gedulden wir uns noch einen Augenblick! Gehen wir zunächst noch einmal einen

Schritt zurück und untersuchen diesen kirchlichen Kriminalfall noch etwas genauer.

KONSTANTIN DER GROSSE

Fragen wir erneut, um wen es sich bei Konstantin handelt. Die christliche Geschichtsschreibung ist des Lobes voll, wenn sie auf diesen Kaiser zu sprechen kommt. Sie bezeichnete ihn je und je sogar als Stellvertreter Gottes und *sacratissimus* – den Heiligsten aller Heiligen. Als seine (christlichen) Söhne später Münzen mit seinem Abbild in Umlauf brachten, zeigten die Münzen, wie Konstantin in den Himmel auffährt, nicht anders als Jesus. Mit Lampen und Kerzen, die man vor seinem Standbild aufstellte, wurde er schon zu Lebzeiten verehrt. Die Kirche verglich ihn mit Abraham und Moses, nannte ihn den gottgeliebten Führer, den von Gott eingesetzten allgemeinen Bischof, den Liebling Gottes, ja nannte ihn gar Heiland und Erlöser und versuchte ihn zum 13. Apostel zu erhöhen.[1]

Weiter schwärmt die christliche Kirchengeschichte davon, dass eben dieser Konstantin erst selbst zum christlichen Glauben übergetreten sei und schließlich das Christentum sogar zur Staatsreligion erhoben habe. Am Anfang habe er die Christen zugegebenermaßen zwar verfolgt, aber schließlich sei er vom Aussatz befallen worden. Die römisch-heidnischen Priester hätten ihm angeraten, im Blute unschuldiger Kinder zu baden. Doch habe ihn Mitleid mit den Müttern ergriffen. Zum Lohn seien ihm in einem nächtlichen Traum die Apostel Petrus und Paulus erschienen. Sie hätten ihm bedeutet, dass ihm Papst Silvester I. helfen könne. Also habe Konstantin eben diesen Silvester kommen lassen, der ihn durch ein Taufbad vollständig geheilt habe. Zum Dank dafür habe ihm Konstantin eine Schenkungsurkunde ausgestellt, eben die *Konstantinische Schenkung* ... Alles Legende! Alles an den Haaren herbeigezogen. Alles zusammengeflunkert. Aber was ist „wahr"?

So viel ist richtig: Kaiser Konstantin verfügte über eine ungeheure Macht. Er umgab sich mit einem unvorstellbaren Pomp, war verliebt in Zeremonien. Näherte man sich ihm, musste man sich vor seinem Thron niederwerfen und das Gesicht dem Boden zuwenden. Konstantin wurde im heutigen Serbien geboren, sein Vater war unter verschiedenen römischen Kaisern Offizier gewesen und die Karriereleiter hochgefallen – ein ideales Sprungbrett für den Sohn. Vor Konstantin gab es vier verschiedene Kaiser im Römischen Reich, weil das Reich eine ungeheure Ausdehnung erfahren hatte. Diese vier Kaiser beäugten einander jedoch misstrauisch. Nachdem Konstantin einen dieser vier (Kaiser-)Throne mit dem Schwert ergattert hatte, besiegte er nacheinander alle drei anderen Konkurrenzkaiser. Er schlug sie vernichtend. Konstantin war ein Schlächter, ein Bluttrinker, sicherlich ein begabter Feldherr und bärenstark, wenn man den Abbildungen glaubt. Er war Soldat vom Scheitel bis zur Sohle – und ein gerissener Politiker. Unter ihm begann das Christentum zur wichtigsten Religion aufzusteigen – aber eigentlich ließ er jede Religion gelten. Konstantin verlegte seine Residenz nach Byzanz, das ihm zu Ehren später Konstantinopel genannt wurde, Stadt des Konstantin. Heute heißt diese Stadt Istanbul.

Konstantin bekannte sich nie öffentlich zum Christentum, obwohl er seine Söhne christlich erziehen ließ. Zwar ließ er sich taufen, aber erst auf dem Sterbebett. Viele neutrale Historiker kamen zu dem Urteil, dass es sich bei seiner Bevorzugung des Christentums lediglich um einen geschickten politischen Schachzug gehandelt habe. Denn das Christentum war gut organisiert und konnte seine Herrschaft stützen. Auf der anderen Seite gibt es Hinweise, dass Konstantin auch dem Mithras- und Sonnenkult anhing und nichtchristlichen Priestern in Konstantinopel sogar neue Tempel erbauen ließ. Aller Wahrscheinlichkeit nach war Konstantin also lediglich ein raffinierter politischer Taktiker, der jeden nach seiner Fasson selig werden ließ. Er garantierte im ganzen Reich Religionsfreiheit und setzte damit auch den Verfolgungen des Christentums ein Ende.

Doch kehren wir zur Konstantinischen Schenkung zurück.

Die Fälschung

Bis heute existieren weit über 300 Handschriften der sogenannten Konstantinischen Schenkung in zahlreichen Sprachen. Historiker streiten sich noch immer, welche die früheste Fassung ist. Die Forscher K. Zeumer und H. Fuhrmann machten sich besonders verdient, als sie die verschiedenen Fassungen mit viel Intelligenz gegeneinander abwogen.[2] Die Ur-Urkunde entstand relativ spät, im 8. oder 9. Jahrhundert, der Tatbestand der Fälschung steht also unumstößlich fest.

Die Urkunde besteht aus zwei Teilen, einer *Confessio* (= Glaubensbekenntnis) und einer *Donatio* (= Schenkung). In der Confessio wird das Märchen von Kaiser Konstantin erzählt, der angeblich vom Aussatz befallen war und in der Folge von Papst Silvester geheilt wurde. Aus Dankbarkeit, so wird in der Donatio, der Schenkung, erklärt, habe Konstantin dem römischen Bischof den Vorrang vor allen anderen Bischöfen und christlichen Kirchen eingeräumt, also über die Kirchen in Konstantinopel, Antiochia (Syrien), Alexandria (Ägypten), Jerusalem, ja den gesamten Erdkreis. Wenn man so will, handelt es sich um einen Trick, mit dem der Vorrang des Bischofs von Rom (des Papstes) festgeschrieben und für alle Zeiten in Stein gemeißelt wurde. Das gesamte Christentum wird dem Bischof von Rom (dem Papst) unterstellt, ihm werden sogar alle Zeichen kaiserlicher Würde eingeräumt, ja sogar ein kaiserlicher Rang. Weiter schenkt Konstantin in dieser (gefälschten) Urkunde dem Papst/den Päpsten den kaiserlichen Palast auf dem Lateran (= ein riesiges Grundstück mit mehreren Gebäuden, benannt nach einer altrömischen Familie namens Laterani), darüber hinaus die Stadt Rom selbst sowie alle Städte und Provinzen Italiens und das halbe ehemalige Römische Reich. Kein Pappenstiel!

Der Papst solle künftig in Rom und dem West-Reich herrschen, der Kaiser (= Konstantin und seine Nachfolger) dagegen in Byzanz und im Osten des Reiches. Jedermann, der sich nicht daran halte, werde gebannt und verflucht.

Sogar eine Unterschrift gibt es unter dieser gefälschten Urkunde.

Wir wollen an dieser Stelle nicht auf die verschiedenen Versionen eingehen, die existieren, da es der Erkenntnis nicht viel bringt. Offenbar entstand die erste Urkunde unter Mithilfe römischer Priester, denn der Priesterstand konnte geschickt den Griffel führen und war erfahren in solchen Belangen. Einige Historiker nehmen an, dass sie in der päpstlichen Kanzlei Stephans II. gefälscht wurde und dass damit die Karolinger beeindruckt werden sollten. Andere zeihen sehr konkret einen gewissen Johannes mit dem schönen Beinamen „der Stummelfingrige" der Täuschung und der Fälschung.

Grundsätzlich gab es im Mittelalter zahlreiche Fassungen, sie wurden immer länger und umfänglicher und beeinflussten sich wechselseitig. Im Namen der heiligen Dreifaltigkeit wurde jedenfalls gelogen, dass sich die Balken bogen, es wurde gefälscht auf Teufel komm raus.

Die Entlarvung

Diese Urkunde wurde längst als Fälschung entlarvt. Doch was passierte genau in chronologischer Reihenfolge?

- Silvesters Vorgänger, einem früheren Papst, war bereits das Lateran-Gelände übergeben worden – es handelt sich hierbei um eine zusätzliche zeitliche Lüge.

- Konstantin war nie vom Aussatz befallen.

- Konstantin wurde niemals von Silvester I. getauft, sondern von einem Bischof namens Euseb – und das erst auf dem Sterbebett.

- Konstantin war nie der allerchristlichste Kaiser, als der er gern dargestellt wurde. Er war ein Haudegen und Kriegsherr; in Sachen Religion bewahrte er eine kluge Toleranz.

- Schon der deutsche Kaiser Otto III. nannte im Jahre 1001 die Urkunde ein Lügenwerk und eine Fälschung und deutete an, dass die Päpste damit nur Land und Besitz erschleichen wollten.

- Im 13. Jahrhundert bezweifelte der intelligente Stauferkaiser Friedrich II. die Echtheit dieser Urkunde.

- Im Jahre 1433 wies der deutsche Theologe und Philosoph Nikolaus von Kues nach, dass die Schenkung eine Fälschung ist, und im Jahre 1440 der italienische Humanist Lorenzo Valla. Valla argumentierte mit sprachlichen Auffälligkeiten: In dieser Urkunde wurde ein Latein benutzt, das im 4. Jahrhundert n. Chr. nicht gesprochen oder geschrieben worden war. Weiter wurde in dieser Urkunde Konstantinopel genannt, obwohl die Stadt zum Zeitpunkt der angeblichen Entstehung der Urkunde noch nicht so hieß.

- Im 19. Jahrhundert wies der katholische (!) Gelehrte Ignaz Döllinger nach, dass es sich auch nicht um eine Übersetzung einer ursprünglich griechischen Fassung handeln könne – wie schließlich argumentiert worden war – und dass man es also ganz unzweifelhaft mit einer Fälschung zu tun habe.

Im 19. Jahrhundert gab der Vatikan hoch offiziell zu, dass es sich bei der Konstantinischen Schenkung um eine Fälschung handelt.

Es dauerte also mehr als ein ganzes Jahrtausend (!), bevor der Betrug zugegeben und die Tatsache der Fälschung von allen Seiten eingestanden wurde.

Und so weiß man heute mit absoluter Sicherheit, dass mit dieser Urkunde lediglich Territorium erschwindelt und ein Machtanspruch zementiert werden sollte. Das Papsttum sollte unendlich erhöht werden. Päpste und Christen hatten gelogen, dass sich noch heute die „Kirchtürm' von Köln möcht' biegen" – wie man es einst volkstümlich so schön ausdrückte. Sie hatten die Geschichte gefälscht.

Was in Wahrheit passierte

Wie gesagt, ging mehr als ein Jahrtausend ins Land, bis die Tatsache der Fälschung offiziell zugegeben wurde, wenn auch einige helle Geister sich bereits früher nicht an der Nase hatten herumführen lassen. Aber im Allgemeinen hielt man die *Konstantinische Schenkung* durchaus für echt – mit beträchtlichen Folgen!

Unverfroren nutzten die Päpste die aus den Fingern gesogene, vielleicht von Johannes dem Stummelfingerigen gefälschte Urkunde, um ab dem 8./9. Jahrhundert territoriale Ansprüche durchzusetzen und auf das Primat, die Überlegenheit des Papsttums, hinzuweisen.

Auch beim Streit zwischen der byzantinischen und der römischen Kirche (im 11. Jahrhundert) leistete das gefälschte Dokument gute Dienste. Es wurde dem byzantinischen Patriarchen vorgelegt, um ihn zu demütigen und in die zweite Reihe zu stellen. Ungeschminkt gesagt: Der Papst in Rom wollte das Christentum im Osten unter seine Knute zwingen. Der Streit eskalierte und endete damit, dass man sich wechselseitig heftig verfluchte.

Die dramatischsten Auswirkungen hatte diese gefälschte Urkunde freilich, als sie während des Streites zwischen den deutschen Kaisern und den römischen Päpsten hervorgekramt und ständig zitiert wurde. Buchstäblich jahrhundertelang balgten sich Kaiser und Papst um die mentale, geistige und juristische Vorherrschaft in Italien und Deutschland – was mit Hunderttausenden von Toten zu Buche schlug. Wir wollen nicht alle Schicksale der deutschen Kaiser an dieser Stelle wiederholen (Heinrich IV., Heinrich V., Friedrich II. und so fort), aber sie alle litten wie die Hunde unter diesem gefälschten Dokument und den unglaublichen Ansprüchen, die dort frech aufgestellt worden waren; und mit ihnen viele Völker.

Selbst französische und englische Könige gerieten mit den Päpsten aneinander, denn die Päpste beanspruchten aufgrund dieses Dokumentes, schier über die ganze Welt zu regieren. Auch hier gab es Kriege und Tote.

Der Schaden, der durch ein einziges gefälschtes Dokument entstehen kann, ist beträchtlich!

Lange Zeit wurde also an die Echtheit der Konstantinischen Schenkung wortwörtlich geglaubt, trotz einiger warnender Stimmen. Allerdings riskierte man Kopf und Kragen, wenn man sich skeptisch äußerte, den Bannstrahl allemal, und wenn man Pech hatte, sogar den Tod als Ketzer. Das aber führt uns zu einem Thema, das weit gewaltiger ist als diese eine Fälschung! Es führt uns zu einer Erkenntnis, die noch heute allenfalls vorsichtig und nur hinter vorgehaltener Hand weitergegeben wird. Packen wir endlich aus!

DIE FÄLSCHERINDUSTRIE

Bis heute wird nicht in völliger Offenheit gesagt, dass die sogenannte Konstantinische Schenkung, die ja speziell in Historiker-Zirkeln bekannt ist, nur die Spitze des Eisbergs darstellt. Die volle Wahrheit ist, dass in Priesterkreisen generell gefälscht wurde, dass es einem noch heute die Sprache verschlägt. Mönche, Priester, Bischöfe und päpstliche Kanzleien fälschten zuhauf Dokumente. Der Grund war immer der gleiche: Man wollte sich ein Besitztum unter den Nagel reißen, wollte Ansprüche geltend machen und gierte nach Macht.

Zahllose Klöster fälschten beispielsweise Heiligenlegenden oder logen in Bezug auf Reliquien. Denn nur so konnte man Gläubige anlocken, sie tief beeindrucken und sich den Beutel füllen. Es wurden die unglaublichsten Lügen zusammengesponnen, die das Volk im Allgemeinen für bare Münze nahm. Eines der größten und einträglichsten Geschäfte war der Handel mit Reliquien. Wahrscheinlich handelte es sich dabei um die bedeutendste „Industrie" des gesamten Mittelalters. Ein alter Knochen, aus irgendeinem Grab gestohlen oder von einem Gehängten, reichte gewöhnlich. Dann mussten nur noch die unglaublichsten Geschichten rund um diese Reliquien erfunden werden – Märchenerzähler hatten eine gute Zeit.

Heute könnte man etwa aus den angeblich vom Kreuze Jesu stammenden Kreuzsplittern, an das er vorgeblich genagelt wurde, viele Male ein Kreuz zusammensetzen – so viele angebliche Kreuzsplitter existieren. Oder es gibt (Toten-)Köpfe verschiedener Heiliger gleich mehrmals, einige Heilige müssen außerdem 16 Arme und Beine besessen haben. Selbst die Vorhaut Jesu war beliebtes Reliquienobjekt – sie existiert tatsächlich viele Male.[3]

Urkunden wurden gefälscht, Heiligenviten und Wunderberichte, Chroniken und Annalen, Geschichte und Geschichten.

Die Fälscherindustrie wurde angeführt von den Herren Mönchen und Priestern, das 9. bis 12. Jahrhundert gilt als die Blütezeit all dieser Fälschungen. Man fälschte in Deutschland, in Frankreich und Italien (besonders gerne), in England und in jedem christlichen Land. Äbte und Bischöfe, Kirchenväter und Mönche, gelehrte Priester und gebildete Geistliche eigneten sich besonders zum Fälscher. Die Rechtfertigung? Es handelte sich ja nur um frommen Betrug, gelogen wurde nur zur höheren Ehre Gottes. Immer galt es, politische oder wirtschaftliche Vorteile herauszuschinden. Auch Konzilsakten wurden gefälscht, Jenseitsvisionen und Erscheinungen. Ganze Bischofslisten wurden zusammengefälscht, um auf eine altehrwürdige Tradition verweisen zu können, genau wie Gesetze. In Trier, Mainz, Köln, Merseburg, Leipzig, Hamburg,

Reichenau, Montecassino und Fulda fälschte man, dass die Schwarte krachte.[4]

Gewöhnlich flog der Schwindel spät, zu spät auf. Man verfügte damals noch nicht über die unbestechlichen Methoden der heutigen Zeit, um eine Fälschung zu entlarven. Es gab zahlreiche unechte Papstbriefe, immer wieder falsche Urkunden, damit einhergehende falsch zugeschriebene Privilegien und viele Dokumente, die sich auf frühere Fälschungen stützten und damit in gewissem Sinne ebenfalls Fälschungen waren. Ganze Fälscherwerkstätten existierten, schließlich musste alles stimmen: der Stil, die Art sich auszudrücken, die altertümlichen Vokabeln, die Siegel, die historischen Fakten, die Tinte, das Papier und so weiter. Man konnte keinen gewöhnlichen Schmierfink an die zahllosen Fälschungen setzen.

Einige Historiker gehen heute davon aus, dass rund 50 Prozent aller Dokumente aus dieser Zeit gefälscht sind, aber wir glauben, dass die Prozentzahl noch höher liegt. Was bedeutet das in letzter Konsequenz?

SCHLUSSFOLGERUNG

Der wahre Skandal der Konstantinischen Schenkung besteht nicht darin, dass hier auf eine einmalig unverschämte Art und Weise gefälscht wurde und ein paar Hunderttausende über die Klinge springen mussten, obwohl das bereits schlimm genug ist. Auch dass es einst einige Schurken auf dem Papstthron gab, ist so bedeutsam nicht – jeder Historiker weiß darum. Der wahre Skandal ist, dass die Fälschung in Kirchenkreisen üblich war. Das bedeutet, dass die gesamte Geschichte, wie sie uns bislang verkauft wurde, mit äußerster Zurückhaltung betrachtet werden muss. Noch deutlicher formuliert: Die christliche Geschichtsschreibung ist keinen Pfifferling wert, dabei sind etwa 80 Prozent unserer gesamten Geschichtsschreibung christlich motiviert.

Wie haben wir also über unsere Geschichtsschreibung zu urteilen? Zu einem großen Teil vernichtend. Und was lernen wir daraus? Vor allem dem Priesterstand zu misstrauen, der sich jahrhundertelang darauf konzentrierte, Menschen zu belügen, an der Nase herumzuführen und völlig skrupellos Vorteile daraus zu schlagen. Lernen wir weiter, dass wir speziell bei Dokumenten zunächst einmal von Fälschungen ausgehen oder zumindest Fälschungen in Betracht ziehen müssen. Und lernen wir vor allem, wieder unseren eigenen Verstand zu gebrauchen und nicht alles nachzubeten, was uns bislang so wohlfeil als geschichtliche Wahrheit serviert worden ist. Wir kommen nicht umhin, wieder selbstständig denken zu lernen und unserem Instinkt und Urteilsvermögen mehr zu trauen als allen Dokumenten und offiziellen Berichterstattungen zusammengenommen.

5. KAPITEL:

DIE BEIDEN RÄTSEL
DER FRANZÖSISCHEN REVOLUTION

Springen wir ein wenig auf der „Zeitspur" der Menschheit und bewegen uns übergangslos in Richtung Neuzeit. Auch hier werden wir fündig und reich belohnt, wenn wir nach Geschichtsfälschungen Ausschau halten. Richten wir zudem unser Augenmerk auf ein ganz anderes Land, in dem ehemals die „Musik spielte" und Geschichte gemacht wurde. Betrachten wir ein konkretes Ereignis in Frankreich, das an Brisanz kaum zu überbieten ist – und zwar die Revolution im Jahre 1789.

Wohl kaum ein Ereignis der Geschichte hatte auf den gesamten Globus eine solche Wirkung wie die Französische Revolution. Franzosen schrieben damals Weltgeschichte, sie sorgten dafür, dass sich Politik in zahlreichen Staaten von Grund auf veränderte. Macht wurde neu definiert. Die Franzosen sorgten weiter dafür, dass Menschenrechte Einzug hielten und mit ihnen viele Freiheiten. Niemanden ließ die Französische Revolution unberührt, jedermann war entweder entsetzt oder begeistert. Die französische Nation ging durch ein Wechselbad der Gefühle und durchlebte Höhen und Tiefen wie vielleicht keine andere Nation je vor oder nach ihr. Das Schicksalsjahr 1789 ist bis heute wahrscheinlich das wichtigste Datum der Neueren Geschichte. Kein Stein blieb auf dem anderen, einfach alles wurde umgekrempelt.

Nichts ist deshalb wichtiger, als die Französische Revolution von ihrem innersten Kern her zu verstehen – ein Unterfangen, an dem sich bis heute viele Tausend Geschichtswissenschaftler die Zähne ausgebissen haben. Allerdings haben Historiker zu selten den Versuch unternommen, die wahren Drahtzieher dieser Revolution ausfindig zu machen. Lässt man jedoch eine wichtige Information aus und unterschlägt Fakten, so handelt es sich um eine Fälschung der Geschichte. Außerdem wurde im Allgemeinen darauf verzichtet, die Lehren dieser Revolution in Stein zu meißeln.

Wir haben also einiges nachzuholen, was die Französische Revolution angeht; es gibt wenigstens zwei Rätsel zu lösen. Doch berichten wir zunächst, was überhaupt geschah.

96

AM VORABEND DER REVOLUTION

Die wohlhabendste Nation auf dem europäischen Kontinent mit 25 Millionen Einwohnern im Jahre 1789 untergliederte sich in drei Klassen oder Stände (*états*): An der Spitze stand die Kirche mit 130.000 Seelen, angeführt von Kardinälen, Erzbischöfen, Bischöfen und Äbten, die von allen Steuern befreit war, über ein gewaltiges Einkommen verfügte (den Zehnten unter anderem) und rund ein Fünftel des gesamten französischen Bodens besaß. Während sich die niedere Geistlichkeit dem Volk verbunden fühlte, das nicht selten darbte und hungerte, feierten, prassten und schlemmten die heiligsten Männer in den oberen Rängen, dass es eine Wonne war. Sie gebärdeten sich nicht selten wie weltliche Fürsten. Kurz gesagt: Ein Großteil der Kirche trat die Moral mit Füßen, während das einfache Volk in finsterstem Aberglauben gehalten wurde. So weit der erste Stand.

Dem Adel, dem zweiten Stand, gehörten rund 375.000 Seelen an. Er verfügte über etwa ein Viertel des Bodens, stellte alle hohen Verwaltungsbeamten und Richter und lebte ebenfalls in Saus und Braus – er durfte Steuern erheben. Längst hatte er seine Vorbildfunktion eingebüßt. Die meisten Adligen waren korrupt bis unter die Haarspitzen, faul, arrogant, überheblich und verachteten alles, was unter ihnen angesiedelt war. Bauern und Arbeiter bedeuteten nichts, erst ein Adelstitel definierte in ihren Augen den Menschen.

Im dritten Stand (*Tiers état*) waren mehrere Gruppen versammelt. An erster Stelle stand die Bourgeoisie, die gehobene Mittelklasse, mit rund 100.000 Familien. Sie setzte sich aus Advokaten, Ärzten, Bankiers, Fabrikanten, Finanziers, Kaufleuten, Künstlern, Maklern und Schriftstellern zusammen, kurz aus Menschen, die über ein gutes Einkommen verfügten. Neben ihnen zählten die kleinen Leute oder das Volk dazu, also Arbeiter, unvermögende Handwerker und Bauern. Der dritte Stand stellte zwar 98 Prozent der französischen Bevölkerung, er war

97

aber ausgeschlossen von politischen Entscheidungen, hohen Posten und der Macht. Er blutete und darbte, von der reichen Mittelklasse abgesehen, die Voltaire las und Montesquieu, d'Holbach und Helvétius, Diderot und Rousseau – kurz Autoren, die neue und zum Teil revolutionäre Ideen verbreiteten.

Den dritten Stand, der politisch nichts zu sagen hatte, würde man heute in wenigstens fünf unterschiedliche Gruppierungen unterteilen:

- Die Geschäftsbourgeoisie (= Unternehmer, Handelsbürger, Handelsherren, Fabrikbetreiber etc.) stand an der Spitze und verdiente zum Teil sehr viel Geld.

- Die Gerichts- und Finanzbeamten (Anwälte, Notare) sowie die Ärzte verfügten ebenfalls über ein ausgezeichnetes Einkommen.

- Journalisten und Schriftsteller, die vor allem in Paris in reicher Zahl lebten, machten die intellektuelle Elite aus und hungerten ebenfalls nicht, denn sie waren meist hoch gebildet.

- Die Vertreter des Kleinbürgertums (Ladenbesitzer, Handwerker), Lohnempfänger (Dienstboten, Laufburschen) sowie Tagelöhner kämpften nicht selten um das nackte Überleben.

- Am schlimmsten waren freilich die Bauern dran, die rund 30 Prozent der gesamten Bevölkerung ausmachten; als Pächter waren sie völlig entrechtet.[1]

Sie alle galten nichts! Sie wurden missachtet und verachtet, konnten auf die Politik keinerlei Einfluss nehmen, wurden als drittklassige Menschen betrachtet. Ihr Stolz wurde verletzt, ihre Rechte mit Füßen getreten und sie selbst hochmütig als nebensächlich abgetan. Der dritte Stand wurde über die verschiedensten Steuern ausgenommen wie eine Weihnachtsgans. Der Adel dagegen (der zweite Stand) schlemmte – und die Kirche (der erste Stand) war beim Thema Steuern ohnehin unglaublich begünstigt.

Gerade die Bürger, die vom Staat so verachtet wurden, sollten den Staat finanzieren. Der dritte Stand sollte bluten – und wurde im Gegenzug von oben herab behandelt. Die Aristokraten und die hohe Geistlichkeit begegneten ihm mit einer unvorstellbaren Arroganz. Wir lernen: Eine zu hohe und ungerechte Besteuerung kann eine Revolution auslösen.

Wiederholen wir, es ist zu wichtig: Die Bauern und die Arbeiter schufen einen Großteil des Wohlstandes, aber gerade sie wurden von zahlreichen Steuern und Abgaben geplagt, die vielleicht zu ertragen waren, wenn die Ernten gut ausfielen und es Arbeit und Brot gab. Aber im Jahre 1788 wüteten einige grausame Naturkatastrophen in Frankreich. Hitze und Dürre, Hagel und verheerende Überschwemmung und danach ein eiskalter Winter suchten das Land heim. Einem törichten Vertrag mit England war es außerdem zu verdanken, dass englische Waren den französischen Markt überschwemmten – und viele Franzosen arbeitslos wurden.

Zur gleichen Zeit verlustierte sich König Ludwig XVI., der über diesen drei Ständen gottgleich thronte, am liebsten auf der Jagd. Ludwig war klein, dick, hässlich und schüchtern (was man ihm vergeben mag), aber auch entscheidungsfaul und wenig intelligent in Sachen Politik (was schon schwerer wog). Zudem war er seiner Frau Marie Antoinette hörig, die sich ständig in Regierungsfragen einmischte und mehr Befehle erließ als so mancher Minister.

Besonders erboste es die Bevölkerung, dass Gesetze willkürlich ausgelegt wurden – mit einem *lettre de cachet* (= Haftbefehl) konnte der König den Gerichten jederzeit einen Fall entziehen. Ludwig XVI. gab darüber hinaus mit vollen Händen Geld aus und hatte einen riesigen Schuldenberg aufgetürmt. Allein 50 Prozent der Staatseinnahmen mussten für (Schuld-)Zinsen bezahlt werden! 25 Prozent des Staatshaushaltes verschlangen die Soldaten, 19 Prozent die Zivilverwaltung und immerhin noch 6 Prozent die königliche Hofhaltung.

Darüber hinaus hatte der französische Monarch heimlich den Unabhängigkeitskrieg in den USA finanziert, was weitere Kosten verursacht hatte. Und schließlich hatte sich der König auf einen dummen militärischen Wettlauf mit England um die Führungsrolle eingelassen; er war kurz gesagt selbstmörderisch, denn als der Krieg gegen England verloren wurde, drohte der Staatsbankrott.

Wir lernen zweierlei: Zu hohe Staatsschulden tragen zu Revolutionen bei. Und: Zu hohe (Militär-)Ausgaben können zum Untergang einer Regierung führen.

Neben dem König trieb der Herzog von Orléans (mit vollem Namen Louis Philippe II. Joseph von Orléans) sein Wesen oder Unwesen. Der Vetter des Monarchen versuchte, zumindest dem Gerücht zufolge, sich immer wieder des Thrones zu bemächtigen. Denn er hielt sich für ungleich gescheiter und fortschrittlicher als der König. Er untergrub die Regentschaft Ludwigs beständig. Von ihm bezahlte Agenten und Schriftsteller machten sich regelmäßig über den König lustig, während der Herzog von Orléans selbst jedermann an seinem Reichtum und Wohlleben teilhaben ließ – auch das einfache Volk. In Weinschenken und Cafés, auf öffentlichen Plätzen und in Hinterstuben lästerte man über den König. Schmäh- und Hetzreden erschollen überall, geheime Schriften, gegen König Ludwig gerichtet, kursierten – finanziert vom Vetter des Königs. Kritisiert wurden besonders die korrupte Rechtssprechung, die zu hohen Steuern und dass Bauern und Arbeiter wie Vieh behandelt wurden. Um es kurz zu machen: Die Verursacher der Französischen Revolution waren

1. verschiedene Schriftsteller, die ehemals revolutionäres Gedankengut verbreitet hatten, wie etwa Voltaire,

2. der Herzog von Orléans und

3. der verachtete dritte Stand beziehungsweise einige seiner herausragenden Vertreter.

Wir werden auf diese drei Drahtzieher später noch einmal zurückkommen, es ist hoch brisant. Aber bleiben wir zunächst der Chronologie treu. Die Luft brodelte, Frankreich glich einem Pulverfass, es fehlte nur der zündende Funke.

DIE NATIONALE EMPÖRUNG

Am 5. Mai 1789 versammelten sich die Abgeordneten der drei Stände im Hôtel des Menus Plaisirs (Palais der kleinen Vergnügungen), unweit des Versailler Schlosses, unter ihnen der Minister, die Königin und der König. Die gesamte politische Intelligenz versuchte, das französische Schiff wieder flott zu kriegen, das auf Grund gelaufen war.

Ludwig gestand den Abgeordneten, dass der Staat kurz vor dem Bankrott stehe, und verlangte zusätzliche Steuern. Er wusste nicht, dass er damit das Fass zum Überlaufen brachte. Ein rhetorisches Scharmützel begann, das tagelang hin- und herwogte, während sich die Gemüter mehr und mehr erhitzten. Natürlich vertraten die drei Stände völlig unterschiedliche Interessen. Es war fast unmöglich, die hohe Geistlichkeit, die Aristokraten und den dritten Stand auf einen gemeinsamen Nenner zu bringen.

Am 17. Juni schlug ein Redner des dritten Standes den Abgeordneten seines états schließlich vor, den dritten Stand zur alleinigen Nationalversammlung zu erklären, da man immerhin 24 von 25 Millionen Franzosen vertrete. Die Macht der Monarchie sei einzuschränken und die Gesetze müssten vom Volk gemacht werden. Die Erregung schlug hohe und höchste Wellen. Eine Abstimmung ergab 490 Ja-Stimmen bei nur 90 Nein-Stimmen. Jeder fühlte, heute, hier und jetzt wurde Geschichte gemacht. Rund die Hälfte des ersten Standes, die niedere Geistlichkeit, verband sich eilig mit dem dritten Stand und seinen Forderungen.

Als der König von dem Beschluss hörte, ließ er das Hôtel des Menus Plaisirs schließen und schlug vor, an einem neuen Ort zusammenzukommen und weiter zu beraten. Die Abgeordneten schworen jedoch, sich nicht mehr an der Nase herumführen zu lassen und auf einer Verfassung zu bestehen, die die Rechte des Königs empfindlich einschränken und dem Volke die Macht übertragen würde. Die Demokratie machte sich daran, der Monarchie die Nägel zu kürzen.

Der König seinerseits gab zu verstehen, es sei nicht rechtens, dass der dritte Stand beanspruche, alle Franzosen zu vertreten. Er glaubte an die absolute Monarchie und ließ wenig später seine Truppen aufmarschieren. Erst im letzten Moment verzichtete er auf Waffengewalt. Zu den „demokratischen" Abgeordneten gesellten sich noch 47 Edelleute, angeführt vom Herzog von Orléans. Auch der zweite Stand begann also zumindest zum Teil zu kippen. Der Jubel auf Seiten der Revolutionäre hätte nicht größer sein können.

Ludwig rief erneut einige Regimenter zu Hilfe, denn ein Bajonett oder eine Kugel im Bauch konnte sehr überzeugend wirken. Die neue Nationalversammlung beriet trotz der drohenden Gefahr eine neue Verfassung. Als der König dann noch seinen beim Volk beliebten Finanzminister Necker entließ und einen alten, königstreuen Haudegen zum Kriegsminister berief, waren die Gegensätze unüberbrückbar geworden. Die Revolution begann.

Der Rechtsanwalt und Journalist Camille Desmoulins, ein Abgeordneter des dritten Standes und eine der Führerfiguren der Revolution, forderte die Pariser auf, sich zu bewaffnen. Das Gerücht machte die Runde, der König wolle seine Untertanen abschlachten. Die Emotionen überschlugen sich. Rebellen drangen ins Pariser Rathaus ein und bemächtigten sich der dortigen Waffen. Dann zogen sie durch die Straßen und trugen die Bilder des Herzogs von Orléans und Neckers vor sich, in denen man die Helden und Vorkämpfer für eine „demokratische" Verfassung sah. Zu diesem Zeitpunkt dachte noch kaum jemand daran, das gesamte Königtum abzuschaffen. Man dachte an eine konstitutionelle Monarchie, eine Monarchie mit stark eingeschränkten Rechten, ein Königtum, dessen Macht durch eine Konstitution (= Verfassung) gebändigt werden sollte, während demokratische Kräfte das eigentliche Sagen hatten.

Allenthalben bewaffnete man sich, der Mob in Paris suchte überall nach Gewehren und Munition. Man vermutete auch Waffen in der Bastille, dem düsteren Staatsgefängnis von Paris, das vielen ein Dorn im Auge war und als Symbol für die Macht des Königs galt. Also rief Desmoulins zum Sturm auf die Bastille auf. Die Atmosphäre heizte sich immer weiter auf. Das Volk marschierte in Richtung Staatsgefängnis. Beruhigungsversuche scheiterten, und es kam zu einem ersten Scharmützel. 98 Angreifer wurden beim Sturm auf die Bastille getötet, freilich auch einige Soldaten des Königs. Jetzt trug das aufgebrachte Volk die Bastille voller Hass, Zorn und Begeisterung Stein um Stein ab. Die Fackel der Freiheit schien in Frankreich auf einmal so hell zu leuchten wie nie zuvor.

Der völlig eingeschüchterte König versprach daraufhin, seine Truppen zurückzuziehen, die bereits Paris und Versailles eingeschlossen hatten. Er setzte Finanzminister Necker wieder ein und bestätigte sogar den neuen (revolutionären) Magistrat, der Paris inzwischen in seinen Klauen hielt und der den alten Magistrat zum Teufel gejagt hatte. Kurz gesagt: Der König machte einen Rückzieher an allen Fronten.

Aber die Revolution hatte gerade erst begonnen. Mehr und mehr revolutionäre Journale schossen wie Pilze aus dem Boden (unter anderem *Les Révolutions de Paris, Le Patriote français, L'Ami du peuple, Révolutions de France*). Diese Journale sowie Broschüren und anderes Schriftwerk heizten die Stimmung weiter an. Jean Paul Marat war der größte Hetzer. Ein Mann, der mit der Feder töten konnte, ein ehemaliger Arzt, der selbst an einer unheilbaren Hautkrankheit und einem Lungenleiden litt, und den Freunde wie Feinde als eitel, geschwätzig, größenwahnsinnig, blutdürstig, gewalttätig und immer nur wütend beschrieben. Seine Feder stachelte auf, er brachte die Rotten zum Rasen und peitschte dem Mob seine Parolen ein.

Kriminelle Elemente nutzten die Unordnung aus, und Räuberbanden rotteten sich zusammen. Diebe stahlen und Mörder töteten. Wichtiger war: Die Bauern erhoben sich wie ein Mann, obwohl sie nur über Mistgabeln und Knüppel verfügten. Sie forderten die Aristokraten und die hohe Geistlichkeit auf, ihnen Einblick in die Rechtstitel und Urkunden zu geben, die es den hohen Herren gestatteten, sie auszubeuten und bis aufs Blut zu peinigen. Als ihnen die Urkunden vorgelegt wurden, verbrannten die Bauern sie. Verweigerte man ihnen die Einsicht, zerstörten sie Schlösser, Herrenhäuser und Klöster. Ganz Frankreich wurde vom Fieber der Revolution erfasst. Nichts ist verführerischer als der Duft der Freiheit. Noch mehr Adlige schlugen sich rasch auf die Seite der unterdrückten Bauern und stimmten unversehens Hymnen der Humanität an.

Gleichzeitig schlug die große Stunde des Marquis de Lafayette. Lafayette, ein Militär, stammte aus einer begüterten Familie, er hatte in Amerika bereits für die amerikanische Unabhängigkeit gekämpft. Sein Name stand für die Abschaffung der Sklaverei, die Menschenrechte, für Freiheit, Gleichheit, Gerechtigkeit und Demokratie. Nach dem Vorbild Jeffersons formulierte er nun für Frankreich die Menschen- und Bürgerrechte, die Unsterblichkeit erlangen sollten und bis heute unübertroffen sind:

Artikel 1: Die Menschen sind und bleiben von Geburt frei und gleich an Rechten ...
Artikel 2: ... Menschenrechte ... [sind] ... Freiheit, Eigentum, Sicherheit und Widerstand gegen Unterdrückung ...
Artikel 6: Das Gesetz ist der Ausdruck des allgemeinen Willens.
Artikel 10: Niemand soll wegen seiner Meinungen, auch nicht religiöser Art, behelligt werden ...
Artikel 11: Die freie Mitteilung der Gedanken und Meinungen ist eines der kostbarsten Menschenrechte ...

Das Volk jubelte und tanzte auf den Straßen. Endlich, so glaubte man, würden Freiheit, Gleichheit und Brüderlichkeit Einzug halten. Wie erbittert reagierte es, als Ludwig XVI. dieser Erklärung seine Zustimmung versagte. Marat, der alte Hetzer, rief das Volk auf, Marie Antoinette, das „österreichische Weib" (die Königin war österreichischer Herkunft), und den König ohne viel Federlesen ins Gefängnis zu werfen und die Köpfe der Minister einfach abzuschlagen. Der König reagierte voller Panik und beorderte erneut Truppen herbei.

Gerüchte machten die Runde, der Monarch beabsichtige, mit Waffengewalt die Nationalversammlung aufzulösen, die sich längst als die eigentliche Vertretung der Nation sah. Marat und andere schlugen daraufhin vor, den König zu zwingen, nach Paris überzusiedeln, wo man ihn und seine infamen Schachzüge besser kontrollieren könne. Marktweiber zunächst, dann Tausende von erbitterten Franzosen marschierten wenig später frohlockend und zugleich voller Wut nach Versailles und verlangten, den König zu sehen. Der angstgeschüttelte König zeigte sich und versprach dem Mob, nach Paris umzuziehen, gemeinsam mit der Königin. Das johlende Volk begleitete die königliche Familie nach Paris, trunken von seinem Sieg. Die Demokratie hatte der Monarchie Zügel angelegt! In Paris und jetzt abhängig von seinen Untertanen, unterzeichnete der gedemütigte König wenig später die Menschen- und Bürgerrechte.

In den Straßen von Paris umarmte man sich, eine völlig neue Zeit schien angebrochen zu sein. Und tatsächlich waren die Änderungen, die nun im politischen Raum Platz griffen, bedeutend: Die Machtbefugnisse des Königs wurden endgültig beschnitten, die Nationalversammlung kontrollierte höchst offiziell und mit dem Segen des Monarchen das Geschehen. Gleichzeitig war die anmaßende Aristokratie degradiert worden: Privilegien und Titel wurden aufgehoben, es wurde langsam gefährlich, von edler Abstammung zu sein.

Erwachsene männliche Bürger, die einen gewissen Steuerbetrag zahlten, durften wählen und verfügten über die Macht – rund 4 Millionen Männer von 25 Millionen Menschen. Frankreich wurde in 83 Départements aufgeteilt und diese wiederum in 43.360 Kommunen. Strafen konnten nicht mehr willkürlich verhängt werden, das Gesetz stand über allen Parteien. Zur Freude aller wurden Tortur und Pranger abgeschafft, nur die Todesstrafe behielt man bei. Um den Staatsbankrott, der noch immer drohend vor der Tür stand, zu vermeiden, nationalisierte man den kirchlichen Besitz: Man schloss Klöster und Abteien und enteignete den ersten Stand weitgehend. Priester, so entschied man, durften jetzt nur noch als beamtete Staatsdiener fungieren. Ja, man anerkannte den Katholizismus als Nationalreligion, duldete aber auch Juden und Protestanten. Eine neue Zeit war angebrochen, die Karten waren völlig neu gemischt.

Viele Aristokraten flohen entsetzt, während man den König in Paris unter strenger Aufsicht hielt. Der Comte de Mirabeau, einer der führenden Revolutionäre, ein Spieler, Schürzenjäger und Lump, der ewig unter Schulden litt, ließ sich von dem verängstigten Monarchen bestechen, die kläglichen Überreste der königlichen Autorität zu retten – aber er versagte bei dem Versuch und starb. Ludwig XVI. erkannte zu spät, dass längst alle Felle davongeschwommen waren. Erst jetzt versuchte er, getarnt als Monsieur und Madame Korff, mit seiner Gemahlin und den Kindern heimlich in einer Kutsche zu fliehen. Aber in der Nähe der Grenze zum heutigen Belgien wurde die königliche Familie von Bauern entdeckt, die mit Mistgabeln bewaffnet waren. Sie wurde festgenommen und triumphierend wieder zurück nach Paris gebracht. Der König kroch erneut zu Kreuze und unterschrieb nun verängstigt alles, was man ihm vorlegte. Am 30. September 1791 erklärte sich schließlich die Nationalversammlung, „die denkwürdigste aller politischen Versammlungen", für aufgelöst, im Glauben, genug geleistet zu haben. Der erste Akt der Französischen Revolution war beendet, doch in Wahrheit hatte sie noch nicht einmal richtig begonnen.

DAS CHAOS WIRD ORGANISIERT

Man kann nicht einfach die Macht an sich reißen und glauben, damit wäre alles in Butter. Mit dem Sturz des französischen Königs fühlten sich andere europäische Monarchen auf das Äußerte verunsichert und herausgefordert. Was in Paris geschehen war, konnte theoretisch auch in anderen Ländern passieren: Überall konnte die Krone herausgefordert werden, überall konnten Aufstände aufflackern und diese verdammte Demokratie eingefordert werden. Heimlich hatten sich der französische König und seine Königin längst an Preußen, Russland, Spanien, Schweden und Österreich-Ungarn gewandt, mit der Bitte, die ursprüngliche Ordnung wiederherzustellen. Und so beschlossen die Könige Preußens und Österreichs, Ludwig XVI. zu Hilfe zu eilen.

Eile tat not. In Frankreich etablierte sich diese verhasste und gefürchtete Demokratie immer mehr. Im Jahre 1790 gab es in Paris bereits 133 Tageszeitungen, in den Provinzen mehrere Hundert, die der neuen Ordnung das Wort redeten. Sie bestimmten zunehmend die öffentliche Meinung – zusammen mit den politischen Clubs. Unter den Clubs stachen besonders die radikalen Jakobiner heraus (ihr Name leitete sich von ihrem Versammlungsort her, dem Kloster Saint Jacques [*Jacques* = Jakob] in Paris), die am Anfang nur aus wenigen Abgeordneten bestanden, später aber bedeutende Persönlichkeiten aus Literatur, Wissenschaft und Wirtschaft aufnahmen und damit Geld und Intelligenz. Die Jakobiner besaßen zahlreiche Ableger in den Provinzen. Dadurch wuchs ihr Einfluss unverhältnismäßig an – bis auf 0,5 Millionen Mitglieder im Jahre 1794. Da die Mitgliedsbeiträge bei den Jakobinern vielen zu hoch waren, gründeten andere radikale politische Gestalten den Cordelier-Club, benannt nach einem Kloster des heiligen Franziskus. In der „Gesellschaft von 1789" wiederum fanden sich gemäßigtere Geister wieder, die konservativer waren. Kurz gesagt: Es wimmelte von Clubs,

Freimaurerlogen, Gesellschaften und Vereinigungen, in denen nahezu überall politisiert wurde.

Inmitten dieser aufgeheizten Atmosphäre wurde im Jahre 1791 eine neue Gesetzgebende Versammlung gewählt. Es wurde gekungelt, gemogelt und gedroht, Gewalt und Bestechung waren an der Tagesordnung. Wer sich nicht in Richtung des neuen politischen Windes drehte, wurde einfach davon abgehalten, seine Stimme abzugeben. Schließlich bestand die neue Gesetzgebende Versammlung aus 264 gemäßigten Abgeordneten, die auf der rechten Seite der Versammlungshalle Platz nahmen, aus 136 Abgeordneten, die man den Jakobinern und Cordeliers zurechnen musste und die links saßen, und aus 355 Delegierten in der Mitte. Damals entstanden die Ausdrücke „rechts" (= konservativ) und „links" (= radikal, progressiv), und sie sind bis heute in allen Demokratien der Welt in Gebrauch.

Da Österreich und Preußen aufgerüstet und gegen Frankreich mobil gemacht hatten, erklärte die Gesetzgebende Versammlung 1792 den Krieg gegen Österreich in der Hoffnung darauf, damit einen Keil zwischen Österreich und Preußen zu treiben. Ludwig XVI. sah wieder Licht am Horizont und verweigerte einige Unterschriften, was die „Demokraten" sofort hellhörig werden ließ; plötzlich erschien der französische König in einem verräterischen Licht. Als zudem ein feindlicher Heerführer wüste Drohungen in Richtung Revolutionäre ausstieß, reagierte man in Frankreich mit Angst und Zorn. Maximilien de Robespierre, ein Mitglied der Jakobiner, verlangte lautstark, die Monarchie vollständig abzuschaffen. Robespierre, ein hochintelligenter Jurist, klein, pockennarbig und bebrillt, der stets nur frisiert und gepudert auftrat, genoss den Ruf eines tugendhaften, unbestechlichen, rechtschaffenen und unbeugsamen Volksführers. Der Unbestechliche, wie er schon bald genannt wurde, wurde unterstützt von dem radikalen Marat, der zum Cordelier-Club zählte und wütend verlangte, den König und alle Verräter auf der Stelle gefangen zu setzen. Seine Hetzreden und Hetzartikel peitschten die Stimmung auf und ließen den Mob von Paris außer Rand und Band geraten. Über 9.000 erboste Franzosen machten sich schließlich auf, Ludwig XVI. in seinem Domizil in Paris einen Besuch abzustatten und ihm Respekt vor der Demokratie beizubringen. Die Schweizergarde des Königs eröffnete das Feuer, als sie den Mob heraneilen sah. Aber der Pöbel war in der Überzahl, er überwältigte die Schweizergarde und tötete sie kurzerhand. Der Wohnsitz des Königs wurde geplündert und die Dienerschaft in einer wüsten Blutorgie abgeschlachtet. Die wie wahnsinnig gewordene Meute steckte in ihrem Rausch 900 weitere Gebäude in Paris in Brand. Die königliche Familie wurde an einem anderen Ort eingesperrt, in ein altes, befestigtes Kloster der Tempelritter, und gleichzeitig vieler Privilegien beraubt.

Angst und Schrecken machten sich breit. Der Widerstandswille Ludwigs XVI. und seiner Gemahlin schien endgültig gebrochen. Aber auch die „rechten" Abgeordneten suchten ihr Heil in der Flucht, sodass nur noch ein Rumpfparlament von 285 Mitgliedern übrig blieb. Es beschloss, den König durch einen Exekutivrat zu ersetzen. Georges Danton wurde zum Justizminister gewählt, ein Jurist mit überdimensionalem Schädel und hohem Intellekt, der radikal, grob und gefühllos war, geld- und besitzgeil, der gotteslästerliche Reden hielt, in das Glücksspiel und in schöne Frauen verliebt war und hochgradig bestechlich. Gleichzeitig drangen die preußisch-österreichischen Truppen in Frankreich ein. Danton forderte mit donnernder Stimme, jeder brave Franzose müsse sich zum Kriegsdienst zur Verfügung stellen, ansonsten sei er mit dem Tode zu bestrafen.

Mit der Absetzung des Königs entledigte man sich auch der Priester, die vielen Radikalen immer noch ein Dorn im Auge waren. Hatten sie nicht ehemals mit ihren frommen Märchen die Monarchie unterstützt? Hatten sie das Volk nicht mit ihren bigotten Geschichten jahrhundertelang in Angst und Schrecken gehalten? Warum sollte sie der Staat jetzt durchfüttern? Zahlreiche Priester wurden ohne nachzudenken ins Gefängnis geworfen und ermordet, religiöse Orden einfach aufgehoben. Sondergerichte entledigten sich weiterer Feinde der Revolution. Überall vermutete man Verschwörer und Verräter, die Angst vor den ausländischen Truppen schlug in regelrechten Wahnsinn um, zumal der

Feind erste Siege verbuchen konnte. Außerdem regte sich inzwischen in einigen Provinzen Widerstand gegen die Revolution. Die Unordnung war perfekt. Panik griff um sich und verursachte Ermordungen am laufenden Band. Standgerichte exekutierten Monarchisten und jeden, der sich dem neuen Regime entgegenstellte. Der Pöbel zog in die Gefängnisse in Paris und schlachtete jeden ab, der verdächtigt erschien. Die Massaker forderten rund 1300 Todesopfer, aber die Gesetzgebende Versammlung wagte nicht, die Henker zu bestrafen. Danton selbst, der führende Kopf, wandte sich mit einem Achselzucken von den Septembermorden ab.

Eine neue Wahl sollte alle Probleme lösen. Robespierre setzte durch, dass diesmal die gesamte männliche Bevölkerung Frankreichs wählen durfte. Der Vorhang zum zweiten Akt der Revolution fiel, alle Errungenschaften standen auf Messers Schneide.

᷄᷄

RADIKALISIERUNG UND SCHRECKENSHERRSCHAFT

Inzwischen waren die preußischen und österreichischen Truppen abgezogen. Die Feinde der Demokratie, wie sie in Frankreich genannt wurden, die Monarchen der Nachbarländer, witterten noch fettere Beute bei der Teilung Polens, die gerade anstand. Die Gefahr war damit zwar noch nicht endgültig gebannt, aber immerhin war den neuen Herren Frankreichs damit eine kleine Verschnaufpause gegönnt.

Die neue Wahl, die wiederum manipuliert wurde – Royalisten und Katholiken wurden von den Wahlurnen ferngehalten – beförderte 750 Delegierte in den Nationalkonvent, die beinahe alle der revolutionären Bourgeoisie zuzurechnen waren. Der Herzog von Orléans, der sich jetzt Bürger Philippe Egalité nannte, war mit von der Partie. Da die (gut verdienende) Mittelklasse nun die Zügel in der Hand hielt, wurde das freie Unternehmertum wieder zugelassen und gefördert. Weil jedoch Demokratie offenbar nicht ohne Gegensätze auskommen kann, bildeten sich zwei neue Parteiungen. Auf der einen Seite standen Marat, Danton und Robespierre, die vereinfacht gesagt radikal die Sache des Proletariats vertraten, auf der anderen Seite die Girondisten – benannt nach einer Provinz in Frankreich mit der Hauptstadt Bordeaux –, die in dieser Phase eher dem Unternehmertum und der reichen Mittelklasse zugetan waren. Unzulässig vereinfacht würde man sagen, dass das einkommensschwache, einfache Volk der gut verdienenden Bourgeoisie den Kampf ansagte. Der neue Gegensatz sollte die folgenden Konflikte bestimmen.

Im Moment herrschte jedoch unangefochten die Bourgeoisie. Schon bald blies den neuen Herren der Gegenwind ins Gesicht. Im Ausland hatte man die antikirchlichen Gesetze registriert, die übrigen Monarchen Europas verfügten nach wie vor über Macht und Soldaten. Wieder fürchtete man in Frankreich das entschlossene Eingreifen anderer europäischer Mächte. Die Folge: Die „Linke" erstarkte und riss erneut das Heft des Handelns an sich. Die Monarchie schien ihr das Übel dieser Welt zu repräsentieren. Und so beschloss der Nationalkonvent kopflos, Ludwig XVI. wegen Landesverrats den Prozess zu machen. 625 Geheimdokumente wurden entdeckt, die verrieten, dass der französische König mit dem Feind konspiriert hatte und insgeheim offenbar plante, die Zeit zurückzudrehen und die Monarchie wiederherzustellen. Übereilt arrangierte man einen Schauprozess. Schließlich stimmten 683 von 749 Mitgliedern, einschließlich des ehemaligen Herzogs von Orléans, für den Tod Ludwigs XVI. Die Trommeln dröhnten so laut wie nie, als er unter die Guillotine gelegt und kurzerhand hingerichtet wurde. Die Nachricht vom Königsmord hallte durch ganz Europa.

Es bildete sich eine empörte Koalition aus Preußen, Österreich, Sardinien, England, Holland und Spanien gegen Frankreich, das vom Glück verlassen zu sein schien: Die eigenen revolutionären Armeen waren in einem erbärmlichem Zustand – viele Armeelieferanten waren bestechlich. Zahlreiche französische Soldaten desertierten aus dem Heer. Dadurch wurden Zwangsrekrutierungen unausweichlich. Man gab frisches Papiergeld aus, das sofort dramatisch an Wert verlor. Man erhob neue Steuern, was den Zorn der Bevölkerung nach sich zog. Zu hohe Steuern kannte man bereits aus monarchistischen Zeiten! Also wurde, da sich der Staat ständig in Geldnöten befand, zunächst die aufstrebende Bourgeoisie ausgeplündert.

Wegen der ständigen Unruhen witterten die neuen Herrscher in Frankreich überall Verrat. Sie reagierten mit Polizeispitzeln und Überwachungskomitees, was viel über die Unsicherheit der neuen Demokratie verriet. Der Nationalkonvent stimmte sogar zu, ein Revolutionstribunal zu errichten, um Verdächtige ohne Berufung oder Revision aburteilen und einen Kopf kürzer machen zu können. Dieses am 6. April 1793 eingeführte *Comité du salut public* (= Wohlfahrtsausschuss) avancierte auf einmal zur mächtigsten Institution in Frankreich. Es konnte über Leben und Tod bestimmen. Der Wohlfahrtsausschuss kontrollierte die Generale, den Geheimdienst, die Beamten, die Außenpolitik und die Religion. Danton wurde zum Führer des Comité du salut public gewählt. Trotzdem häuften sich die Probleme: Die Getreidepreise erreichten einen neuen Höchststand. Die Bauern machten gegen die Beschlagnahmung ihrer Ernten mobil. Verordnungen, die die Preise für Brot niedrig halten sollten, wurden unterlaufen. Wer sich an die staatlich angeordneten Tiefstpreise hielt, wurde einfach nicht beliefert. Die Konsequenz: Überall brachen Hungerrevolten aus. Als wären es der Probleme noch nicht genug, verbündeten sich überdies in Marseille und Lyon Bürgerliche mit Adligen gegen ihre revolutionär gesinnten Bürgermeister und jagten sie aus ihren Ämtern. Entsetzt registrierten die radikalen Demokraten, dass das alte Regime immer noch nicht vollständig zu Grabe getragen worden war. Zu allem Überfluss riefen die „Rechten" dazu auf, die Machenschaften der Pariser Kommune zu untersuchen und ihren unrechtmäßigen Einfluss auf die Gesetzgebung. Robespierre und die radikale „Linke" riefen dagegen zur Rebellion auf. Die Konfusion war vollkommen, ein neuer Machtkampf war ausgebrochen. Ja, der König war tot, aber wer herrschte jetzt in Frankreich?

Schließlich klärten sich die Fronten: Danton, Robespierre und Marat, das tödliche Triumvirat, die „Linke", wendete sich gegen die

Girondisten, die „Rechten". Die Arbeiter und der Pöbel machten gegen den gut verdienenden Mittelstand mobil. In der Folge wurden die Girondisten gejagt und gehetzt, plötzlich galten sie als die Feinde des französischen Volkes. Danton, Robespierre und Marat errichteten eine Diktatur des Proletariats. Wieder schlug die Erregung hohe und höchste Wellen. Lautstark wurde eine neue Verfassung gefordert. Das Recht auf Privateigentum sollte empfindlich eingeschränkt, das Recht jedes Bürgers auf Versorgung, Erziehung und Widerstand dagegen gesetzlich verankert werden. Die ehemaligen bourgeoisen Demokraten verkrochen sich in ihre Mauselöcher, während der Wohlfahrtsausschuss – kein Name war je irreführender – nun unbarmherzig zuschlug. Und so verloren die Girondisten/Unternehmer/die Bourgeoisie ein Scharmützel nach dem anderen, sie verloren an vielen Fronten.

In diesem innerfranzösischen Machtkampf kaufte sich Charlotte Corday, eine Sympathisantin der Girondisten, ein 15 Zentimeter langes Küchenmesser. Es gelang ihr, Zugang zu dem ewig kranken Marat zu finden, der wie kein anderer das einfache Volk aufzuhetzen verstand und der für sie die radikale Arbeiterpartei verkörperte, die zahlreiche Morde auf dem Gewissen hatte. Marat befand sich gerade im Bad, wo er gewöhnlich seine Hautleiden behandelte und gleichzeitig seine Hetzreden schrieb, als ihn Charlotte Corday aufspürte. Sie zückte das Küchenmesser und stieß es ihm in die Brust. Sie stieß so heftig zu, dass das Blut hoch aus der Wunde aufspritzte. Marat starb, die Mörderin wurde festgenommen, abgeurteilt und wenig später hingerichtet. Die Vertreter des Proletariats schworen bittere Rache.

12 neue Führer wurden in den allmächtigen Wohlfahrtsausschuss berufen, unter ihnen Antoine de Saint-Just, ein radikaler Egozentriker, der in einem Gedicht die Vergewaltigung von Nonnen verherrlicht hatte, ein wilder, kompromissloser Geselle, der dem gefährlichen Robespierre blind ergeben war. Nun begann die berüchtigte Schreckensherrschaft, die die Revolution vollständig beschmutzen sollte. Die zahlreichen Morde, die in Szene gesetzt wurden, rechtfertigte man durch die zahlreichen Probleme: Die Armeen waren schlecht ausgerüstet, und die Generale

ignorierten manchmal die Befehle der Regierung. Denn nicht wenige fühlten sich insgeheim noch immer dem alten Regime verpflichtet. Bisweilen liefen ganze Heeresteile zum Feind über. England, Preußen und Österreich standen erneut vor den Toren Frankreichs. Im Innern erhoben sich wieder Katholiken und Aristokraten. Die „rechten" Girondisten boten den „Linken" Paroli – besonders in den Städten Lyon, Bourges, Nimes, Marseille, Bordeaux, Nantes und Brest. Hungersnöte machten sich breit. Schieber verdienten Unsummen, während das einfache Volk hungerte. Der radikale Jacques-René Hébert klagte die Bourgeoisie kurzerhand des Verrates an und forderte den vollständigen Terror; mit ihm war Marat sozusagen von den Toten auferstanden.

Die 12 Männer des Wohlfahrtsausschusses, allen voran Saint-Just und Robespierre, handelten wie von Furien gehetzt: Unverheiratete Männer wurden eingezogen, um die Heere aufzufüllen. Tausende Fabrikanlagen wurden auf ihren Befehl hin in den Dienst des Krieges gestellt und mussten von einem Tag auf den anderen Kriegs-materialien produzieren. Aus den Reichen presste man Unsummen heraus, um den anstehenden Krieg zu finanzieren. Schließlich hatte Frankreich 500.000 Mann unter Waffen. Die alten Generale wurden eingekerkert und junge, revolutionstreue Generale befördert. Katholiken, Royalisten und Bürgerliche lebten in Angst und Schrecken wie nie zuvor. Als Königin Marie Antoinette, nur noch die Witwe Capet genannt, zu fliehen versuchte, wurde sie gefasst, verhört, gedemütigt, verurteilt und unter die Guillotine gelegt. Spätestens von diesem Zeitpunkt an hatten Henker Hochbetrieb. Erneut wurde Jagd auf Adlige gemacht. Die Guillotine stand nicht mehr still. Selbst der Herzog von Orléans, der eine so entscheidende Rolle bei der Revolution gespielt und sich immer auf Seiten der Radikalen geschlagen hatte, wurde unters Henkersbeil gelegt. In seinen Adern floss ja das Blut von Königen – man konnte seiner angeblich nicht sicher sein. Katholikenrevolten wurden unterdrückt und Priester, Kaufleute und Beamte reihenweise umgebracht. Joseph Fouché, eine Giftspritze, ein Hetzer und Mörder, wütete in Lyon und errichtete hier eine eigene Terrorherrschaft. Insgesamt forderte der Terror in Paris 2.700, in ganz Frankreich rund 30.000 Todesopfer.

Ein neuer Religionskrieg erblickte das Licht der Welt, die der neue General Kléber niederschlug. Er kostete 0,5 Millionen Menschenleben. Der Hass gegen die Religion flackerte an allen Ecken und Enden auf, überall wurden Kleriker zur Heirat gezwungen, Kreuze und Heiligenstatuen zerschlagen und kirchliche Gold- und Silbergefäße konfisziert. Kirchen mussten schließen. Frankreich wurde in ein Blutbad getaucht, und Angst und Schrecken krochen in jede Hütte.

Außenpolitisch errang der radikalisierte Wohlfahrtsausschuss einen Sieg nach dem anderen. Im Osten und Süden schlugen die neuen Generale den Feind an verschiedenen Fronten, im Süden eroberte Napoleon Toulon zurück. Aber im Innern blühte das Verbrechen. Schlägerbanden machten die Straßen unsicher. Die Preise für Lebensmittel stiegen ins Uferlose. Die Arbeitslosigkeit nahm zu und die Ordnung in den Städten ab. Jeder, der über ein bisschen Macht verfügte, beäugte argwöhnisch sogar seine Freunde. Die Guillotine fiel allzu sorglos und schnell über die angeblichen Feinde der Republik. Schon ein einziges falsches Wort konnte den Tod bedeuten. Als der Vorhang im dritten Akt der Revolution fiel, applaudierte niemand mehr.

DIE REVOLUTION FRISST IHRE KINDER

Robespierre, der sich immer mehr zum ersten Mann des Wohlfahrtsausschusses gemausert hatte, der Schlächter und Henker der „Linken", ein Massenmörder, der stets im Gewand des Unbestechlichen auftrat, erlitt schließlich dasselbe Schicksal, das er so vielen anderen bereitet hatte. Sein Untergang begann, als er in seinem Wahn annahm, sein bisheriger Weggefährte Danton und andere Freunde wollten ihn stürzen. Danton forderte nämlich ein Ende des Mordens, für das in letzter Konsequenz Robespierre verantwortlich zeichnete. Mithilfe des ihm sklavisch ergebenen Saint-Just gelang es Robespierre, rasch ein Todesurteil gegen Danton zu erwirken und ihn noch rascher unter die Guillotine zu bringen. Alle, die versucht hatten, die Macht des Wohlfahrtsausschusses und damit Robespierres zu beschneiden, wurden ebenfalls in atemberaubender Geschwindigkeit getötet oder ausgeschaltet. Von allen Clubs regierte nun nur noch der Club der Jakobiner. Die Presse wurde scharf zensiert, ebenso die Theater. Robespierre war nun der allmächtige Mann im Staat – er wurde sogar zum Präsidenten des Nationalkonventes gewählt.

Gleichzeitig intensivierte er die Terrorherrschaft. Der Große Terror vom 10. Juni bis zum 27. Juli 1794 begann. Die Henker hatten nun ihre Hochzeit, jeden Tag wurde gemordet und guillotiniert. Die Angst kroch in alle Häuser und Hütten, man wagte nicht mehr, frei und offen zu sprechen. Das gesellschaftliche Leben erstarb. Selbst im Nationalkonvent traute man sich nicht mehr, den Mund aufzumachen – aus Furcht vor dem blutrünstigen Robespierre. Von 750 Abgeordneten erschienen nur noch 117 zu den Sitzungen. Schon ein einziges falsches Wort konnte Robespierre erzürnen. Robespierre, Saint Just und Couthon regierten Frankreich, in Wahrheit aber Robespierre allein, der düstere, humorlose Bluttrinker, der vorgab, das alles nur zum Wohl des Volkes zu tun. Da geschah es: Als Robespierre einem seiner eigenen Gesellen, dem intriganten Fouché, dem Schlächter von Lyon, ans Leder wollte, schlug dieser erbarmungslos zurück. Fouché ließ heimlich eine Liste zirkulieren, auf der die Namen der Abgeordneten standen, die Robespierre angeblich in naher Zukunft erledigen wollte. Zwar suchte Robespierre sich in einer groß angelegten, aber unklugen Rede zu verteidigen, doch erstmalig wurde er im Konvent niedergeschrien. Jeder fürchtete um seine eigene Haut. Robespierre wurde in Blitzgeschwindigkeit verhaftet und in Gewahrsam genommen. Der widerlichste Mörder der gesamten Französischen Revolution versuchte, sich rasch selbst das Leben zu nehmen. Aber seine Hand zitterte, als er sich mit einem Gewehr in den Kopf schoss. Er zerschmetterte nur seinen Kiefer. Als Robespierre schließlich unter die Guillotine gelegt wurde, jubelte das Volk vor Begeisterung. „Nieder mit dem Maximum!" schrien viele. Die

aufgeregte Zuschauermenge konnte es kaum erwarten, ihn „verkürzt"
zu sehen. Fensterplätze, die zum Place de la Concorde führten, auf
dem die Guillotine stand, waren zu Wucherpreisen vermietet worden.
Das Schauspiel durfte man sich nicht entgehen lassen. Als Robespieres
Kopf in den bereitstehenden Korb rollte, kannte die Begeisterung keine
Grenzen. Jedermann in Paris und ganz Frankreich wusste, dass die Zeit
der Terrorherrschaft und des Schreckens vorbei war.

Nun kam es, wie es kommen musste: Die Freunde Robespierres, die
ihm so bereitwillig Handlangerdienste geleistet hatten, wurden ebenfalls
„verkürzt". Die Jakobinerclubs wurden in ganz Frankreich geschlossen.
Die „Linke" sah sich entmachtet und die „Rechte" begann wieder zu
florieren. Die Religion erlebte eine Wiederauferstehung. Jedem wurde
die Freiheit zugestanden, die Religion zu wählen, die ihm zusagte.
Radikale Führer wurden deportiert, zum Teil in weit entfernte Kolonien.
Viele „linke" radikale Abgeordnete wurden mit einiger Verspätung
unter die Guillotine gelegt. Überall massakrierte man die früheren
Terroristen. Der Weiße Terror forderte seine Opfer. Mordfeste fanden
in verschiedenen Städten Frankreichs statt. Die Bourgeoisie siegte erneut
über das Proletariat, zumal es sich rechtzeitig der Unterstützung der
neuen Generale versichert hatte.

Frankreich war inzwischen revolutionsmüde. Es war so müde, dass
selbst royalistische Anwandlungen wieder geduldet wurden, einige
Stimmen riefen sogar nach einem neuen König. Rebellische Jugendliche
fanden es schicker, sich pro-monarchistisch zu gebärden als revolutionär.
Das Pendel schlug um.

Menschen waren nicht mehr gleich, sondern nur noch gleich vor
dem Gesetz. Eine neue Verfassung erblickte das Licht der Welt. Ein
letztes Mal erhoben sich Menschen gegen die neue Ordnung, diesmal
Royalisten und Reiche, „Ultrarechte" wenn man so will. 25.000 Bürger
marschierten eines Tages in Richtung Nationalkonvent, um ihre
Rechte einzufordern. Paul de Barras wurde mit der Verteidigung der
Abgeordneten beauftragt. Er rief Napoleon auf den Plan, der gerade
arbeitslos in Paris weilte. Der kleine Korse organisierte Soldaten

und Waffen und befahl den Aufständischen auseinanderzugehen. Als niemand seinem Befehl Folge leistete, ließ er schießen. Rund 250 Rebellen fielen, der Rest floh.

Am 26. Oktober 1795 erklärte sich der Nationalkonvent für aufgelöst, und Napoleon Bonaparte begann seine spektakuläre Karriere. Der Vorhang fiel über dem vierten Akt der Revolution.

DAS ENDE DER FRANZÖSISCHEN REVOLUTION

Im letzten Akt wurde eine neue Exekutive, das Direktorium (*Le Directoire*), ins Leben gerufen. Es bestand aus fünf Mitgliedern, denen die Flotte und die Armee, die Polizei und der Geheimdienst, das Außen- und Innen- sowie das Finanzministerium unterstanden. Damit war eine Machtzusammenballung gegeben, die man durchaus mit einer Diktatur vergleichen konnte. Die fünf Direktoren waren, mit einer Ausnahme, völlig korrupt. Und die Probleme waren die alten geblieben: Ausländische Mächte bedrohten Frankreich mit Krieg, im Innern herrschten Arbeitslosigkeit und Inflation. Der Katholizismus erstarkte. Nach Frankreich zurückgekehrte Aristokraten schwärmten öffentlich von der guten, alten Zeit. Das neue (konservative) Direktorium fürchtete regelrechte royalistische Umtriebe und suchte ausgerechnet beim Militär und bei den Jakobinern Rückendeckung – ihren alten Feinden, die sich bislang versteckt und bedeckt gehalten hatten. Napoleon half. Er erschien vielen als der starke Mann, aber bei der Neuwahl 1797 gewannen wider Erwarten erneut die Radikalen, die „Linken".

Mit ihnen schlug das Pendel wieder um. Eine neue Schreckensherrschaft gegen die Konservativen hob an, sodass sich alle Seiten bereit fanden, einen starken Mann wie Napoleon, der einige spektakuläre Siege errungen hatten, als Machthaber in Erwägung zu ziehen. Frankreich war der Unruhe und des Terrors endgültig überdrüssig. Auf Napoleon ruhte die Hoffnung der Royalisten und der Republikaner, der „Linken" und „Rechten", der Radikalen und der Konservativen. Er verstand es geschickt, sich überall einzuschmeicheln.

Der kleine Korse verschwand zunächst von der Bildfläche und brach zu seinem ägyptischen Abenteuer auf. Paris und Frankreich blieben sich selbst überlassen. Das neue (linke) Direktorium kassierte inzwischen unerhörte Schmiergelder für seine klientelorientierte Politik, obwohl es offiziell nur das Wohl des Volkes im Auge hatte. Die bürgerliche Presse wurde erneut zensiert, Verhaftungen im gegnerischen Lager vorgenommen und wider die Religion gehetzt. Priester wurden en masse deportiert und die Reichen geschröpft. Die Kriege gegen ausländische Mächte entarteten zu Raubkriegen, an denen einige prächtig verdienten. Wieder stampften die Könige Europas eine Koalition gegen Frankreich aus dem Boden: Österreich, Russland, die Türkei, Neapel, Portugal und England machten gegen die Franzosen mobil.

Das alte Spiel wiederholte sich, und auch das Ergebnis blieb sich gleich: Frankreich verlor nicht nur wichtige Kriege, sondern es zog auch innenpolitisch eine Katastrophe nach der anderen herauf: 45 der 68 französischen Départements standen vor dem Zusammenbruch. Polizisten und Steuereintreiber wurden ermordet. Kriminelle öffneten die Gefängnisse und bildeten Banden. Klöster und Privatwohnungen wurden geplündert. Der Terror war zurückgekehrt. Bestechung, Rechtsbeugung, Klassenkampf, Erpressungen, Hinrichtungen, Metzeleien und Gewalt waren an der Tagesordnung. Selbst Robespierre, der guillotinierte Massenmörder, wurde wieder hochgelobt. Obwohl die „Linken" am Ruder waren, schrien die Arbeiter nach Brot. Die zu hohen Steuern entmutigten die Unternehmer zu produzieren, zumal es keine Rechtssicherheit mehr gab. Überdies drohte ein Staatsstreich seitens der Royalisten. Und so begannen sich die Franzosen endgültig zu fragen, ob ein starker Mann wie Napoleon nicht den Gordischen Knoten der Parteien und Parteiungen mit dem Schwert durchschlagen könne.

Zurück aus Ägypten verhandelte Napoleon im Geheimen mit den „Rechten" wie mit den „Linken". Erneut suchte er an allen Fronten Verbündete. Vorteilhaft für ihn war, dass sein Bruder Lucien Bonaparte zum Präsidenten des neuen Rates der Fünfhundert (*Les Cinq Cents*) gewählt worden war. Dieser Rat konnte immerhin politische Maßnahmen vorschlagen, wenn er auch nicht über die Macht der Direktoren verfügte. Still und heimlich schlugen sich einige Direktoren auf die Seite des erfolgreichen Korsen, dem alles zu gelingen schien. Auch bestimmte Bankiers signalisierten Unterstützung. Napoleon bereitete insgeheim alles zum *Coup d'état*, zum Putsch, vor. Als er zum neuen Kommandanten der Pariser Garnison bestimmt wurde, wusste er, dass der Tag der Tage näher rückte: Am 9. November 1799 inszenierte Napoleon nach sorgfältiger Vorbereitung einen Staatsstreich und griff brutal nach der Macht.

Nun ging es Schlag auf Schlag. Der Gesetzgebenden Versammlung legte Napoleon eilig eine Verfassungsänderung vor. Doch als einige Abgeordnete ihre Zustimmung verweigerten und Napoleon niederzuschreien, ja zu überwältigen suchten, griff Napoleons Bruder Lucien ein: Er teilte den Truppen vor der Tür mit, ihr General Napoleon und die Abgeordneten würden von Aufständischen mit dem Tode bedroht. Er log. Daraufhin evakuierten die Soldaten gewaltsam den Saal, die meisten Deputierten flohen durch die Fenster. Die Turbulenz und Konfusion war vollkommen, aber sie war natürlich gezielt herbeigeführt worden. Jetzt konnte man erneut abstimmen – unter dem Druck des Militärs. Der klägliche Rest der Versammlung, der geblieben war, stimmte der Verfassungsänderung zu, wie sie Napoleon hatte vorbereiten lassen. Rasch wurde er dem Rat der Alten (*Les Anciens*) vorgelegt, eine Versammlung von 250 Mitgliedern, die dieser Verfassungsänderung Gesetzeskraft verleihen konnte. Die 250 stimmten eilig zu. Sie waren froh, mit dem nackten Leben davonzukommen; die Luft roch zu sehr nach Pulverdampf.

Napoleon wurde zunächst zu einem von drei Konsuln gekürt, doch wenig später war er der erste Mann, der die gesamte Macht in seiner Faust vereinigte. Mit seinem Staatsstreich endete die Französische Revolution. Der Vorhang senkte sich endgültig über dem fünften und letzten Akt.

DIE LEHRSÄTZE

Viele Male wurde versucht, aus der Französischen Revolution Lehrsätze und Axiome abzuleiten und aus ihr zu lernen. Man darf nie vergessen, dass diese Revolution von vielen Parteien und Parteiungen für sich vereinnahmt und einseitig ausgelegt wurde. „Lehren" aus der Französischen Revolution wurden mithin oft von „links" oder „rechts", von Revolutionären und Royalisten willkürlich gezogen.

Außerdem versuchte man immer wieder zu ergründen, wer die *wirklichen* Drahtzieher dieser Revolution waren, die in der Folge ganz Europa, ja die Welt umgestalten sollte. Nie vergaß man zu fragen, ob die Französische Revolution eine moralische oder unmoralische Angelegenheit war und wer für all die Barbareien verantwortlich zeichnete. Zwei Rätsel, die wir sogleich lösen werden.

Doch beantworten wir zunächst die Frage, was wir aus der Französischen Revolution lernen können, ohne „rechte" oder „linke" Scheuklappen, und suchen wir ihre Lehren auf einige kurze Nenner zu bringen. So viel scheint heute festzustehen:

1. **Je mehr und je größere Ungerechtigkeiten existieren und je mehr ein Volk darbt, umso wahrscheinlicher sind Revolutionen.**

Revolutionen geschehen also, weil *vorher* etwas schief gelaufen ist. Werden wir konkret: Obwohl auch ein ausufernder Wohlfahrtsstaat in die falsche Richtung führt, war es ein Fehler Ludwigs XVI., Bauern und Arbeitern, kurz gesagt dem einfachen Volk, keine größeren Rechte einzuräumen und ihnen nicht unter die Arme zu greifen. Es war ein Fehler, die mächtige, reiche Bourgeoisie nicht an dem Spiel, das da Staat heißt, teilnehmen zu lassen und ihr nicht konkrete Titel und Machtbefugnisse zu übertragen. Es war ein Fehler, die Ausgaben des Hofes nicht zu beschneiden und mit dem Reichtum und der Pracht des Königtums überall gut sichtbar zu prahlen, während große Teile des

121

Volkes nichts zu beißen hatten; Neid und Hass wurden dadurch heraufbeschworen. Wann lernen Herrscher die Tugend der Bescheidenheit und Mäßigung? Ferner war es ein Fehler, der verkommenen Aristokratie nicht die Nägel kurz zu schneiden und ihre Privilegien zugunsten der hart arbeitenden Bevölkerung zurückzunehmen. Es war ein Fehler, sich nicht zumindest in Richtung einer konstitutionellen Monarchie zu bewegen und einige Machtbefugnisse abzugeben. Das hätte viele Kritiker des Königtums mundtot gemacht. Und es war ein Fehler, die Steuern erhöhen zu wollen, wodurch die Not im Volk noch größer wurde. Aber eine besonders kapitale Dummheit war es, die mächtige Bourgeoisie und das Unternehmertum zu ignorieren oder als unwichtig abzutun.

2. **Erfolgreiche und mächtige Gruppierungen von der Regierungsverantwortung auszuschließen und ihnen Einfluss und Ansehen zu verweigern, macht Revolutionen wahrscheinlich.**

Die meisten Fehler Ludwig XVI. liegen *vor* der Französischen Revolution: Es wäre richtig gewesen, die Rechte des ersten Standes, der hohen Geistlichkeit, zu beschneiden und der Raffgier der Kirche unblutig einen Riegel vorzuschieben.

Aber auch während der Revolution beging Ludwig einen Fehler nach dem anderen: Er löste die anstehenden Probleme wie beispielsweise Hungersnöte nicht; er nahm offensichtliche Ungerechtigkeiten nicht wahr. Als ihm die Revolutionäre schließlich das Messer an die Kehle setzten, war es bereits zu spät. Ein zupackender, willensstarker König hätte zunächst den Herzog von Orléans hinter Gitter gebracht – und damit tausend Kritiker und Hetzer mundtot gemacht. Später wäre er, als noch die Möglichkeit dazu bestand, geflohen, die Taschen voller Gold und Erpressungsmaterial, und hätte von einer sicheren Position aus den Widerstand organisiert.

Als Ludwig XVI. sich in den Fängen des Mobs befand, war der Zug bereits abgefahren; er konnte dem rasenden Pöbel von Paris nichts mehr entgegensetzen. Er versuchte es mit wohlgesetzten Worten – als ob diese je einen fanatisierten Mob aufgehalten hätten! Selbst seine Flucht, die er zu spät in die Wege leitete, war dilettantisch inszeniert. Wären die

Verkleidungen besser gewesen, hätte man sich eine Weile in der Nähe in einem sicheren Versteck verborgen gehalten und zum Beispiel drei Kutschen statt einer benutzt, hätte sogar diese zu späte Flucht noch glücken können. Aber Ludwig XVI. versagte selbst als Flüchtling. Er war vielleicht gutmütig, liebenswert und von den besten Vorsätzen beseelt, aber er war auch ein großer Tor. Er besaß nicht die Größe eines Königs. Es fehlte ihm an Mut genauso wie an Intelligenz. Und so endete er unter der Guillotine, wo selbst seine letzte Rede übertönt wurde von den lauten Trommeln der Revolutionäre.

Waren die Fehler Ludwigs XVI. zahlreich, so waren die der Revolutionäre zahlreicher. Fast alle Demokraten waren bestechlicher als der gierigste Aristokrat, ihre persönliche Moral ließ sehr zu wünschen übrig. Nahezu jeder suchte nur seine Schäfchen ins Trockene zu bringen. Unter den Revolutionären fanden sich Hurenböcke und Lügner, Spielsüchtige und Demagogen, Krakeeler und Sadisten, die sicherlich eines nicht für sich beanspruchen konnten: ein Vorbild zu sein, in moralischer Hinsicht. Es handelte sich um Abenteurer, Glücksritter und Speckschnapper, die fast durch die Bank das Volk aufwiegelten und aufhetzten. Jeder von ihnen verliebte sich in die Macht und sah mit habgierigen Augen, was er abgreifen konnte.

3. **Macht korrumpiert mehr als 99 Prozent aller Menschen.**

Der sogenannte *Homo sapiens* in seinem gegenwärtigen Zustand ist selten oder nie dazu in der Lage, gerecht zu regieren und die Zügel in der Hand zu halten. Die moralisch-ethische Evolution hat offenbar noch nicht stattgefunden.

Die vollständige Bankrotterklärung waren die Morde, die schnellen Aburteilungen, der Terror und die Herrschaft der Guillotine. All das diskreditierte die Französische Revolution vollständig, sodass sich selbst anfängliche Freunde, wie beispielsweise Friedrich Schiller, angeekelt von ihr abwandten. Als Robespierre, der Blutsäufer, die Revolution mit seinem Helfershelfer Saint-Just in einem Meer von Blut ertränkte, war es um den moralischen Anspruch der Demokratie geschehen. Weder die „Rechten" noch die „Linken" bekleckerten sich mit Ruhm, keiner wahrte Anstand und Würde, jede Parteiung versuchte nur, die eigene Klientel zufrieden zu stellen und dem neuen Feind den Garaus zu machen – durch staatlich sanktionierten Mord. Bemerkenswert war allenfalls der Umstand, dass Robespierre, der Unbestechliche, sich bis zu guter Letzt als Moralapostel tarnte, obwohl niemand stärker von Hass zersetzt war als er. Männer ohne jede Prinzipien (wie Fouché) nutzten dagegen die Revolution dazu, sich ihre Säckel zu füllen. Fouché schreckte vor keinem Blutbad zurück und diente später dem Tyrannen Napoleon als Polizeiminister. Er besaß keinerlei Gewissen oder demokratische Gesinnung. Er war ein Wendehals, der den Zeitenlauf zu seinem eigenen Vorteil nutzte und dabei über Leichen ging, ohne einen einzigen Gedanken an seine Mitmenschen zu verschwenden.

4. **Folter, Mord, Bestechung, Terror, Unrecht und sogar schon öffentliche Lügen und Hetzreden disqualifizieren jede Revolution.**

Die Französische Revolution verlor ihre Unschuld mit ihren zweifelhaften Führern, die das Volk vergewaltigten, das nun vielleicht frei war und gleich vor dem Gesetz. Allein: Die „Brüderlichkeit" wurde mit Füßen getreten und war nichts als eine schäbige Floskel, der sich jeder Lump bedienen konnte. Ehrlichkeit und Integrität blieben völlig auf der Strecke.

Auch der Mob war nichts anderes als ein wildes Tier, das – einmal losgelassen – unberechenbar ist und ohne Unterschied nach allen Seiten um sich beißt. Hetzer wie Marat oder Hébert waren deshalb die schlimmsten Feinde der Revolution. Sie entfesselten die niedersten Instinkte des Pöbels, wodurch die Französische Revolution erneut an Glaubwürdigkeit und Ehrenhaftigkeit verlor. Doch verliert eine Person oder eine Bewegung ihre Ehre, so hat sie alles verloren.

Morde und gar Massenmorde pervertierten viele ursprünglich gute Absichten und machten sie zunichte. Als die Revolution Unrecht zuließ, wurde sie selbst schuldig. Jedes Mal, als sie ihre Hände mit Blut befleckte, starb sie ein Stückchen. Nichts war deshalb törichter als der völlig unnötige Königsmord, der halb Europa gegen Frankreich aufbrachte. Man hätte Ludwig XVI. verbannen oder ihn unauffällig aus dem Verkehr ziehen können. Diese große Pose half niemandem und ließ die Revolutionäre herabsinken zu gewöhnlichen Henkern.

Und die verbissene Verfolgung der Religion, mit Feuer und Schwert, zeigte vollends die Realitätsferne und Dummheit vieler Revolutionäre.

5. **Geschichte lehrt hundertmal, dass nur religiöse Toleranz die Menschen zufriedenstellt, jeder muss nach seiner eigenen Fasson selig werden.**

Die fanatische Verfolgung der Priester, Mönche und Nonnen war ein weiterer enormer Fehler der Revolutionäre. Es war zwar richtig, den Aberglauben zurückzudrängen, aber es war falsch, dies mit Blut, Drohungen und Gewalt zu versuchen.

Als es offensichtlich wurde, dass die demokratischen Revolutionäre den Staat nicht lenken konnten, weder die „Linken" noch die „Rechten", schlug die Stunde des Tyrannen Napoleon.

6. **Wenn in einem Staat Unordnung und Konfusion zu groß sind, wird immer nach einem starken Mann gerufen. Man sucht nach einem stabilen Halt im Chaos.**

Erst der barbarische Terror, der nicht aufhören wollte, ließ die Bevölkerung nach dem siegreichen General Ausschau halten.

Doch reflektieren wir noch ein wenig über die Fehler der demokratischen Revolutionäre: Falsch war ihr Versuch, von den inneren Problemen der jungen französischen Demokratie abzulenken, indem sie sich in zahllose Kriege mit dem Ausland verstrickten, statt kluge Diplomatie zu betreiben. Dadurch schufen sie selbst starke Gegner und ließen Figuren wie Napoleon groß und wichtig erscheinen. Kriege sind eine beliebte Methode zweifelhafter Staatsmänner, von inneren Problemen abzulenken, aber sie funktionieren nie auf Dauer. Kriege folgen ihren eigenen bitteren Gesetzmäßigkeiten.

Da sich die „Linke" nie mit der „Rechten" verständigte und man nicht systematisch darauf hinarbeitete, dass sowohl der einfache Mann in Anstand überleben konnte als auch der Unternehmer, da man kein

Gleichgewicht zwischen diesen beiden Polen fand und es vorzog, sich lieber wechselseitig die Kehle durchzuschneiden, da man sich nicht zusammensetzte und eine tatsächliche Lösung anstrebte, versagte die Französische Revolution auch in ihrem wichtigsten Bestreben: mehr Gerechtigkeit zu bringen. Stets musste sich entweder der (Erfolg-)Reiche oder der Arbeiter bedroht fühlen. Und so kam dieser neue Staat nie zur Ruhe, abwechselnd bangten die „Linken" oder die „Rechten" um ihr Leben. Ein goldener Mittelweg wurde nie gefunden. Da beide Parteiungen nur ihr eigenes Süppchen kochten, gingen sie beide unter. Modern ausgedrückt heißt das: Wenn sich in Zeiten der Gefahr Konservative nicht mit Sozialisten verständigen, reden sie der Tyrannei das Wort.

Güterverknappung, hohe Preise, Hungersnot, Inflation und Kriege waren deshalb die ständigen Begleiter der Französischen Revolution. Stets wechselte die Regierungsverantwortung: Die Herrschaft der „Linken" wechselte ständig mit der Herrschaft der „Rechten".

Das bringt uns zu einem weiteren historischen Gesetz:

7. **Immer wenn das Pendel zu stark nach links oder rechts ausschlägt, kehrt sich die Bewegung nach einiger Zeit automatisch um.**

Hieraus lassen sich einige Folgesätze ableiten:

- Folgesatz 1: Eine Regierung, die nicht auch die jeweils andere Seite einbezieht, arbeitet aktiv auf ihren eigenen Untergang hin.
- Folgesatz 2: Will eine Partei lange am Ruder bleiben, muss sie versuchen, ihr eigenes Extrem oder gar dessen Durchsetzung mittels Mord zu vermeiden.
- Folgesatz 3: Sowohl Arbeiter/Bauern (das einfache Volk) als auch Bürgerliche/Unternehmer (die Erfolgreichen) müssen sich mit einer Regierung identifizieren können, wenn sie Bestand haben will.

Auf der anderen Seite gab es auch viele positive Ergebnisse dieser Revolution, die man nicht gering schätzen darf: Am wichtigsten waren die Menschenrechte, die in der Folge überall in Europa Eingang fanden –

auch in Frankreich, nachdem das Ungeheuer Napoleon verschwunden war. Freiheit, Gleichheit vor dem Gesetz und eine größere Gerechtigkeit hielten im 19. Jahrhundert in vielen Ländern Einzug. Ein gänzlich neues Niveau des Lebens und Überlebens wurde möglich. Wissenschaft und Wissenschaftler erfuhren eine gewaltige Förderung. Dadurch wurden viele Entdeckungen möglich und das Wissen explodierte. Die Ausbildung verbesserte sich und die Schulpflicht kam auf. Die Abschaffung der Adelsrechte bedeutete einen mächtigen Fortschritt. Zu den bleibenden großen Errungenschaften zählte auch, dass die Bauern endlich befreit wurden und nun über eigenes Hab und Gut verfügten. Die politische, ökonomische und rechtliche Gleichstellung setzte viele Kräfte frei, nicht nur in Frankreich, sondern auch in Norditalien, dem Rheinland, in Belgien und Holland und später in halb Europa. Das freie Unternehmertum brachte jedem Land Reichtum und Wohlstand. Es war richtig, hier die Zügel zu lockern.

Am wichtigsten aber waren die Errungenschaften in Richtung Freiheit – das wohl höchste politische Gut. Die Presse-, Rede- und Versammlungsfreiheit erhöhte die Kommunikation und die Kommunikationsgeschwindigkeit. Das förderte den Gedankenaustausch und verhalf neuen konstruktiven Ideen zur Verbreitung. Die religiöse Freiheit beendete zahlreiche Zwistigkeiten. Die Trennung von Kirche und Staat, die später fast überall durchgesetzt wurde, erwies sich ebenfalls als ein Segen. Kunst und Literatur halfen, die neuen Ideale und Errungenschaften bis nach Russland und Brasilien zu tragen – die Französische Revolution veränderte im 19. und 20. Jahrhundert das Gesicht beinahe der ganzen Welt und hat bis heute nicht aufgehört, sie im guten Sinne zu verändern.

Obwohl diese Revolution für die französische Nation mit schweren Geburtswehen behaftet war, war sie für die Menschheit ein Gewinn. Hatten sich also all die entsetzlichen Morde vielleicht doch gelohnt?

Warten wir noch einen Augenblick! Und beantworten wir zunächst eine der spannendsten Fragen, die immer wieder im Zusammenhang mit der Französischen Revolution gestellt werden: die Frage nach den

Strippenziehern, den Verursachern und den Hintermännern, bevor wir auf dieses Problem aller Probleme zurückkommen.

DIE DRAHTZIEHER HINTER DEN KULISSEN

Wiederholen wir noch einmal, was wir bereits festgestellt haben: Die Verursacher der Französischen Revolution waren

1. verschiedene Schriftsteller, die ehemals revolutionäres Gedankengut verbreitet hatten, wie etwa Voltaire,

2. der Herzog von Orléans und

3. der dritte Stand, vor allem die reiche oder einflussreiche Mittelklasse, zu der zahlreiche Figuren gehörten, auf die wir aufmerksam gemacht haben. Dazu gehörten unter anderem Mirabeau, Desmoulins, Lafayette, Marat, Danton, Robespierre, Saint-Just und Hébert.

Konkrete Strippenzieher entfachten also die Französische Revolution, trieben sie voran und beeinflussten ihren Lauf. Die Revolution lief nicht von selbst ab. Sie entstand nicht aus dem Nichts heraus.

In dieser Zeit darbten die Bauern in anderen Ländern Europas schlimmer als im reichen Frankreich. Trotzdem fanden dort keine Revolutionen statt. Das beweist erneut, dass wir gut daran tun, konkrete Verursacher zu finden und nicht in einer Analyse Zuflucht zu suchen, die alles der Masse oder der Gesellschaft in die Schuhe schiebt.

Es gibt keine Objektivität in der Geschichte, nur Subjektivität. Es ist nicht alles schon vorbestimmt, durch Karma, Kismet, Schicksalsgötter oder einen allmächtigen Gott, der die Strippen zieht und uns nur wie Marionetten tanzen lässt. Es gibt noch sehr viel mehr zur Französischen Revolution, als man auf den ersten Blick annehmen möchte. Es gilt der

Satz: **Revolutionen werden immer gemacht und inszeniert; es gibt keine spontanen Revolutionen, selbst wenn es offensichtliche Auslöser gibt und Umstände, die sie scheinbar einfordern.**

Wir müssen uns deshalb über die nackten Fakten erheben, die uns gemeinhin präsentiert werden. Sie verraten nur zum Teil, was hinter den Kulissen vor sich ging. Wenn wir die Französische Revolution korrekt bewerten wollen, betreten wir nolens volens das Gebiet der Geschichtsphilosophie. Noch einmal: Bis heute streiten sich die Gelehrten, ob diese Revolution – das vielleicht wichtigste Ereignis der europäischen Geschichte – gemacht und kaltblütig in Szene gesetzt wurde oder ob sie quasi notwendigerweise eintrat. Verläuft Geschichte also nach Gesetzmäßigkeiten, auf die wir keinen Einfluss ausüben können, oder wird sie von mächtigen Einzelpersönlichkeiten und einflussreichen, konkreten Organisationen bestimmt, die die Ereignisse vorantreiben?

Recherchiert man höchst sorgfältig und beobachtet Politik in der Gegenwart genau, die ja wenig später schon Geschichte ist, gelangt man notwendigerweise zu dem Schluss, dass sowohl Politik als auch Geschichte immer von konkreten Persönlichkeiten in Szene gesetzt werden. Nichts geschieht zufällig, nichts passiert automatisch. Wer eine „Automatik" der Geschichte annimmt, hat gewöhnlich nicht hartnäckig genug recherchiert. Wer glaubt, dass Historie von selbst, nach bestimmten unabänderlichen Gesetzmäßigkeiten abläuft, hat als Historiograf seine Hausaufgaben nicht gemacht. Gott, Götter, den Zufall oder das Chaos für den Verlauf der Geschichte verantwortlich zu machen, bedeutet im Normalfall nur, dass man sich nicht auf den Hosenboden gesetzt und die wahren Verursacher und Strippenzieher ausfindig gemacht hat. Noch deutlicher gesagt: Wer an einen Zufall in der Geschichte glaubt, ist ein Dummkopf.

Demzufolge wurde auch immer wieder die Frage gestellt, wer für die Französische Revolution wirklich verantwortlich war. Gab es Figuren, die ungesehen hinter den Kulissen agierten? Gab es Personen und Persönlichkeiten, die die Französische Revolution gezielt herbeiführten? Wer initiierte diese Revolution tatsächlich?

Mit solch unschuldigen Fragen betreten wir den heißesten Boden, den wir uns vorstellen können.

DIE VERURSACHER

Natürlich stimmt es, dass der dekadente Monarch Ludwig XVI. selbst höchst aktiv am Zustandekommen der Französischen Revolution mitarbeitete. Warum? Er unternahm nichts! Als er noch alle Fäden in der Hand hielt, als er das Ruder noch hätte herumreißen können, als er noch über alles Geld der Welt und Soldaten verfügte, verschlief dieser träge König jede historische Chance. Wohlwollende Historiografen bezeichnen ihn als gutmütig, aber bei Licht betrachtet war er ein Faulpelz und Einfaltspinsel. Er war weder dazu fähig, konkrete Probleme zu lösen, noch ergriff er ein einziges Mal die Initiative, als er noch die Möglichkeit dazu hatte. Die Fehler Ludwigs XVI. sind zu zahlreich, um sie alle aufzulisten. Dieser träge, feige, fressgierige Bauer auf dem Königsthron *konnte* nur scheitern! Er besaß weder Intelligenz noch Mut, weder Entschlusskraft noch Biss, weder Scharfsinn noch Gespür für seinen Beruf, den Beruf König. Tausendmal vor der Revolution hätte man den Königsthron retten und Reformen einleiten können. Und tausendmal nach der Revolution (nach der Gefangennahme durch den mordgierigen Pöbel) hätte man zumindest etwas unternehmen können. Marie Antoinette gelang es allenfalls, Größe im Unglück zu zeigen; aber auch ihre Fehler waren mannigfaltig. Beider Leben sind eine Reihe verpasster Möglichkeiten sowie ein Lehrstück dafür, dass kleine Leute zu große Stiefel nicht tragen können.

Historiker urteilen über Ludwig XVI. genau wie über seine Gemahlin Marie Antoinette deshalb heute im Allgemeinen vernichtend. Rührselige Schmonzetten wurden über das vorläufige Ende der Monarchie in Frankreich verfasst, aber sie alle ließen die Tatsache außer Acht, dass Politik ein brutales Geschäft ist, ein schnelles, aufregendes, adrenalinhaltiges Business, in dem Schlafmützen wie Ludwig XVI. nie gewinnen können.

Natürlich hatten viele Schreiberlinge auch bereits ihre Feder gewetzt und gegen die Monarchie angeschrieben. Als das Christentum an Reputation verlor, stürzte die französische Monarchie peu à peu, da sie sich auf das Christentum stützte und Gott selbst in den Zeugenstand rief, wenn es um ihre Daseinsberechtigung ging. In dem Augenblick, da der König und seine Pfaffen nicht mehr auf übernatürliche Kräfte verweisen konnten, geriet auch die Monarchie ins Wanken. Sie sah sich plötzlich der Patronage des Himmels beraubt. Kein Geringerer als Monsieur Voltaire schrieb sich die Finger wund, um die kirchliche Heuchelei bloßzustellen und dem Aberglauben eins auszuwischen. Neben ihm hieben viele andere in dieselbe Kerbe, etwa die französischen Enzyklopädisten oder auch viele Wissenschaftler. Schon vorher hatten Kopernikus, Galilei und Kepler festgestellt, dass sich die Erde um die Sonne dreht – und nicht umgekehrt, wie in der Bibel behauptet. Das christliche Gedankengebäude fiel Stück für Stück zusammen wie ein Kartenhaus, jedenfalls in den Kreisen vieler Intellektueller. Damit stürzte auch die Monarchie. Der Legitimation der Monarchie wurde das Fundament entzogen.

Die Französische Revolution wurde also auch durch fortschrittliche Denker, mutige Advokaten der Wahrheit, unabhängige Philosophen und Wissenschaftler vorbereitet. Alles andere wäre Augenwischerei.

Das beantwortet aber immer noch nicht die Frage, wer die konkreten Auslöser waren. Lassen wir die Katze aus dem Sack.

WAS GERNE VERSCHWIEGEN WIRD

In zahlreichen Geschichtswerken wird allenfalls verschämt und nur am Rande darauf aufmerksam gemacht, dass viele Denker, die den intellektuellen Sturz des Christentums einleiteten, Freimaurer waren. Auch Voltaire gehörte dazu und viele seiner Mitstreiter. Die Freimaurerei war längst eine geschichtliche Gewalt, lange bevor die Französische Revolution ihr hässliches Gesicht zeigte.

Vor und zu Zeiten der Revolution gab es etwa 629 Logen in ganz Frankreich, 65 davon in Paris.[2] In Akademien und Logen, an geheimen Plätzen und völlig offen wurde über die neuen Ideale *Liberté, Égalité et Fraternité* (= Freiheit, Gleichheit und Brüderlichkeit) diskutiert, Ideale, die lupenrein freimaurerisch waren. Der Jakobinerclub war höchstwahrscheinlich ein Freimaurerclub. Inspiriert worden war man von den großen französischen Denkern, zu denen nicht nur Voltaire zählte, sondern auch d'Alembert, Diderot, Helvetius, d'Holbach, Condorcet, kurz: fast die gesamte französische intellektuelle Elite – allesamt Brüder der Loge *Les Neuf Soeurs* (Neun Schwestern).

Weitgehend unbekannt ist auch, dass der Herzog von Orléans, Desmoulins, Lafayette, Mirabeau, Marat, Danton und wahrscheinlich auch Robespierre ebenfalls Freimaurer waren. Mit anderen Worten: Bei allen Drahtziehern der Französischen Revolution handelte es sich um Freimaurer oder um Persönlichkeiten, die Freimaurern nahe standen. Saint-Just befand sich völlig im Banne Robespierres, Hébert verbeugte sich vor Marat. Neben den gerade genannten gab es noch viele andere Freimaurer, die während der Französischen Revolution eine Rolle spielten; wir haben darauf verzichtet, sie alle namentlich zu benennen, um den Ablauf der Revolution verständlich zu halten. Für den interessierten Leser mögen jedoch die folgenden Namen weiter erhellend sein, auf die Autor Guido Grandt aufmerksam machte:

Dem Freimaurer Desmoulins, der zur spontanen Gewalt aufrief und mit dem Sturm auf die Bastille das Fanal gab, gingen zwei Brüder zur Hand (Moreton und Chabrillan), die zur Loge der Redlichkeit gehörten. Der katholische Geistliche Abbé Sièyes (1748–1836), immerhin zeitweilig Mitglied der Nationalversammlung und Mitglied des Rates der Fünfhundert und des Direktoriums, war der Loge der Neun Schwestern verbunden. Jean-Sylvain Bailly (1736–1793), ein berühmter Astronom, der ebenfalls der Revolution das Wort redete, der intrigante Charles-Maurice de Talleyrand-Périgord (1754–1838), der später als Außenminister fungierte, und Jacques Pierre Brissot (1754–1793), ein einflussreicher Jakobinerführer, waren allesamt Strippenzieher der

Revolution – und Freimaurer. Lafayette war vom ersten Präsidenten der Vereinigten Staaten, George Washington, selbst ein berühmter US-Freimaurer, bereits in eine Loge der Vereinigten Staaten aufgenommen worden; in Frankreich gehörte er den Logen Contrat Social und Suprême Conseil an. Der Marquis de Condorcet, zeitweiliger Präsident der Nationalversammlung, war ein Logenbruder genauso wie der berüchtigte Dr. Guillotin, der Erfinder der „Abkürzungsmaschine". Er gehörte zur Grand Orient de France und zwei weiteren Logen, eine davon war die berühmte Les Neuf Soeurs, in der offenbar viele Fäden zusammenliefen.

Wer will also ernsthaft bestreiten, dass die Freimaurerei vor und während der Französischen Revolution eine beträchtliche Rolle spielte? Freimaurerische Autoren geben selbst zu, ja einige prahlen regelrecht damit, dass die Französische Revolution von der Freimaurerei initiiert wurde. Und auch Verschwörungstheoretiker verweisen auf den Einfluss der Freimaurerei, wie etwa Nesta H. B. Webster (1876–1960), eine kontroverse Historikerin und Okkultistin, der immerhin Winston Churchill glaubte und die zahlreiche zeitgenössische Schriftsteller des 18. Jahrhunderts als Beleg für den Einfluss der Freimaurerei auf die Französische Revolution anführt.[3] Selbst konservative Historiker, die ganz sicher nicht in die Nähe der Freimaurerei gerückt und auch nicht als Verschwörungstheoretiker abqualifiziert werden können, berichten in völliger Offenheit von dem Einfluss der zahlreichen Freimaurerlogen auf die Französische Revolution.[4] Andere Historiker wiederum bestehen darauf, dass es sich bei dieser Revolution um keine Freimaurer-Verschwörung handelte, so etwa Brinton Crane.[5]

Trotz dieser gegenteiligen Stimmen ist die Beweislage erdrückend. Der Club der Jakobiner war wie gesagt aller Wahrscheinlichkeit nach eine Freimaurer-Vereinigung. Sie bestimmte über 50 Prozent der Französischen Revolution, wenn nicht mehr. Der Club war geradezu eine Brutstätte freimaurerischen, revolutionären Gedankengutes. Zahlreiche Mitglieder der Nationalversammlung gehörten zu den Freimaurern.

Der Kopf der Französischen Revolution war jedoch, zumindest zu Beginn, der Herzog von Orléans. Bei ihm handelte es sich sogar um einen Großmeister der französischen Freimaurerei. Er dirigierte die Grand Orient Lodge. Vorgeblich kaufte der Herzog im Jahre 1789 das gesamte Getreide auf, verhökerte es im Ausland oder versteckte es. Dadurch trug er zur Hungersnot in der Bevölkerung bei, die ohnehin schon von Missernten geplagt war – nur um den Hass auf den König weiter zu schüren.[6]

Als es endlich zum Sturm auf die Bastille kam, marschierte laut Autorin Webster nicht der Mob spontan los, sondern Leute, die vorher bezahlt und regelrecht angeheuert worden waren, von revolutionären Führern, von Freimaurern!

Gleichzeitig hinterbrachten Kuriere der Freimaurer allen möglichen Städten in Frankreich die Nachricht, es sei eine Verschwörung gegen die französische Nation im Gange. Man hetzte gegen die Aristokraten, die sich auf ihren Burgen und Landsitzen versteckt hielten. Und so züngelten die revolutionären Flammen schließlich haushoch auf, bis in den Himmel.

Der Freimaurer Lafayette suchte später das Leben des Königs zu retten – was beweist, dass es innerhalb der Freimaurerei unterschiedliche Strömungen gab.

Die Freimaurer Marat, Danton sowie Robespierre hielten die Revolution am Kochen. Dass die Revolution zuletzt ihre eigenen Kinder fraß und sogar den Kopf der Freimaurerei, den Herzog von Orléans, unter die Guillotine schickte, zeigt nur, dass der Freimaurerei das Heft des Handelns mehr als einmal entglitt. Weiter verschlang die Revolution schließlich auch Marat, Danton und Robespierre.[7]

Aber betrachten wir den anfänglichen Kopf der Revolution noch einmal etwas genauer, den mysteriösen Herzog von Orléans.

DER KOPF DER REVOLUTION

Es steht außer Frage, dass der Herzog von Orléans in der Französischen Revolution eine mehr als zwielichtige Rolle spielte. Fragen wir also noch einmal hartnäckig nach! War der Herzog von Orléans der wichtigste Drahtzieher der Französischen Revolution?

Die Rolle dieses Herzogs wurde genauestens untersucht und sein Leben gründlich umgewendet. Heute weiß man, dass er ein Anhänger liberaler Ideen war, die er in England kennen und lieben gelernt hatte. Er bewunderte England. Auch dass er ein Großmeister der Loge war, ist ohne Wenn und Aber etabliert.

Im Jahre 1789, dem Revolutionsjahr, führte er eine Minderheit von 47 Adligen dem dritten Stand zu. Der Hof, besonders der König und die Königin, beschuldigten den Herzog, hinter der aufständischen Bewegung zu stecken, und sahen in seinem Wirken die wichtigsten Ursachen für den Sturm auf die Bastille und die Revolution. Schon zu seiner Zeit wurde der Herzog von Orléans also von den Monarchisten für den Drahtzieher der Revolution gehalten! Wer hätte sich zu diesem Zeitpunkt besser ausgekannt?

Unbestreitbar ist weiter, dass der Herzog vehement für eine (freiere) Verfassung wie in England eintrat. Wieder und wieder wurde er verdächtigt, nach der Krone greifen zu wollen – ein Vorwurf, dem nicht alle Historiker zustimmen. Als die Flammen der Revolution hoch aufzüngelten, erhielt er den Titel Citoyen Égalité, was er begrüßte. Später aber wurde er, wie schon beschrieben, selbst festgenommen und es wurde Anklage gegen ihn erhoben. 1793 wurde der Herzog verurteilt und guillotiniert. Angeblich starb er „mit einem Lächeln auf den Lippen und ohne jeden Anschein von Angst". Der liberale Herzog hatte vergessen, dass Revolutionen oft eine Eigendynamik entwickeln, in deren Rahmen ein Menschenleben nichts gilt.

Sein Tod beweist, dass der Verlauf der Revolution sicher nicht ausschließlich von der Freimaurerei bestimmt wurde und dass es innerhalb der Freimaurerei verschiedene Strömungen gab.

Auf der Suche nach der Wahrheit

Wie soll man über diese Verschwörungstheorie urteilen, die im Allgemeinen ein Schattendasein in den Geschichtsbüchern führt?

Die Tatsache, *dass* zahlreiche hochrangige Freimaurer in die Französische Revolution verstrickt waren, streitet heute niemand mehr ernsthaft ab. Der Grad des Einflusses der Freimaurerei ist jedoch bis heute umstritten.

Da die Freimaurer ein erhebliches Interesse daran hatten, ihre Ideen durchzusetzen, ist unseres Erachtens ihre Beteiligung nur logisch. Vergessen wir nicht: Im Rahmen der Freimaurerei wurde der durch die Kirche verbreitete Aberglauben, ja die Religion überhaupt bis aufs Messer bekämpft. Weiter kämpfte man in diesen Zirkeln zumindest zum Teil auch für eine konstitutionelle Monarchie, manchmal aber auch für die „Demokratie". Das alles waren zweifelsfrei freimaurerische Anliegen!

Da es sich ferner von Haus aus um eine Geheimgesellschaft handelt, ist die Annahme nur logisch, ihr Einfluss sei sehr viel bedeutender gewesen als bisher angenommen. Stellt man schließlich in Rechnung, dass nichts automatisch passiert, zwangsläufig und ohne konkrete Hintermänner, kann man erneut zwei und zwei zusammenzählen. Zieht man zu guter Letzt noch den ungeheuren Einfluss der Freimaurerei bis heute in Betracht, neigt sich die Waagschale, wer hier Recht und wer Unrecht hat, abermals auf die Seite der Verschwörungstheoretiker. Was aber bedeutet das?

Der konkrete Einfluss der Freimaurerei

Die Rolle der Freimaurerei in Bezug auf die Französische Revolution ist bis heute in den gängigen Geschichtsbüchern nicht zur Gänze aufgearbeitet. Wir haben es also mit einer Geschichtsfälschung zu tun!

Fest steht, dass sie einen gewaltigen Einfluss hatte. Unserer vorsichtigen Schätzung nach lag er zwischen 30 und 70 Prozent. Und das bedeutet, dass wir noch immer nicht über die vollständige Wahrheit informiert werden, wenn es um die wahren Drahtzieher der Französischen Revolution geht.

Noch einmal: Auch eine Auslassung ist eine Geschichtsfälschung. Soweit ein erstes Ergebnis.

Aber wie verhält es sich nun mit der „moralischen Wertung" dieser Revolution? Wurde nicht auch in dieser Hinsicht viel, allzu viel, verdreht und zurechtgefälscht?

Damit aber sind wir erneut bei dem Problem aller Probleme: bei der Beurteilung der Französischen Revolution insgesamt.

DIE DESTRUKTIVE UND DIE KONSTRUKTIVE PERSÖNLICHKEIT IM POLITISCHEN RAUM

Bis heute wird darüber gestritten, ob die Französische Revolution ein begrüßenswertes Ereignis war oder nicht. Handelte es sich bei ihr um ein moralisches oder unmoralisches Ereignis? Wie konnte es zu diesen entsetzlichen Barbareien kommen? Sind Revolutionen überhaupt positiv zu bewerten oder sind sie von Hause aus eine negative Erscheinung in der Geschichte? Fragen über Fragen!

Unseres Erachtens wurde zu selten darauf aufmerksam gemacht, dass man speziell im politischen Raum sorgfältig zwischen konstruktiven und destruktiven Persönlichkeiten unterscheiden muss. Wenn wir beginnen, eine Messlatte an die verschiedenen Persönlichkeiten anzulegen, die an der Französischen Revolution beteiligt waren, klärt sich auf einmal das Bild.

Nie oder selten wurde beispielsweise in Abrede gestellt, dass es sich bei Voltaire um eine durch und durch konstruktive Persönlichkeit handelte. Er bekämpfte den Aberglauben, setzte sich für Recht und Gerechtigkeit ein, half Menschen, wann immer er konnte, brach für die Freiheit eine Lanze und verfocht die religiöse Toleranz.

Während der Französischen Revolution gab es zweifellos Persönlichkeiten, die von den besten Absichten beseelt waren: Lafayette formulierte nach amerikanischem Vorbild die Menschenrechte und setzte sich persönlich dafür ein, dass Ludwig XVI. an Leib und Leben keinen Schaden nahm (was ihm eine Zeit lang sogar gelang). Auch Desmoulins war zeitweise gewiss von den besten Absichten beseelt; er distanzierte sich später von den Mordgesellen seines eigenen Clubs. In den Reihen der Girondisten, aber auch in den Reihen der Jakobiner befanden sich nicht nur sadistische Massenmörder, sondern je und je auch ehrenwerte Gesellen, einige wenige waren sogar unbestechlich. Es war ihnen ein echtes Anliegen, dem Volk zu helfen und in Frankreich für eine höhere Gerechtigkeit zu sorgen. Es existierten konstruktive Persönlichkeiten, die den Verlauf der Französischen Revolution immer wieder in eine vernünftige Richtung voranzutreiben suchten und denen alle Schlächtereien zuwider waren.

Auf der anderen Seite gab es vollständig destruktive Persönlichkeiten, wie den Hetzer Marat, den Heuchler Robespierre, den Killer Saint-Just und den Terrorspezialisten Fouché – alles Gestalten, von denen man sich nur mit Schaudern abwenden kann. Für ihre Taten gibt es keinerlei Rechtfertigung. Sie besudelten die Revolution mit dem Blut vieler Unschuldiger, wenn sie es auch scheinbar im Namen des Volkes taten, was eine Lüge war. In Wahrheit suchten sie nur mit allen Mitteln ihren Machtbereich auszuweiten oder die eigene Macht zu zementieren. Sie realisierten nicht, dass sie längst Sklaven ihres eigenen Machthungers geworden waren. Danton zählt selbstverständlich ebenfalls zu den destruktiven Persönlichkeiten, wenn er sich auch gesellig und gemütlich gab und zweifellos mehr Verstand besaß als etwa der kaltblütige Mördergeselle Robespierre.

Es gab während der Französischen Revolution also destruktive und konstruktive Figuren, eine Erkenntnis, die auf einmal viele Fragen löst.

Wenn destruktive Figuren während einer Revolution das Zepter in die Hand nehmen, sind Morde und Blutbäder die Folge. Klebt an den Händen der Revolutionäre Blut, verliert eine Revolution sofort ihre moralische Integrität, so richtig das Ziel auch sein mag. Der Zweck heiligt nie die Mittel. „Der Zweck heiligt die Mittel" ist ein verbrecherischer Satz; denn immer gilt: Die Mittel entheiligen den Zweck, speziell wenn gemordet, wenn gegen die Menschenwürde, gegen die Selbstbestimmung und das Recht auf Leben verstoßen wird.

Da Revolutionen per definitionem blutig sind, verraten praktisch all ihre Befürworter, dass sie Politverbrecher sind, die ein Menschenleben wenig schert. Sie nehmen Mord und Totschlag, Krieg und Elend in Kauf, scheinbar um Verbesserungen im politischen Raum herbeizuführen. In Wahrheit aber dienen sie nur ihrem eigenen Ego, sie befriedigen ihren Machthunger; und Macht ist ein verführerischer Saft, der bislang jeden trunken machte, der von ihm kostete. Nebenbei füllen sie sich fast immer gleichzeitig den eigenen Geldbeutel bis obenhin. Mord und Totschlag sind während Revolutionen unvermeidlich.

Und vergessen wir nicht, dass die Französische Revolution ihr Ziel nicht erreichte: Napoleon, das größte Ungeheuer, das je französischen Boden betrat, ergriff die Macht und schwindelte sich auf den Kaiserthron; er errichtete eine Tyrannei, die schlimmer als jedes Königtum war. Die Französische Revolution scheiterte.

Was blieb, waren die neuen politischen Forderungen, der Ruf nach Freiheit, Gleichheit vor dem Gesetz, Gerechtigkeit und Wohlstand. Diese Werte überlebten selbst einen Napoleon und besaßen eine größere Beständigkeit als alle Kanonenkugeln und Gewehre zusammen – ein Beweis dafür, wie ungeheuer mächtig Ideen sind und wie schwächlich im Grunde genommen die brutale Gewalt.

Wenn wir uns also bemühen, zwischen destruktiven und konstruktiven Persönlichkeiten vor und während der Französischen Revolution zu unterscheiden, kommen wir zu einem differenzierteren Urteil über diese wichtigste aller Revolutionen. Wir sehen sie plötzlich in ihre Teile auseinanderfallen, wir sehen, dass wir den einzelnen Figuren auf diesem

Spielfeld unterschiedliche Wertungen beimessen müssen. Diese Betrachtungsweise löst das letzte Rätsel der Französischen Revolution, es löst die Frage, ob sie moralisch oder unmoralisch war. Was war das Ergebnis?

Die Französische Revolution war nichts als der Versuch, gerechte Forderungen mit Gewalt durchzusetzen, wobei praktisch jeder, der mit ihr in Berührung kam, seine Hände mit Blut befleckte und starb; der Versuch scheiterte, das angestrebte Ziel wurde nicht erreicht – es kam im Gegenteil ein Tyrann auf den Thron.

Wir sollten Revolutionen und ihren Befürwortern, sprich all ihren Krakeelern, Demagogen und Hetzrednern, künftig mit äußerstem Misstrauen begegnen und ihnen nicht unser Ohr leihen. Wir sollten weiter darauf bestehen, dass niemand ein Land, eine Stadt oder auch nur ein Dorf leiten darf, der nicht selbst eine weiße Weste besitzt und Mord verdammt. Und schließlich sollten wir das Phänomen Robespierre nie vergessen, der sich als Gutmensch und Saubermann tarnte und trotzdem nichts als ein gewöhnlicher Massenmörder war.

In diesem Sinne ist die Französische Revolution ein unermesslich wichtiges Lehrstück in Sachen Politik, das unvergessen bleiben muss.

6. KAPITEL:

KOMMUNISTISCHE GROSSLÜGEN

TEIL 1, KARL MARX

Verlassen wir Frankreich und richten unseren Blick nach Deutschland. Hier werden wir ebenfalls fündig, wenn wir Geschichtsfälschungen auf der Spur sind.

Eine der prominentesten Figuren der Neuzeit, die über die Gesetze der Geschichte räsoniert und geurteilt haben, ist Karl Marx, dessen Theorien in der Folge auf dem gesamten Planeten Erde Einfluss gewannen. Marx formulierte eine gänzlich neue Geschichtsphilosophie, die Milliarden von Menschen beeinflusste! Gönnen wir uns das Vergnügen, auch Karl Marx unvoreingenommen und ohne Scheuklappen zu untersuchen – und in Erfahrung zu bringen, ob er sich im Rahmen seiner Geschichtsphilosophie nicht einiger Fälschungen schuldig gemacht hat.

Marx selbst ist ebenfalls ein dankbares Objekt für Fälschungen. Er wurde nach seinem Tod vergöttert, idealisiert und zur Kultfigur hochstilisiert, seine Biografie wurde zurechtgestriegelt, verändert und geschönt. Schließlich brauchten die Kommunisten einen unantastbaren großen Denker, einen Heiligen, einen Guru.

Skizzieren wir zunächst seine Biografie. Tatsächlich ist die Wahrheit über Karl Marx spannender als jeder Kriminalroman.

DIE BIOGRAFIE

Im Prinzip lässt sich die Biografie von Karl Marx in fünf Kategorien schnell beschreiben.

DER KONKRETE MARX

Karl Marx wurde 1818 in Trier geboren und starb im Jahre 1883. Er stammte aus einer jüdischen Familie, einige Vorfahren waren berühmte Rabbiner, ausgebildet in Logik und vielschichtigem Denken. Aus Karrieregründen trat der Vater zur evangelischen Konfession über. Marx selbst besuchte ein Jesuitengymnasium, lernte die geschickte Argumentation, lehnte aber später das Christentum und das Judentum gleichermaßen ab. Er heiratete, hatte ein paar Kinder, lebte in Preußen, Frankreich und Thüringen, schrieb einige Bücher, die zu seinen Lebzeiten nur mäßig gelesen wurden, und wurde von zahlreichen Krankheiten geplagt. Er lebte kein gutes Leben, war relativ erfolglos, oft niedergedrückt und nie fröhlich. Karl Marx war im Grunde ein armer Teufel.

MARX, DER THEORETIKER

Will man Marx, will man seinen Typus, seinen Charakter verstehen, das Bild, das er Zeit seines Lebens von sich entwarf, will man die Rolle, das Gewand verstehen, in das er kroch, so muss man sich nur Folgendes vor Augen halten: Marx verstand es hervorragend, sich als hochintellektuellen Theoretiker zu präsentieren, als Gelehrten, als tiefgründigen Denker. Das war sein Spiel, das war sein Kapital!

Er liebte es, Unmengen von Informationen aufzusaugen, aber nur, um damit seinen Gegnern den Garaus zu machen. Anfänglich beschäftigte er sich noch mit der Juristerei und der Poesie, doch schon bald wandte er sich der Philosophie, der Geschichte und der Ökonomie zu. Jahrelang wandelte er in den Fußstapfen Hegels. Er erlag der Krankheit vieler Theoretiker, denn er diskutierte leidenschaftlich gern, oft verbissen. Dabei stellte er realitätsferne Thesen auf und lebte in seiner eigenen Welt. Gegner suchte er buchstäblich mit Worten zu erledigen. Der Russe Paul Annenkow urteilte über ihn: „Seine Manieren liefen geradezu allen gesellschaftlichen Umfangsformen zuwider. Aber sie waren stolz mit einem Anflug von Verachtung, und seine scharfe Stimme, die wie Metall klang, stimmte merkwürdig überein mit dem radikalen Urteil ..., das er fällte. Er spricht nicht anders als in imperativen, keinen Widerstand duldenden Worte ... Vor mir stand die Verkörperung eines demokratischen Diktators." [1]

Marx trat auf wie ein Prophet. Er allein hatte die Gesetzmäßigkeiten der Welt durchschaut. Behauptete er. Er liebte es, in Hegelschen Kategorien zu denken, stellte Thesen, Antithesen und Synthesen auf, ohne dass je logisch begründet worden wäre, dass dies die einzig richtige Art zu denken ist. Er erlag im Denken, in der Denkstruktur, der Denkart seinem Lehrer Hegel, machte die gleichen Fehler wie er und fügte neue hinzu. Den Nimbus des scharfen Denkers trug er wie eine Visitenkarte vor sich her. Er war rechthaberisch bis hin zum Zynismus und der groben, plumpen Beleidigung. Durch zufällig hingeworfene, großartige Fremdwörter suchte er andere intellektuell zu überwältigen und Eindruck zu schinden.

Bis heute ist es der Trick vieler „Gelehrter", mit Fremdwörtern um sich zu werfen, mit einer komplizierten Grammatik zu glänzen und mit Tonnen von Daten, mit einer Fülle von Informationen Hörer und Leser unsäglich zu beeindrucken. Man wirft Gegenspieler durch ein paar hochgestochene Vokabeln aus dem Rennen, überwältigt den anderen mit Detailwissen und frönt einer verwursteten Grammatik – wodurch jedoch die Logik einer Behauptung durchaus nicht zwingender wird. Es ist ein beliebtes Gesellschaftsspiel unserer Zeit. Das Spiel funktioniert am besten, wenn man sich den Nimbus des Wissenschaftlers zulegt.

Wissenschaft ist scheinbar unfehlbar – obwohl heute kaum ein Tag vergeht, an dem nicht eine neue wissenschaftliche Theorie aufgestellt wird und eine alte auf dem Abfallhaufen der Geschichte landet.

Wie auch immer – dies war die Figur, der Charakter, der Typus, den Marx generierte, den er anderen suggerierte, wie ein Schauspieler. Natürlich glaubte er selbst an die Kompliziertheit seines eigenen Bewusstseins. Er verliebte sich in der Folge in ein paar fixe Ideen und suchte sie als die allein seligmachende Wahrheit zu verkaufen. Sein Spiel bestand darin, andere von seinem Intellekt, seinem Verstandes-Vorsprung zu überzeugen, um eine überlegene Position zu gewinnen. Und es gelang ihm – bei nicht wenigen Dummköpfen, die darauf verzichteten, selbstständig zu denken, und die glaubten, ein paar Fremdworte markierten bereits den scharfsinnigen Geist.

Marx, der Politiker

Zu gerne wäre Marx ein bedeutender Politiker geworden. Und tatsächlich suchte er mit der Feder je und je die Massen aufzuwiegeln. Er träumte ständig von Revolutionen und schaffte es immerhin, aus Frankreich ausgewiesen zu werden. Englische und französische Arbeiter begleitete er mit seinem Rat. Indes irrte er sich in seinen politischen Einschätzungen ständig. Unaufhörlich sah er an allen Ecken und Enden die Revolution aufflackern, doch seine Voraussagen trafen nahezu nie ein. Das qualifiziert auch seine theoretischen Schriften nicht gerade, um es zurückhaltend auszudrücken. Er war ein Möchtegern-Politiker. Viele seiner Schriften waren von der Tagespolitik diktiert, von Wissenschaft keine Spur.

In seinen politischen Aktivitäten versagte er vollkommen. Daher suchte er sich stets in die Rolle des Theoretikers, des Chefideologen, des Vordenkers zurückzuretten. Das Heft des politischen Handelns riss er nie an sich. Er war ein Hetzer, ein Demagoge, ein Krakeeler. Er sehnte und betete den Umsturz und die Revolution herbei, ohne zu wissen, dass

Revolutionen selten etwas Gutes bewirken, aber in der Regel den Tod zahlreicher Menschen herbeiführen. Er liebte Blut. Das sollte später von anderen vergossen werden.

MARX, DER BETTLER

Fast komisch mutete es an, dass der größte Ökonom des 19. Jahrhunderts, wie spätere Propaganda es ausdrückte, nicht mit Geld umgehen konnte. Er stellte die fantastischsten Theorien über Geld auf – und hatte nie einen Pfennig in der Tasche. In seiner Jugend verschwendete er die Gelder seines Vaters, der sich darüber regelmäßig beklagte. Auch später schielte er ständig auf das väterliche Erbe. Er pumpte und bettelte jeden an, der ihm über den Weg lief. Sein Leben war eine einzige Kette von finanziellen Schwierigkeiten. Vertrauensmänner in Deutschland (wie Joseph Wedemeyer) sammelten Geld für ihn genau wie Schicksalsgefährten in England. Kontinuierlich lag er der Mutter in den Ohren (als der Vater verstorben war), ihm doch einen Vorschuss auf das ausstehende Erbe zu zahlen. Er nahm Darlehen auf, pumpte Freunde an und bettelte bei Bekannten. Seine Frau Jenny musste ihre Silbersachen ins Pfandhaus geben, er selbst versetzte sogar seine Kleidung. Seine Familie hatte während vieler Jahre nichts zu beißen. Die Kinder waren oft krank, Marx' Ehefrau konnte nicht einmal die nötige Medizin kaufen. Es fehlte mitunter sogar an Schreibpapier. In der Zeit des ärgsten Elends wurde eine Tochter geboren, die wenig später starb. Marx schrieb: „Der Tod des lieben Kindes fiel in die Zeit unserer bittersten Armut. Da lief ich zu einem französischen Flüchtling, der in der Nähe wohnte und der uns kurz vorher besucht hatte. Er gab mir gleich mit der freundlichsten Teilnahme zwei Pfund Sterling. Mit ihnen wurde der kleine Sarg bezahlt ..." [2]

Not war Marx' ständiger Begleiter. Zeit seines Lebens bettelte er immer wieder seine Mutter an und schrieb endlos lange Klagebriefe. Bettelbriefe erreichten Friedrich Engels manchmal jede Woche. Wenn es ihm einmal gelang, eine größere Geldsumme zu ergattern, zerrann ihm das Geld unbegreiflicherweise immer wieder zwischen den Fingern. Er konnte nicht mit Geld umgehen, konnte Geld nicht festhalten. Er gesteht (hätte das doch später Lenin veröffentlicht!): „Wüsste ich nur irgendein business anzufangen. Grau ... ist alle Theorie und nur das business ist grün ... Meine Frau sagt mir jeden Tag, sie wünschte, sie läge mit den Kindern im Grabe ... die Demütigungen, Qualen und Schrecken ... sind in der Tat unbeschreiblich ..." [3] Einmal beschloss Marx, sich bankrott erklären zu lassen. Engels verhinderte es. Und so schmarotzte, pumpte und bettelte er weiter.

Erst als Engels den väterlichen Betrieb erbte, setzte er Marx eine lebenslange Rente aus. Man muss sich schon sehr zurückhalten, um nicht zu spotten! Erst als ein kapitalistisches Unternehmen für seinen Unterhalt sorgte, konnte er unbekümmert gegen eben diesen Kapitalismus die Feder spitzen. Der Mann, der Geld als die Quelle allen Übels brandmarkte – und die kompliziertesten Theorien darüber aufstellte –, versagte bei diesem Thema in seinem eigenen Leben vollständig.

Marx blieb Zeit seines Lebens ein Bettler und tat gleichzeitig alles, um einen falschen Schein aufrechtzuerhalten. Besuchern und Freunden machte er weis, er lebe in gutbürgerlichen Verhältnissen. Oft arbeitete er nicht. An seinem *Kapital* arbeitete er über ein Jahrzehnt, die verschiedenen Bände wurden nie fertig. Nach seinem Tod musste Engels sie edieren, vom ersten Band. Marx lief immer durch die Gegend mit seiner hohen Denkerstirn und dachte.

MARX, DER VERRÄTER

Selten wurde in der umfangreichen Literatur systematisch aufgearbeitet, dass Marx im Grunde seines Herzens ein Verräter war. Vielen Freunden tat er vorne herum schön – und beschimpfte sie später hinter ihrem Rücken. Er bediente sich der untersten Gossensprache, um seine Freunde zu beschreiben. Ferdinand Lasalle, dem großen Sozialisten, den er auch um finanzielle Hilfe anging und der fest an die Freundschaft mit Karl Marx glaubte, war er heimlich in bitterster Feindschaft verbunden. Er nahm mit einer Hand die Vorteile und teilte mit der anderen Hand, der Schreibhand, blutige Hiebe aus. Seine Beleidigungen Lasalles waren übelster Natur. So täuschte er seine besten Freunde. Selbst über Engels, der ihn ein halbes Leben lang durchfütterte, ließ er sich hässlich aus.

Er liebte auch die Arbeiter nicht wirklich. In privaten Briefen nennt er sie abschätzig Proleten, einige seiner Briefe strotzen vor Zynismus und Verachtung gegenüber der Arbeiterklasse. Und deutsche und französische Flüchtlinge, eigentlich Brüder im Geiste, nannte er verächtlich *Galeerenlümmel* oder *Kasernenlümmel*.[4] Dass ihm einer dieser Galeerenlümmel den Sarg seiner Tochter finanziert hatte, vergaß er geflissentlich. Er schimpfte und spektakelte nach allen Seiten. Die gesamte Welt war an seinem Schicksal schuld – nur nicht er selbst.

Helene Demuth, eine brave Magd, die den Marxens jahrelang den Haushalt führte, schwängerte er hinter dem Rücken seiner Ehefrau. Ein Sohn entsprang diesem unehelichen Verhältnis, das Marx mit allen Mitteln zu vertuschen suchte. Als das Kind geboren wurde, verwischte Marx sorgfältig alle Spuren. Eine Scheidung von seiner Frau kam nicht in Frage, Marx fürchtete den Skandal.

Und so sehen wir die engsten Freunde des großen Karl Marx regelmäßig hintergangen und verraten, bis hin zu der eigenen Ehefrau und der Verleugnung seines leiblichen Sohnes. Schimpfkanonaden gegenüber anderen Sozialisten waren nachgerade eine Selbstverständlichkeit; denn nur einer war im Besitz der allein seligmachenden Wahrheit: Karl Marx! So steht der große Karl Marx, der angebliche Entdecker ewiger ökonomischer und historischer Wahrheiten, als Kaiser ohne Kleider vor uns. Er kann kaum gehen vor Größenwahn, so schwer wiegt sein Haupt, in dem die großen Gedanken hin und her purzeln.

Das sind die Fakten. Die Propaganda zauberte aus Marx später einen Mythos. Doch sollte man so einem Mann die Analyse der Ökonomie, des Geldes und des Wohlstandes anvertrauen? Sollte man annehmen, dass ein solcher Kerl sich im Besitz der Wahrheit befindet, ja als einziger die Wahrheit zu erkennen vermochte, was den Lauf der Geschichte angeht?

Die Thesen

Sicher nicht! Aber tun wir Marx immerhin die Ehre an, und betrachten wir einige seiner Thesen etwas genauer. Sie lauten, stark verkürzt, wie folgt:

These 1: Am Anfang war die Materie

Abgesehen davon, dass Hunderte Philosophen etwas anderes behaupten, könnte man in aller Naivität fragen, woher Marx seine Gewissheit nimmt. Er postuliert die prinzipielle Überlegenheit der Materie ohne Beweis und leitet Hunderte Schlussfolgerungen daraus ab. Aufgrund welcher Untersuchungen weiß Marx mehr als andere Philosophen? Ist er Geophysiker? Astronom?

Zahlreiche Beobachtungen deuten darauf hin, dass Materie eben nicht Materie schaffen kann, dass Materie und Energie zwar erhalten bleiben (gemäß dem Energieerhaltungssatz von Einstein), aber sich nicht aus sich selbst heraus erzeugen, erschaffen oder kreieren können. Materie ist per definitionem tot.

Logik lässt also fragen, wer diese Materie erschaffen hat. Darauf gab es viele Antworten: Gott, Götter, mächtige Wesen, ein Wille, was auch immer. Wir beobachten tagtäglich, dass tote Materie selbsttätig zu keiner Zeugung imstande ist, allenfalls zu Umwandlung, während etwas Lebendes, sei es ein Mensch oder manchmal sogar eine Pflanze, durchaus erschaffen kann und selbsttätig etwas verändert. Materie ist dazu sicher nicht in der Lage. Sie besitzt keinerlei Kraft, Lebensenergie oder

Entscheidungsfähigkeit. Hierfür gibt es buchstäblich Millionen Beispiele. Die grundsätzliche Überlegenheit von Materie über den Geist zu postulieren ist bestenfalls ein hübsches Gedankenspiel, aber durch nichts zu beweisen – weder durch Beobachtung noch durch Experimente und schon gar nicht durch Logik. So wenig wie Theologen die Existenz eines allmächtigen Gottes je beweisen können, wiewohl zahlreiche Versuche in dieser Richtung unternommen wurden, genauso wenig kann man die Dominanz und grundsätzliche Überlegenheit der Materie beweisen.

Allein: Auf dieser Annahme beruhen zahlreiche Schlussfolgerungen des Herrn Karl Marx. Die Basis hierfür: reine Spekulation.

These 2: Das Sein bestimmt das Bewusstsein

Hierdurch wollte Marx zum Ausdruck bringen, dass die ökonomischen Umstände (das Sein) das Denken und die Persönlichkeit (das Bewusstsein) bestimmen. Anschauung beweist jedoch, dass das Gegenteil der Fall ist: Selbst wenn die wirtschaftlichen Lebensumstände (das Sein) widrig sind, der Ausgangspunkt für eine Person nicht vorteilhaft, ein Mann arm wie die sprichwörtliche Kirchenmaus, das Elternhaus drittklassig ist und die ökonomischen Umstände erbarmungswürdig sind, so schaffen es einige Menschen trotzdem, nach oben, sogar nach ganz oben zu kommen.

Während der Einfluss einer positiven Umgebung unbestreitbar von Vorteil ist, steht umgekehrt fest, dass eine positive Umgebung nicht notwendigerweise zu einem erfolgreichen Leben und Bewusstsein führt. Zahlreiche konkrete Fallbeispiele beweisen, dass Menschen aus untersten Klassen und ärmsten Verhältnissen durchaus Erfolg haben können.

Die Wahrheit scheint demzufolge im Gegenteil so zu sein, dass das Bewusstsein (Vokabeln wie Wille oder Absicht treffen den Sachverhalt genauer) das Sein bestimmt.

150

Sigmund Freud kritisierte Marx im Jahre 1933 lapidar: „Schon die unzweifelhafte Tatsache, dass verschiedene Personen, Rassen, Völker unter den nämlichen Wirtschaftsbedingungen sich verschieden benehmen, schließt die Alleinherrschaft der ökonomischen Momente aus. Man versteht überhaupt nicht, wie man psychologische Faktoren übergehen kann ..." [5]

Marx entwickelte auf Grundlage dieser (falschen) These unbeschwert den „Histomat", den Historischen Materialismus. Er brachte die gesamte Geschichte auf den (falschen) Nenner, dass Ökonomie, sprich Wirtschaft und Besitzverhältnisse, allesentscheidend sind. Der Historische Materialismus geht davon aus, dass Waren, Produkte und Besitz in letzter Konsequenz den Verlauf der Geschichte bestimmen, weil sich dadurch Klassen und Besitzstände etablieren.

Geschichte hat jedoch vieltausendfach bewiesen, dass Glauben, Religion, Weltanschauung und geistige Werte, wie beispielsweise Ehre oder Freiheit, den Verlauf der Geschichte weitaus nachhaltiger bestimmen als alle Produkte, Waren oder Besitzstände zusammen. Man betrachte nur die ägyptische Geschichte und ihre übermächtige Religion oder die Wirkungen der Lehren Buddhas und Christi oder den Begriff der Ehre im alten Rom und bei den alten Germanen!

These 3: Geschichte ist eine Geschichte von Klassenkämpfen

Marx glaubte tatsächlich, dass die gesamte Geschichte auf eine Geschichte von Klassenkämpfen reduziert werden könne. Keine Aussage könnte törichter sein, keine ist leichter widerlegbar und greift offensichtlich so kurz. Davon abgesehen, dass Marx kein Geschichtswissenschaftler war, muss man festhalten, dass Geschichte nicht schmalspurig oder eindimensional verläuft. Geschichte kennt zahllose Beispiele, da sie nicht von Klassenkämpfen bestimmt war. Sie kennt gute Aristokratien, in denen die Menschen höchst zufrieden waren und alle Klassen glänzend miteinander auskamen, sowie exzellente Königreiche, in denen die Untertanen in Wohlstand und in Freiheit lebten. Sie kennt gerechte Herrscher genauso wie gut funktionierende Demokratien, in denen darauf hingearbeitet wurde, jeder Klasse das Überleben zu gewährleisten.

Wir kennen Fallbeispiele aus fast allen Erdteilen, in denen Klassenunterschiede praktisch nicht existierten beziehungsweise unterschiedliche Klassen nicht in einen Gegensatz zueinander gerieten. Geschichte auf eine Geschichte von Klassenkämpfen reduzieren zu wollen ist einfach primitiv.

Marx jedoch betrachtete – mit Ausnahme der frühen Geschichte – Historie grundsätzlich als eine Geschichte von Klassenkämpfen. Er unterschied fein säuberlich zwischen verschiedenen Entwicklungsstufen: der Stammesgesellschaft, der Sklavenhaltergesellschaft, der feudalen Gesellschaft (= reichen Lehnsherren hie und armen Leibeigenen da) und der kapitalistischen Gesellschaft. Allein schon diese Einteilung ist höchst anfechtbar, mehr als korrekturbedürftig und könnte leicht abgeändert werden. Geschichte verläuft nicht immer in diesen Schritten, und auch im Rahmen der kapitalistischen Gesellschaft lassen sich Klassen selten mit ein paar Schlagworten erfassen und Kapitalisten/Industrielle/Bürger gegen Arbeiter ausspielen.

These 4: Der Klassenkampf führt mit zwingender Notwendigkeit zur Diktatur des Proletariats: Schlussendlich wird eine Aufhebung aller Klassen gegeben sein

„Hübsch!", kann man nur ironisch kommentieren. Dieses Kernstück der Marx'schen Geschichtstheorie ist durch nichts, aber auch durch gar nichts zu beweisen.

Marx glaubte, dass all diese Klassenkämpfe notwendigerweise zu Revolutionen führten. Die unterdrückten Klassen reißen seiner Meinung nach eines Tages die Macht an sich und regeln die Eigentumsverhältnisse neu. Es handelt sich dabei vorgeblich regelrecht um einen naturgeschichtlichen Prozess.

Nun kennen wir zahlreiche Beispiele, in denen die unterschiedliche Besitzverteilung nicht notwendigerweise zu Revolutionen führte, denken wir nur an das alte Griechenland, das alte China oder das alte Indien. Tatsächlich kann eine Gesellschaft so apathisch sein, dass sie keine Kraft mehr für einen Aufstand findet – oder die Religion verbietet Revolutionen oder es mögen Schlupflöcher für den individuellen Aufstieg existieren, die Klassenkämpfe ebenfalls verhindern. Mit anderen Worten: Auch diese Annahme ist bei genaueren geschichtlichen Kenntnissen leicht zu widerlegen. Pointiert gesagt: Marx kannte die Geschichte nicht.

Außerdem wurde die Diktatur des Proletariats nie verwirklicht, die Aufhebung aller Klassen fand nie statt. Marx war allerdings so besessen von dieser fixen Idee, dass er sie immer und immer wieder in die Köpfe einhämmerte. Dabei lehrt schon die simpelste Beobachtung der Gegenwart, wie unterschiedlich Menschen sind, gar nicht zu reden von der Beobachtung und Durchforstung der Vergangenheit. Die Diktatur des Proletariats existierte nie und zu keiner Zeit, selbst nicht innerhalb des Kommunismus. Lenin war kein Proletarier, Stalin ebenso wenig, Mao erst recht nicht. In den marxistischen Ländern herrschten stets grausame Diktaturen, die einem hemmungslosen Staatskapitalismus frönten: Die Diktatur des Proletariats ist also nichts anderes als ein Politslogan! Damit kann man vielleicht das Volk aufwühlen, demagogische Effekte erzielen und Arbeiter mobilisieren, aber so eine Herrschaftsform existierte nie und wird nie existieren. Immer regierten Eliten die Staaten, Nationen und Gesellschaften. Diese Eliten wurden definiert durch Herkunft, Geld, Besitz, Wissen, juristisches Know-how, Redetalent, Mut – was auch immer. Die Aufhebung aller Klassen dagegen ist selbst in den gerechtesten Staaten nur fromme Illusion.

Marx scheiterte also vollständig mit seinen Prophezeiungen. Überall sah er zu seiner Zeit Revolutionen aufflackern, doch gewöhnlich fanden sie allein in seinem Kopf statt, nicht in der Realität. Karl Popper bezeichnete den Historischen Materialismus denn auch als quasi-religiöse Geschichtsphilosophie, die sich aufs Orakeln und Prophezeien verlege.[6]

Kaum eine der Prophezeiungen Marx' traf ein; die römischen Auguren besaßen eine höhere Erfolgsquote, wenn sie den Flug der Vögel beobachteten, und die Priester im griechischen Delphi, dem Orakel, waren zumindest so raffiniert, ihre Aussagen zwei- oder dreideutig zu formulieren, sodass sie sich stets herauswinden konnten und recht behielten, was die Zukunft anging. Karl Marx besaß diese Intelligenz nicht. Erneut widerlegte Marx niemand so gründlich wie die Geschichte selbst, die er nicht zu lesen und nicht zu beurteilen verstand.

Das Fazit

All die Tausende, ja Millionen von Bänden, die auf Marx fußen, können wir mithin getrost in den Papierkorb werfen, denn sie beruhen auf Annahmen, die einer genaueren Untersuchung nicht standhalten und relativ leicht widerlegt werden können.

Wir sehen, dass Marx mit seinen Thesen und Theorien und dem Historischen Materialismus schlicht und ergreifend Unrecht hatte. Etwa 80 Prozent seiner Thesen sind heute widerlegt – durch die Geschichte selbst. Die restlichen 20 Prozent sind in den Bereich der Spekulation zu verweisen. Es handelt sich um bestrickende Theorien, die man glauben kann oder auch nicht. Und so ist Karl Marx heute mausetot. Nur einige Ewiggestrige hängen mit wehmütigen Gesichtern ihren alten romantischen Erinnerungen nach und träumen davon, dass das Sein das Bewusstsein bestimmt. Die Wirklichkeit hat alle diese Thesen widerlegt.

Marx ist nichts als ein Produkt des 18. und 19. Jahrhunderts. Er ist nicht einmal ein Vorläufer für andere ernsthafte Wissenschaften. Und so gelangen wir zu unserem endgültigen Urteil über Karl Marx.

DIE ENDGÜLTIGE BILANZ

Wir haben gesehen, dass Karl Marx niemand war, den man sich in seinem Freundeskreis wünscht. Er war illoyal, mehr bourgeois als alle, die er als bürgerlich beschimpfte, völlig unfähig, mit Geld umzugehen, und er versteckte sich hinter unbewiesenen philosophischen, wirtschaftlichen und historischen Theorien, die er möglichst kompliziert präsentierte.

Aber aufgrund der Tatsache, dass er einige konkrete Ungerechtigkeiten anprangerte und damit zumindest zeitweise unter dem Schutzmantel der Ethik agierte, gewann er später zahlreiche Anhänger. Seine komplizierten Darstellungen übten einen gewissen Reiz auf den Intellekt aus: Man konnte sich in seine Gedankengänge verstricken – eine perfekte Fallgrube für den menschlichen Verstand, wenn man so will. Aber all das wäre ohne Belang gewesen, hätten nicht Figuren wie Lenin, Stalin, Mao, Fidel Castro und andere seine Thesen populär gemacht. So wurde er nach seinem Tode mystifiziert, glorifiziert und idealisiert. Ein paar Polit-Verbrecher fanden in seinen Schriften eine hervorragende Rechtfertigung für ihre Morde. Niemand hätte ihnen mundgerechter Ausreden servieren können. Also hielt der Name Marx in der Folge dafür her, Massenmorde zu legitimieren. Er bereitete durch Theorien, durch Ideen und durch Gedankenkonstruktionen Massenmördern den Weg, die sie in der Folge für das Abschlachten Millionen von Menschen nutzten. Sein pseudo-intellektuelles Geplapper wurde propagandistisch ausgeschlachtet, wurde umgemünzt in verbrecherische, inhumane Taten.

Und so bleibt als Bilanz, dass Marx nichts als ein kleiner Demagoge war, der anderen größeren Demagogen den Weg bereitete. All seine Geschichtsklitterungen und Geschichtsverdrehungen, all seine ökonomischen und philosophischen Theorien wären harmlos gewesen, wären sie nicht dazu benutzt worden, zu töten und zu morden. Seine *idée fixe* der

Klassenunterschiede diente den Revolutionären als willkommene Rechtfertigung; sie diente ihnen dazu, Wahlen zu gewinnen und die brutale Macht an sich zu reißen. Seine größte Missetat bestand darin, Mördern den roten Teppich ausgelegt zu haben.

Er hob die schlimmste Geißel der Menschheit – den Krieg, den Bürgerkrieg – auf den Königsthron und vergötterte ihn. Seine Nachfolger griffen seine Schriften auf und benutzten sie. Vorher war der Kommunismus nur eine unkomplizierte Theorie gewesen. Jetzt aber hatte ein Philosoph, ein Doktor, ein Gelehrter dem Kommunismus die wissenschaftliche Weihe gegeben. Marx missbrauchte kurz gesagt den Intellekt, um die Taten von Massenmördern abzusegnen. Er schliff ihnen das Messer, mit dem sie zustechen konnten.

Und so ist die wahre Bilanz des Herrn Karl Marx, ein Handlanger der größten Massenmörder des 20. Jahrhunderts gewesen zu sein. Seine Gedanken setzten sich in den Köpfen der Menschen fest. Er hüllte sie mit seinen Phrasen ein wie mit Spinnweben (was nebenbei bemerkt erneut beweist, dass das Bewusstsein das Sein bestimmt und nicht umgekehrt).

Marx legte den Grundstein für den atemberaubenden Aufstieg einer Anschauung, die das gesamte 19. und 20 Jahrhundert verdunkeln sollte und beinahe die gesamte Menschheit hätte zurückfallen lassen in das finsterste Mittelalter. Denn was geschah im Anschluss?

TEIL 2: LENIN

Wir haben es bereits angedeutet: Eines Tages versuchte Lenin, die Theorien von Karl Marx in die Praxis umzusetzen. Lenin war nur sein Tarnname, sein Inkognitoname. Ihn benutzte Wladimir Iljitsch Uljanow, wie Lenin eigentlich hieß, ab einem bestimmten Zeitpunkt, um seine Verfolger in die Irre zu führen. Denn er wurde ständig ausgespäht und bespitzelt.

Bis heute erregt Lenin die Gemüter. Er veränderte das politische Parkett im 20. Jahrhundert wie kaum ein anderer Mann. Er fegte den mächtigen Zaren in Russland hinweg, verhalf dem Kommunismus zum Durchbruch und legte den Grundstein für den Aufstieg der Sowjetunion zur Weltmacht. Ein Drittel der Welt (!) war zeitweilig kommunistisch – auch wegen Lenin. Thomas Mann nannte ihn „eine kraftgeladene Verbindung von Machtwille und Askese, einen großen Papst der Idee, voll vernichtendem Gotteseifer".[1]

Viele lobten Lenins geniale taktische und strategische Begabung, seine Intelligenz und seine Weitsicht. Und trotzdem scheiden sich die Geister an Lenin, über den noch immer nicht die volle Wahrheit gesagt wird, bis heute!

Versuchen wir, diesem Lenin auf die Schliche zu kommen – und erzählen wir sein Leben zweimal, aus dem Blickwinkel seiner Befürworter und aus dem Blickwinkel seiner Gegner. Das ist immer ein höchst vergnügliches Experiment.

BIOGRAFIE NR. 1

Bevor wir konkret auf die Biografie eingehen, müssen wir zunächst zumindest ansatzweise die Zustände im alten Russland beleuchten. Man kann Lenin nicht verstehen, wenn man nicht ein wenig auf die Geschichte von „Mütterchen Russland" eingeht. Im Jahre 988 war erst Kiew, in den späteren Jahrzehnten und Jahrhunderten ganz Russland zum Christentum bekehrt worden. Das Christentum segnete in politischer Hinsicht die unbedingte Herrschaft des Zaren und damit gleichzeitig die prinzipielle Überlegenheit der Aristokraten und der Großgrundbesitzer ab. Auf welche Weise? Folgender Gedankengang lag zugrunde: Auch im Himmel gab es eine Hierarchie, eine Hackordnung, die von oben nach unten verlief. An der Spitze stand angeblich Gottvater, darunter angesiedelt waren die Engel, wieder darunter die Heiligen und so fort. Die Erde spiegelte diese Hackordnung wider – argumentierte man in den Kreisen der Aristokraten und Priester. Deshalb brauchte es einen starken Zaren, wie er später genannt wurde, einen absoluten Herrscher. Himmel und Erde mussten in Einklang stehen, die Regierung auf Erden musste die Regierung im Himmel widerspiegeln. Die hierarchische Gliederung schien also gottgewollt zu sein. Jedenfalls diente das Christentum in zahlreichen Ländern als Steigbügelhalter für viele Herrscher. Man dachte nicht mehr darüber nach, ob es auch eine andere, eine bessere Ordnung geben könne – oder eine andere Herrschaftsform. Und so wurde Russland jahrhundertelang mit eiserner Faust von einem Zaren regiert.

Die Großfürsten Iwan III. und Wassilij II. etablierten eine lupenreine Tyrannei in Russland, bis sich Großfürst Iwan IV. (1530–1584) als Erster zum russischen Zaren krönen ließ. Zar Iwan IV., auch der Schreckliche oder der Bedrohliche genannt, war ein Kriegstreiber, Unterdrücker und Barbar, wie man ihn sich schlimmer nicht vorstellen kann. Genau wie Zar Peter der Große (1672–1725). Auch er zeichnete sich durch eine unvorstellbare Brutalität aus. In seiner gesamten Regierungszeit führte er praktisch jedes Jahr Krieg. Er liebte den Krieg und presste dafür das Volk aus wie eine Zitrone.

Ersparen wir uns zahlreiche unappetitliche Details und halten wir nur so viel fest: Die Zarenherrschaft knebelte, von wenigen Ausnahmen abgesehen, das Volk, unterjochte es, degradierte es, hielt es gefangen und unterdrückte es. Nichts war schrecklicher als ein schrecklicher Zar! Und so wundert es nicht, dass eines Tages Teile des Volkes aufbegehrten und zu murren begannen.

Lenins älterer, von ihm abgöttisch verehrter Bruder hatte sich als Student der revolutionären Organisation *Narodnaja Wolja* (= Volkswille) angeschlossen. 1887 verhaftete ihn die zaristische Geheimpolizei, die Ochrana, da diese Organisation ein Attentat auf den Zaren Alexander III. plante. Der über alles geliebte Bruder wurde kurzerhand gehängt. Von Stund an war Lenin von einem unvorstellbaren Hass beseelt. In gewissem Sinne führte er das Leben seines Bruders fort, der das ungerechte, unterdrückerische zaristische System stürzen wollte. Lenin mutierte zum Revolutionär.

Dabei stammte Lenin eigentlich aus einer relativ privilegierten Schicht: Der Vater war als Oberlehrer für Mathematik und Physik zum Volksschulinspektor aufgestiegen und gehörte somit zum niederen Adel. Aber Lenin schloss sich als Student den marxistischen Sozialdemokraten an. Seine ganze Energie widmete er in der Folge der kommunistischen Revolution in Russland. Dadurch wurde sein Leben zu einer einzigen Hölle. Ständig war er auf der Flucht, tatsächlich musste er mehrmals ins Exil emigrieren, denn kontinuierlich war ihm die Ochrana auf den Fersen. Schon im Jahre 1887 wurde er, noch nass hinter den Ohren, wegen der Beteiligung an Studentenunruhen verhaftet und der Universität verwiesen.

Das hielt ihn jedoch nicht davon ab, sich weiter intensiv mit Marx zu befassen. Lenin studierte zeit seines Lebens Karl Marx, in dessen Gedankengängen er sich verirrte und die er im Grunde genommen eins zu eins übernahm. Er machte sich zumindest die Ideen von der (Welt-)Revolution zu eigen, die anscheinend überall am Horizont aufleuchtete, die Ideen von der klassenlosen Gesellschaft und den Hass Karl Marx' auf all die Ausbeuter und Kapitalisten. Im Gegensatz zu Marx aber war Lenin ein Mensch der Tat, er gedachte aktiv in das Geschehen einzugreifen und der Geschichte ein wenig auf die Sprünge zu helfen. Lenin glaubte an die Macht der „Partei", die Macht eines inneren Zirkels, der rigoros ein Ziel verfolgt – eine Erkenntnis, die richtig war und brisant. Hatte doch die Geschichte hundertmal zuvor bewiesen, dass eine Elite, eine Kampftruppe oder eine verschworene Gemeinschaft tatsächlich den Lauf der Geschichte verändern kann. Marx war ein Theoretiker, Lenin ein Praktiker. Und so arbeitete Lenin zeit seines Lebens unablässig daran, einer Partei Leben einzuhauchen und sie auf seine Ideen, Vorstellungen und Taktiken einzuschwören. Aber bleiben wir zunächst der Chronologie treu!

Lenin gelang es, als Externer ein Universitäts-Examen abzulegen: Er büffelte privat und meldete sich zum Examen an, das er bestand. Das Jahr 1892 sah ihn daraufhin als Rechtsanwaltsgehilfen in Petersburg. Gleichzeitig arbeitete er heimlich weiter in illegalen Zirkeln und machte gegen das Zarenregime mobil.

Er begab sich ins Ausland (Deutschland, Frankreich, Schweiz) und schloss sich mit verschiedenen illegalen marxistischen Gruppierungen kurz. Danach kehrte er nach Petersburg zurück, wo er die Marxisten zu einem Petersburger Kampfbund zur Befreiung der Arbeiterklasse umfunktionierte. Da schlug das Schicksal zu. In der Nacht vom 20. zum 21. Dezember 1895 wurde er urplötzlich verhaftet. Lenin schmorte 14 Monate in einer Einzelzelle im Gefängnis. Hier lernte er, wie man Nachrichten nach draußen schmuggelt. Da ihm Bücher zur Verfügung gestellt wurden, schrieb er mit Milch verschlüsselte Botschaften zwischen die Zeilen und gab die Bücher daraufhin zurück. In der Folge musste man die Buchblätter nur erwärmen, die Milch-Buchstaben wurden sichtbar und konnten von seinen Freunden entziffert werden. Die Milch füllte er zuvor in winzige Tintenfässchen, die er aus Brot geformt hatte. Erschien ein Aufseher, aß er die Tintenfässchen rasch auf.[2]

Lenin avancierte zu einem Meister der Täuschung. Dennoch wurde er nach Sibirien verbannt. Aber die Zeit der Verbannung war so schlimm nicht. Er durfte lesen, schreiben und spazieren gehen, ja sogar jagen und heiraten.

Im Jahre 1900 wurde Lenin entlassen – und stürzte sich sofort in neue revolutionäre Aktivitäten. Zwar stand er nun unter der Aufsicht der Geheimpolizei, dennoch arbeitete er hart an der Etablierung einer Zeitung, wohl wissend, dass nur ein Sprachrohr, das viele Menschen erreicht, seine Gedanken und Ideen verbreiten konnte. Nur so konnte er Gehör finden und die Massen beeinflussen.

Illegal fuhr Lenin abermals ins Ausland, wobei er verschiedene Tarnnamen benutzte (Wl. Iljin, Tulin, Meyer gar!), wenn er für seine Zeitung oder seine Ziele warb.

1903 fand der zweite Parteitag der Sozialdemokratischen Arbeiterpartei Russlands (SDAPR) in Brüssel statt. Lenin war in seinem Element! Ein Heer von Spitzeln der Ochrana spähte jedoch die Delegierten aus, sodass man den Parteitag nach London verlegte. Da sich die Delegierten nicht auf ein gemeinsames Programm einigen konnten, splittete sich die russische Arbeiterpartei (SDAPR) auf – es gab nun die *Bolschewiki* (= Mehrheitler), die sich um Lenin scharrten und die *Menschewiki* (= Minderheitler).

Nach dem Parteitag arbeitete Lenin weiter verbissen an seiner Zeitung. Tatsächlich erblickte das Projekt unter verschiedenen Namen das Licht der Welt. Lenin dazu im Originalton, 1904: „Heute haben wir die Frage des Organs [= der Zeitung] endgültig praktisch entschieden ... Die Kosten werden sich auf ungefähr ... pro Nummer belaufen. Für eine Nummer haben wir Geld ... die erste Zeit durchzuhalten, ist besonders schwierig.[3] Zeit seines Lebens hielt Lenin an diesem Sprachrohr fest, nichts schien ihm wichtiger. Der spätere Erfolg sollte ihm Recht geben.

Die Revolution, auf die Lenin so sehnsüchtig gewartet hatte, brach in Russland im Jahre 1905 aus. 140.000 Arbeiter marschierten friedlich mit Bittschriften zum Palast des Zaren in St. Petersburg, im Glauben, er werde ihnen bei ihren Nöten helfen. Aber der Zar war gar nicht in der Hauptstadt. Sein Stellvertreter ließ erbost auf die Demonstranten schießen. Das Ergebnis: Tausende wurden getötet oder verwundet. Tumulte brachen aus, und Streiks erblickten das Licht der Welt.

Lenin jubelte und schrieb wenig später aus dem Ausland: „Die Arbeiterklasse ... hat ihre Stimme erhoben. Mit schwindelerregender Schnelligkeit haben die breiten Arbeitermassen ihre fortgeschrittenen Kameraden, die ... Sozialdemokraten, eingeholt ... Der Streik wurde zum Generalstreik und mündete in eine nie zuvor gesehene kolossale Demonstration; das Ansehen, das dem Namen des Zaren anhaftete, ist für immer zerstört. Der Aufstand hat begonnen, Gewalt gegen Gewalt.[4]

Tatsächlich war dies das Fanal. Nun ging es Schlag auf Schlag. Innerhalb der Revolutionäre stritt man nur noch über die richtige Taktik; *dass* die Revolution vor der Tür stand, schien allen klar zu sein. Eilig wurde ein weiterer Parteitag anberaumt. Aber erneut war man nicht einer Meinung: Sollte man endlich den bewaffneten Aufstand wagen oder weiter nur auf Propaganda setzen? Wieder stritten sich die Bolschewiken mit den Menschewiken heftig.

Aber die Revolution war nicht mehr aufzuhalten, sie erfasste schließlich ganz Russland. Buchdrucker und Eisenbahner streikten, Fabrikarbeiter und Postler. Arbeiter-Abgeordnete wurden gewählt. Das politischste aller Worte, die Freiheit, war plötzlich in aller Mund.

Lenin juckte es in den Fingern. Er wollte, er musste nach Russland zurück, offenbar gärte es überall. Also kehrte Lenin eilig nach St. Petersburg zurück. Nun schrieb er fast täglich Artikel, die über das bolschewistische Organ *Nowja Shisn* (= Neues Leben) der Öffentlichkeit zugänglich gemacht wurden. Die Luft brodelte.

Ein weiterer Parteitag sollte den Zwist innerhalb der Sozialdemokratischen Arbeiterpartei kitten. Aber Einigkeit war längst nicht mehr herbeizuführen, die Fronten waren zu verhärtet. Lenin begann aufzuleben. Unter falschem Namen erschien er auf verschiedenen Versammlungen. Doch die Ochrana, die zaristische Geheimpolizei, war ihm ständig auf den Fersen. 1906 musste er erneut flüchten. Lenin ging nach Finnland, kehrte aber schon wenig später illegal nach St. Petersburg zurück. Jetzt war Lenin nur noch auf der Flucht und versuchte gleichzeitig das Feuer der Revolution zu schüren.

Aber an allen Ecken und Enden fehlte Geld. Lenin duldete Expropriationen (= Enteignungen), die er zwar nicht selbst organisierte, aber wahrscheinlich initiierte und zumindest guthieß. Überfälle auf Banken und Geldtransporte wurden arrangiert, die revolutionäre Arbeit musste ja finanziert werden. Nun wurde Lenin auch noch wegen Diebstahl und Räuberei gesucht. Fieberhaft fahndete die Polizei nach ihm; das zaristische System suchte alle Drahtzieher einer möglichen Revolution auszuschalten. Wieder floh Lenin. 1907 befand er sich in Schweden, wo er fast ums Leben kam. Denn selbst dort wurde er von der Geheimpolizei gejagt. Er verkleidete sich als finnischer Koch und entkam in die Schweiz.

Entschlossen versuchte Lenin, die Partei noch enger zusammenzuschweißen und sich weiter als ihr Führer zu positionieren. Wütend und leidenschaftlich schrieb er an gegen Andersgläubige, die eine andere Politik als die seine empfahlen. Erneut wurde das Geld knapp. Da vermachte ein reicher Russe den Bolschewiken ein Vermögen. Lenin jubelte, die ärgsten Probleme schienen gelöst zu sein.

Doch die Jagd auf ihn ging weiter. Erneut musste sich Lenin verstecken. Zwischendurch schrieb er sich die Finger wund und verfasste Artikel um Artikel, Abhandlung um Abhandlung, die später in verschiedenen kommunistischen Schulen wie heilige Schriften gelesen wurden. Lenin war unbestritten der Kopf der Bolschewiken, keiner kam ihm, was die politische Tagessituation anging, gleich an Intelligenz und Analyse-Vermögen. Er verfasste Broschüren und Schriften in reicher Zahl, schrieb Briefe an Parteigenossen in Russland und im Ausland und gab theoretische und praktische Ratschläge.

Da dräute der Erste Weltkrieg am Horizont. Eine Weile sah Lenin seine Felle davonschwimmen. Er tobte, dass die Arbeiter von den kapitalistischen Ländern nur missbraucht, nur verheizt würden in diesem verdammten Krieg. Da passierte es: Der Erste Weltkrieg brach aus und

163

wühlte von 1914 bis 1918 den halben Globus auf. Lenin war ratlos. Alle Welt richtete ihre Aufmerksamkeit auf diesen elenden Krieg, den er hasste wie die Pest, weil damit seine geliebte, heiß ersehnte Revolution unwichtig wurde. Auf der anderen Seite schwächte dieser Krieg auch das Zarentum. Die Deutschen besaßen eine gut geölte Kriegsmaschinerie und Russland war ihr Feind.

Als die Amerikaner in den Krieg eintraten, gerieten die Deutschen in Bedrängnis. Verzweifelt suchten sie Erleichterung an der Ostfront, in ihrem Kampf gegen die Russen. Also beschloss das deutsche Militär, Lenin, der sich gerade wieder einmal in der Schweiz befand, die Durchreise nach Russland zu gestatten. Denn immerhin gab es in Russland seit 1912 die *Prawda* (= die Wahrheit), eine rein bolschewistische Zeitung, Und es gab eine kleine, zu allem entschlossene Partei, die auf niemand anderen hörte als auf Lenin. Lenin reiste bei Nacht und Nebel aus. Eile tat Not! Er arrangierte sich selbst mit dem deutschen Generalstab, nur um aus der Schweiz nach Russland reisen zu dürfen. Ein Sonderwagen führte ihn und andere Emigranten quer durch Deutschland. Die Deutschen stellten den Kommunisten sogar Geld zur Verfügung, um den Berufsrevolutionär Lenin dazu zu benutzen, dem Zaren in Russland Schwierigkeiten zu bereiten und möglichst zu stürzen. Lenin nahm die Hilfe der Deutschen an. Hier ging es um höhere Dinge als um einen verdammten Krieg, es ging um die Weltrevolution, die auf Messers Schneide stand, wie er glaubte. In einem abgeschlossenen, plombierten Eisenbahnwagen gelangte Lenin in einer hoch geheimen Aktion über Schweden nach Russland.

Dort wurde er triumphal empfangen. Begeisterte Massen warteten bereits auf seine Führung. Lenin sagte der Regierung den Kampf an und rief die Sozialistische Weltrevolution aus. Er erklärte den bürgerlich-demokratischen Kräften in Russland den Krieg, aber auch den gemäßigten Sozialisten. Er schlug vor, den Staatsapparat, die Polizei und das Heer zu zerschlagen. Lenin rief zu Gewalt auf. Und die Ereignisse überschlugen sich. Die Bolschewiken, seine Partei, erfuhren einen ungeheuren Zulauf. Schon bald gab es über 80.000 Parteimitglieder.

Auf der anderen Seite stand der starke Mann Alexander Kerenski, der Ministerpräsident der vom Zar eingesetzten Provisorischen Regierung. Kerenski wollte Russland vor der Revolution retten. Doch die Bolschewiki schürten die Konfusion und setzten auf Massendemonstrationen. Sie stifteten Unruhe. Ein Haftbefehl gegen Lenin wurde erlassen. Doch jeder Aufruhr, jede Empörung nutzte nur Lenin! Die Deutschen jubelten heimlich hinter den Kulissen. Ja, das war ihr Mann!

Gerüchte, Lenin sei ein deutscher Spion, wurden in Umlauf gebracht. Aber alles nützte nichts. Im Gegenteil: Die Partei wuchs in null Komma nichts auf über 240.000 Mitglieder. Lenin war in seinem Element. Er brachte die Massen noch weiter auf und agitierte. Da wurde ihm der Boden zu heiß. Noch einmal musste Lenin fliehen – wieder begab er sich nach Finnland. Er rasierte sich den Bart ab und zog eine Perücke an, um die verräterische Glatze zu verbergen. Als Lokomotivheizer namens Konstantin Petrowitsch Iwanow fuhr er über die finnische Grenze.

Die russische Revolution war trotzdem nicht mehr aufzuhalten. Jetzt wurde der Umsturz planmäßig vorbereitet. Ihr Kopf war Lenin. Die Zentralstellen der Flotte und der Truppen sollten laut Lenins Befehl „ohne Rücksicht auf die Höhe der Verluste" besetzt werden. Gewehre und Handgranaten wurden ausgegeben. Offiziersschulen sollten angegriffen und besetzt werden, ebenso Telegrafen- und Telefonämter. Lenin wusste: Kommunikation ist alles. „Lieber allesamt zugrunde gehen als den Feind durchlassen", so lautete seine Parole. Alles wurde minutiös vorbereitet. Verkleidet tauchte Lenin erneut illegal in Russland auf. Und dann schlug er zu. Die Bolschewiken siegten in der berühmten Oktoberrevolution im Jahre 1917.

Lenin wurde zum Vorsitzenden des Rats der Volkskommissare gewählt, sprich zum Regierungschef. Damit hielt er die Zügel in der Hand, von einem Tag auf den andern war er einer der mächtigsten Männer der Welt. Aber ihm war klar, dass das alles nur der Anfang war. Noch einmal steigerte sich die Geschwindigkeit, fast ins Undenkbare. Der alte Fuchs wusste sehr wohl, dass es leichter ist, die Macht zu erringen als sie zu erhalten. Also schwor er seine Parteigänger auf seine neuen Strategien ein. Aufrufe erschienen, ein Staat musste neu organisiert werden – eine Herkulesaufgabe!

Der Grundbesitz sollte den alten, fetten, schmarotzenden Aristokraten entrissen und den Bauern zurückgegeben werden. „Friede den Hütten, Krieg den Palästen", lautete die Parole. Die Arbeiter sollten die Kontrolle über die Produktion erhalten. „Es lebe die Revolution der Soldaten, der Arbeiter und Bauern!", tönte Lenin.

Lenin schloss mit Deutschland einen Separatfrieden ab, der den Deutschen eine Zeit lang die Illusion vermittelte, sie könnten den Ersten Weltkrieg noch gewinnen. Russland musste riesige Gebiete abtreten.

Lenin zog in den Kreml in Moskau ein und dirigierte von hier aus die Staatsgeschäfte. Da erkannte Lenin mit mittlerem Entsetzen, dass nicht die gesamte Bourgeoisie verteufelt werden konnte. Sie war notwendig, um die Produktion anzukurbeln. Zähneknirschend wich er von seinen ursprünglichen Forderungen ab, jeder solle den gleichen Lohn erhalten – nämlich den eines Durchschnittsarbeiters. Seine Polit-Philosophie erhielt die ersten Risse. Mit Agitation und Schlagworten allein lässt sich kein Staat leiten, erkannte er.

Außerdem war die Opposition noch immer mächtig. Also machte sich Lenin daran, sie gnadenlos zu zerschlagen. Es wurde zu einem Kampf auf Leben und Tod. Zeitungen, in denen die Arbeiter zum Streik aufgehetzt wurden, verbot er. Gefängnisstrafen wurden verhängt, Erschießungen angeordnet. Knapp überlebte er selbst ein Attentat. Lenin hielt dennoch unbeirrbar an seinem großen Ziel fest: der Weltrevolution. Dazu, so belehrte er seine Umgebung, müsse man alle Kniffe und Tricks der Politik einsetzen. Noch immer schwebte ihm eine klassenlose Gesellschaft vor.

Um dieses Ziel zu erreichen, gebärdete er sich schlimmer als jeder Diktator. Stalin wurde unter ihm der Mann fürs Grobe, der auch unpopuläre Entscheidungen durchsetzte – wofür er im Gegenzug immer höher in der Hierarchie der Kommunisten aufstieg. Als die

Opposition Lenin ans Leder wollte, schlug er hart zurück, dem Weißen Terror begegnete er mit dem Roten Terror. Der Weiße Terror wurde von „Bürgerlichen", Monarchisten, Aristokraten und Offizieren in Szene gesetzt, während der Rote Terror die Gegenmaßnahmen der kommunistischen Bolschewiki bezeichnete.

Es kam zum Bürgerkrieg, der bis 1920/21/22 andauern sollte. Auf beiden Seiten wurde gemordet und getötet. Grauenhafte Gewalttaten auf beiden Seiten forderten Millionen Tote.

Die USA, Großbritannien und andere Staaten unterstützten die Weißen Truppen. Lenin schreckte nicht davor zurück, in diesem Bürgerkrieg härter und härter zuzuschlagen. Lenin: „Organisiert umgehend Massenterror, erschießt und deportiert die Hundertschaften von Prostituierten, die die Soldaten in Trunkenbolde verwandeln, genauso wie frühere Offiziere."[5]

Lenin, der neue Staatschef, ordnete sogar die Einrichtung eines Konzentrationslagers an! Die Idee, den Terror abzuschaffen, bezeichnete er als eklatanten Fehler, ja als Selbsttäuschung, der man sich nicht hingeben dürfe. Lager für Regimegegner wurden eingerichtet. Aufstände, wie beispielsweise ein gegen die Bolschewiken gerichteter Matrosenaufstand, wurden brutal niedergeschlagen – obwohl es sich um russische Arbeiter handelte. Lenin war nicht gewillt, klein beizugeben, jetzt da er die Zügel in der Hand hielt. Die zaristische Geheimpolizei verschwand in der Versenkung, und eine neue Geheimpolizei, die Tscheka, erblickte das Licht der Welt – kaum weniger bestialisch als die frühere Ochrana. Lenin befahl, alle Gegenkräfte hinwegzufegen. Streiks und Demonstrationen waren nicht mehr erlaubt. Selbst die innerparteiliche Diskussion wurde ausgeschaltet, Fraktionen innerhalb der Kommunistischen Partei wurden verboten. Die Demokratie verlor, die Diktatur gewann. Ein kommunistischer Apparatschik entstand, eine Bürokratie, die Lenin persönlich zwar hasste, aber ohne die er offenbar nicht auskam. Die Rechte und Freiheiten der Massen wurden immer weiter eingeschränkt. Idealistische Zielvorstellungen wurden den politischen Notwendigkeiten geopfert.

Lenin selbst litt wie ein Hund. Im letzten Augenblick, nach mehreren Schlaganfällen, versuchte er zwar noch, Stalin als Nachfolger zu verhindern, aber es war zu spät. Schließlich starb Lenin, „infolge übermäßiger geistiger Tätigkeit", wie ein Bewunderer das ausdrückte, in Wahrheit aber an einem Bluterguss im Gehirn.

Ein unvorstellbarer Personenkult entstand rund um Lenin. Lenin wurde wie ein Held verehrt. Überall fasste der Kommunismus Fuß und eroberte rund ein Drittel des gesamten Planeten. Lenin war unsterblich.

BIOGRAFIE NR. 2

So könnte man das Leben Lenins nachzeichnen, aber wieder einmal würde es sich dabei nicht einmal um ein Zehntel der Wahrheit handeln. Natürlich wurde das Leben Lenins im Nachhinein vollständig idealisiert, schließlich galt es, eine Vater- und Führerfigur aufzubauen und den Kommunismus zu promoten. Tatsachen wurden unterschlagen und Dokumente sorgfältig weggeschlossen, die teilweise bis heute (!) nicht das Licht der Welt erblickt haben. Dennoch sickerten mehr und mehr Unappetitlichkeiten über den „großen" Lenin durch, die wir nun zumindest ansatzweise nachtragen wollen: Konzentrieren wir uns dabei nicht mehr auf die Chronologie, sondern geben wir einzelnen Themen den Vorzug:

FOTOGRAFIEN

Schon die Fotografien, die Lenin darstellen, wurden teilweise retu-schiert, verfälscht und geschönt. In Wahrheit hatte Lenin ein bäurisches Allerweltsgesicht mit groben, breiten Backenknochen und einem mongolischen Augenschnitt. Hervorstechend war die frühe Stirnglatze und später der runde, kahle Schädel, den Lenin oft durch eine Schirmmütze zu verstecken suchte, sowie der Bart, der wohl ein Gegengewicht zu der Glatze bilden sollte.

EMOTIONEN

Aber das Aussehen ist relativ unwichtig. Wie stand es um seine Emotionen? Auf welchem Emotionsniveau bewegte sich Lenin? Wie behandelte er seine Mitmenschen? Biografen, die sein Leben sorgfältig durchleuchteten, fanden heraus, dass er anderen Menschen sehr oft knurrig und zornig begegnete und abgrundtief hassen konnte. Er verachtete, hasste und verleumdete selbst ehemalige Mitarbeiter und Mitstreiter. Tatsächlich verachtete und hasste er fast jeden: den Zaren, die Adligen, die Bourgeoisie und das Establishment. Selbst die Sozialdemokratie, der er doch so viel verdankte, war ihm nicht radikal genug. Sie hasste er vielleicht am innigsten. Er bewegte sich stets innerhalb eines primitiven Freund-Feind-Schemas: Wer nicht für ihn war, war gegen ihn.

Und weiter: Laut Augenzeugen war er ungeheuer rechthaberisch und allzuoft wütend. Mit seinem „hypnotischen Blick" suchte er alle zu seiner Meinung zu bekehren.

INTELLIGENZ

Doch war Lenin nicht auf der anderen Seite ein ausnehmend kluger, gescheiter Mensch? Biografen, die ihn idealisierten, sprachen von seiner überragenden Intelligenz und dem Umstand, dass er ein ausgezeichneter Schüler war, was wahr ist. Aber sie vergaßen zu erwähnen, dass er beispielsweise recht spät laufen lernte, sich häufig in der Einschätzung politischer Gegebenheiten irrte und im Grunde genommen nur Karl Marx nachbetete, den er ständig zu kopieren suchte. Selten dachte er selbstständig. Marx war für ihn der Gott, den er anbetete.

CHARAKTER

Wie stand es um seinen Charakter? Grundsätzlich könnte man Lenins gesamtes Leben auch auf eine andere Art lesen – nicht so spannend, wie wir es zunächst dargestellt haben: Tatsächlich war Lenin ständig auf der Flucht. Permanent musste er sich verstellen, verkleiden und lügen. Das prägt einen Charakter oder definiert ihn sogar. Die Heimtücke war sein Metier, die Lüge sein tägliches Brot. Weiter zeichnete er sich durch eine unvorstellbare Brutalität aus, und als er die Mittel dazu besaß, ließ er bedenkenlos töten und morden und redete der Gewalt das Wort.

GELD

Das heißeste Thema ist natürlich das liebe Geld. Wie viele Kommunisten hatte Lenin ein schizophrenes Verhältnis zu Geld. Gern vergessen wird der Umstand, dass Lenin nie oder selten wirklich arbeitete – er konnte es sich leisten. Kurz gesagt schmarotzte er. Die Familie (Vater/Mutter) verfügte über eine stattliche Rente, es gab Einkünfte aus einem Landgut, das aus der Mitgift der Mutter erworben worden war. Ein Pächter bewirtschaftete dieses Gut, auf dem viele Bauern hart arbeiteten. Als eine Hungersnot unter ihnen ausbrach, forderte Lenin vom Pächter trotzdem die volle Pachtsumme. Der gab das Problem an die Bauern weiter und presste das Geld gnadenlos aus ihnen heraus. Lenin war also selbst ein lupenreiner Ausbeuter, wenn es um seine finanziellen Belange ging!

Nicht anders als Karl Marx jagte Lenin dennoch ständig dem Geld hinterher, in seinem Fall jedoch, um die Partei und die politischen Aktivitäten finanzieren zu können. Je und je schrieb er Bettelbriefe, statt ehrlicher Arbeit nachzugehen. Ein (späterer) den Bolschewiken zugetaner Anhänger vererbte ihnen einen ungeheuerlichen Besitz, den sich Lenin (unrechtmäßig) unter den Nagel riss. Er kämpfte mit Zähnen und Klauen darum.

Stalin, sein Mann fürs Grobe, organisierte darüber hinaus Expropriationen (= Enteignungen), er stahl wie eine Elster – wir werden darauf noch genauer zu sprechen kommen. Für die gute Sache wurden Banken ausgeraubt, Geldtransporte überfallen und gestohlen. Lenin war nichts als ein gewöhnlicher Räuber und Dieb.

Von deutschen Militaristen ließ sich Lenin überdies mit riesigen Summen bestechen. Führen wir uns diese Ungeheuerlichkeit, die sich kurz vor der russischen Oktoberrevolution (1917) ereignete, noch einmal im Zitat und im Detail zu Gemüte: „Hinter den Kulissen und ungesehen von allen kam es auf einmal zu dem seltsamsten Bündnis, das man sich vorstellen kann, einem Bündnis zwischen dem deutschen Kaiserreich und einem russischen Revolutionär namens Lenin! Kurz gesagt unterstützte das deutsche Kaiserreich diesen Lenin, der allerdings im Exil in der Schweiz festsaß. In einer hoch geheimen Aktion erlaubte man Lenin, in einem deutschen Güterzug durch Deutschland über Finnland in Russland einzureisen, nachdem man ihm die Hände gesalbt, sprich mit ordentlichen Bestechungsgeldern versehen hatte. Sein ‚Job‘: für weitere Unruhe hinter den Linien zu sorgen, der neuen russischen Regierung die Hölle heiß zu machen, Öl in das Feuer zu gießen und Aufstände zu entfachen. Deutschland half den Bolschewiki hierbei mit Munition und Waffen und insgesamt 26 Millionen Mark, nach heutigem Wert rund 80 Millionen Euro.

‚Lenins Eintritt in Russland geglückt. Er arbeitet völlig nach Wunsch‘, drahtete der Leiter des deutschen Nachrichtendiensts in Stockholm an den Generalstab im Jahre 1917 nach Berlin. Lenin wurde nun in Russland aktiv, der Berufsrevolutionär sorgte geschickt für weitere Unruhen. Das heißt, der rhetorisch hochbegabte, scharfzüngige Marxist propagierte jetzt unermüdlich seine Parolen und rührte die Trommel für die ‚kommunistische Weltrevolution‘. Deutschland unterstützte Lenin nach Kräften. Weitere Züge aus der Schweiz mit Hunderten von Revolutionären wurden heimlich nach Russland geschleust. Die zerstörerische Propaganda [der Bolschewiken] in Russland erreichte unvorstellbare Ausmaße.

Lenin und seine Helfershelfer forderten lautstark ‚Frieden‘ sowie eine Um- und Neuverteilung des Landes. Die Basis und der Einfluss der Bolschewiki vergrößerten sich, weitere deutsche Gelder halfen Lenin, Leute zu kaufen und Bestechungsgelder in die richtigen Taschen zu stecken." [6]

Lenin war nichts anderes als ein korrupter Demagoge, dessen ganzer Wert für die Deutschen in dieser Zeit darin bestand, dass er das russische Volk aufhetzen konnte – das war sein wirkliches Talent. Und: Lenin war bestechlich.

LIEBE

Blättern wir weiter im Sündenkatalog des Herrn Lenin: Als sich Lenin in Frankreich im Exil befand, noch vor der Oktoberrevolution, betrog Lenin seine Ehefrau und unterhielt ein heimliches Verhältnis. Das wurde von den Kommunisten später wegretuschiert – es hätte nicht ins Bild gepasst. Überhaupt war sein Verhältnis zur Liebe recht seltsam. So riet er seiner Geliebten, die gerade ein Traktat über die Ehe und die Liebe verfasste, die „kleinbürgerlich-intelligenzlerisch-bäuerliche Liebe, die spießige und schmutzige Ehe *ohne* Liebe der proletarischen Zivilehe *mit* Liebe gegenüberzustellen." [7]

Als ob ein Bürger weniger lieben könnte als ein Arbeiter! Wie vernagelt kann man sein? Alles ordnete Lenin seiner fixen Idee unter, der kommunistischen Idee, selbst wenn die Schlussfolgerungen noch so hirnrissig waren.

In allen geschichtlichen und persönlichen Ereignissen wollte dieser Narr nur die Klassenproblematik herausarbeiten. Wie eingleisig kann man denken? Lenin war ein Besessener, ein Fanatiker und ein Mann mit Scheuklappen.

Die wahren Vergehen

Aber all das hat fast keine Bedeutung im Verhältnis zu seinen wahren Vergehen. Tatsache ist: Lenin galten Morde überhaupt nichts – wenn sie nur seinen Zielen dienten. Auf Lenins Konto gehen rund 7 bis 10 Millionen Tote. Lenin lud **Massenmorde** auf sein Gewissen, als es darum ging, seine Macht zu zementieren (zur Erinnerung: 10 Millionen Tote gab es im gesamten Ersten Weltkrieg!). Und vergessen wir nicht: Auch der Rote Terror wurde von Lenin gutgeheißen und initiiert.

Vieles nachtragen könnte man auch, als sich Lenin endlich an der Macht befand. Jetzt zeigte er sein wahres Gesicht: Lenin verstaatlichte die Banken, ließ zusätzliches **Geld** drucken – und führte so eine furchtbare Hyperinflation herbei, die alle existierenden Münzen und Geldscheine entwertete. Lenin verstand nichts, aber auch gar nichts von Finanzen. Er enteignete kaltblütig die privaten Unternehmen, die ihre Firmen ohne Entschädigungen abtreten mussten, ohne zu wissen, dass man damit ein Land in den Ruin treibt. Lenin kapierte nie, dass Unternehmer die meisten Arbeitsplätze schaffen und eine der Hauptsäulen für den Wohlstand sind.

Lenin bekämpfte auch die **Religion** bis aufs Messer. Kirchengüter und geweihte Gegenstände wurden einfach konfisziert, also beschlagnahmt und gestohlen. Lenin im Originalton: „Je mehr Vertreter des reaktionären Priesterstandes und der reaktionären Bourgeoisie an die Wand gestellt werden, desto besser für uns. Wir müssen all diesen Leuten unverzüglich eine solche Lektion erteilen, dass sie auf Jahrzehnte hinaus nicht mehr an irgendwelchen Widerstand denken werden."[8]

Also wurden Priester und Gläubige das Ziel der Bolschewiken. Rund sieben Achtel aller Kirchen wurden geschlossen und über 14.000 Geistliche, Nonnen und Laien erschossen. Katholische, jüdische und muslimische Minderheiten jagte man wie Tiere und inhaftierte sie.

Auch die **Intellektuellen** wurden drangsaliert. Wissenschaftliche Kongresse durften unter Lenin nur noch dann stattfinden, wenn die Geheimpolizei informiert worden war und sie es abgenickt hatte. Führende

Wissenschaftler, Künstler und Studenten wurden verbannt, ins Gefängnis gesteckt oder erschossen, wenn sie aufmuckten. Die Listen der Opfer wurden von Lenin selbst korrigiert, eine Mordwelle schlug über dem Land zusammen. Die nackte Angst begann zu herrschen.

Selbst die **Arbeiter**, mit deren Hilfe er doch die Macht an sich gerissen hatte, wurden nicht besser behandelt. Als einige Arbeiter unter seiner Herrschaft streikten, sandte Lenin Panzerwagen und erneut die Geheimpolizei. 200 Streikführer wurden festgenommen und erschossen.

Auch die **Bauern** betrog Lenin: Getreide beispielsweise wurde per Befehl und Zwang eingezogen, um die hungernden Mäuler in Russland zu stopfen – kein Wunder bei dieser verfehlten Wirtschaftspolitik! Schon zu Lebzeiten Lenins kam es zu einer Spaltung zwischen ihm und der Bauernschaft, die er zuvor doch so hoch gepriesen und gehörig eingeseift hatte.

Lenin dachte also nicht im Traum daran, seine Versprechen einzulösen und eine Diktatur des Proletariats zu wagen, als er einmal an der Macht war. Die Tscheka erstickte alle Gegenstimmen im Keim, weit brutaler, als es je zuvor das zaristische Regime getan hatte. Kurz gesagt, endete diese Revolution im Terror, sie scheiterte – nicht anders als nebenbei bemerkt die Französische Revolution. Deren Ergebnis war Napoleon, ein Ungeheuer auf dem Thron.

Revolutionen, so lernen wir noch einmal, funktionieren in der Geschichte selten oder nie. Sie verschlimmern gewöhnlich nur eine Situation.

Grundsätzlich liebte Lenin die Gewalt. Er redet dem Krieg das Wort – solange der Krieg nur dem Kommunismus, der Weltrevolution diente, ein Wahn, ein Floh, den ihm Karl Marx ins Ohr gesetzt hatte. Dafür konspirierte und intrigierte er, dafür ließ er Menschen mit seinem zynischen Lächeln kaltblütig über die Klinge springen.

Psychologisiert man, muss man feststellen, dass Lenin nur das Leben seines Bruders fortsetzte, der von dem ungerechten zaristischen Regime aufgeknüpft worden war. Außerdem war er mit Haut und Haaren Karl

Marx verfallen, der ihm die intellektuellen Rechtfertigungen für seine Grausamkeiten mundgerecht serviert hatte.

Letztlich war Lenin nichts als ein Fanatiker, ein skrupelloser Demagoge und ein Terrorist, der sich eine politische Philosophie, die ohnehin geisteskrank und jedenfalls nicht wissenschaftlich war, zurechtbog, um seine Morde abzusegnen. Er war zweifellos ein Paranoiker, ein Verbrecher, ein machtlüsterner Krakeeler und ein Massenmörder. Er liebte den Kampf, den Krieg und die Geheimdienste – wie praktisch alle antisozialen Persönlichkeiten, die sich im politischen Raum tummeln. Er war der Prototyp des Demagogen, der mit Listen und Kniffen, mit Gewalt und Heimtücke operiert; er versprach den Menschen den Himmel auf Erden, die er in eine Hölle verwandelte, als er an der Macht war. Er sprach geschickt den Neid an und missbrauchte die Kategorie Mitleid, um seine verbrecherischen Ziele zu erreichen.

Der Kommunismus, ungeschminkt

Lenin ist für die weltweite Verbreitung des Kommunismus schuldig zu sprechen. Der grausame Stalin, den er großgezogen hatte, mordete noch weitaus hemmungsloser als Lenin. Mit seinen Traktaten, Schriften, Briefen und Reden ebnete Lenin auch Massenmördern wie Mao Tse-tung den Weg. Die gesamte Bagage der gewalttätigen Kommunistenführer, wie Chruschtschow, Breschnew und so fort, ist nicht denkbar ohne Lenin; genauso wenig wie Fidel Castro, der in Kuba ein Terrorregime errichtete, von wo aus er halb Südamerika mit dem kommunistischen Bazillus zu infizieren versuchte; oder der Schlächter Ceausescu, der Bluttrinker von Rumänien.

Der Kommunismus fegte überall demokratische Bestrebungen hinweg, errichtete einen elenden Apparatschik, der die Menschen unterdrückte, manipulierte die Menschen in eine verrückte Polit-Philosophie hinein, die nie funktioniert hat und nie funktionieren wird, mordete in größten

Größenordnungen, errichtete allerorten Diktaturen und raubte den Menschen das Geld und die Güter. Er vernichtete überall spirituelle Ansätze und versuchte den Menschen zu einem Stück Materie zu degradieren. Der Kommunismus tötete mit seinen „politischen Säuberungen", mit Hungersnöten, die auf ihn zurückzuführen sind, mit seinen Kriegen und seinen unvorstellbar brutalen Geheimdiensten mehr Menschen als der Faschismus.

In China kostete der Kommunismus zwischen 60 und 80 Millionen Menschen das Leben, wie neuerliche Untersuchungen ergaben. In der Sowjetunion wurden 20 bis 40 Millionen getötet, Afrika hat bislang rund 1,7 Millionen Menschenleben zu beklagen, Afghanistan 1,5 Millionen, Nordkorea 2 Millionen, Kambodscha 2 Millionen, Osteuropa 1 Million, Vietnam 1 Million und Lateinamerika 150.000.[9]

Der Kommunismus tötet. Er tritt die Menschenrechte mit Füßen, ist gegen die Freiheit, gegen Gerechtigkeit, tritt für den Krieg ein, und ihn kümmert die Wirtschaft einen feuchten Kehricht. Das ökonomische Wohlergehen der Menschen könnte ihm nicht gleichgültiger sein, obwohl er das Gegenteil vorgibt. Es gehört nicht viel Intelligenz dazu, den Kommunismus zu verdammen. Die Zahlen sprechen ihre eigene Sprache.

NOCH EINMAL: LENIN

Und so muss unser Fazit über Lenin vernichtend ausfallen. Die gesamte kommunistische Propaganda, die von Lenin das Bild des humanen Revolutionärs und perfekten Ehegatten schuf, ist erstunken und erlogen.

Systematisch unterschlug man, dass Lenin dem Adel angehörte, den Terror unterstützte, das Blut von Millionen Menschen an den Händen kleben hatte und dass er die Freiheit und die Demokratie mit Füßen trat. Es hätte nicht ins Bild gepasst.

Geschichte wurde manipuliert und seine Biografie gefälscht. Auch eine Auslassung ist ja eine Fälschung. Es handelte sich bei Lenin um einen Staatsverbrecher, der um ein Haar den gesamten Planeten Erde mit sich in den Abgrund gerissen hätte! Das selbstständige, ethische Denken wurde durch ihn mindestens um ein Jahrhundert zurückgeworfen. Lenin zeichnet für einen ungeheuren intellektuellen Rückschritt verantwortlich, auch und gerade in Bezug auf politische Philosophie. Er war nichts als ein Massenmörder, der sich als hoch intellektueller Politiker tarnte – ein Mäntelchen, das er benutzte, um andere zu blenden und in die Irre zu führen.

Heute weiß man, dass ein Staatswesen nur dann blüht und gedeiht, wenn erstens Freiheit großgeschrieben wird, zweitens Gerechtigkeit für alle gegeben ist, drittens die Wirtschaft nach oben geführt wird und viertens Kriege mit allen Mitteln vermieden werden.[10]

Diese Prinzipien führen in die richtige Richtung: Nötig sind niedrige Steuern, ein gesundes Finanzwesen, Förderung aller produzierenden Gruppen, gleichgültig, ob sie „oben" oder „unten" angesiedelt sind, Verhinderung von Monopolen, auch Staatsmonopolen, Liberalität, Menschenrechte, ein fähiger und hoch ethischer Beamtenapparat, der nicht aufgebläht ist und den Produzierenden dient, Freiheit des Wortes, Handelsfreiheit, Berufsfreiheit, Freiheit des Wohnortes, Pressefreiheit, Freiheit der Religion, Freiheit der Wissenschaften, Toleranz, Förderung der Künste, Förderung der Ausbildung und der Schutz der Tier- und Pflanzenwelt.

Lenin versagte in all diesen Punkten. Er kannte nur den Kampf und den Krieg, seine Antwort auf alle Probleme war die Unterdrückung durch den Geheimdienst und das Militär sowie seine ewige Propaganda, die gebetsmühlenartig wiedergekäut wurde. Welch ein armseliger Teufel, was wirkliches, funktionierendes, politisches Know-how angeht!

Fassen wir zusammen: Lenin war ein Knastbruder, ein gewalttätiger Demagoge, ein fanatisierter Aufrührer, ein Kriegshetzer, der Gründer eines bluttrinkenden Geheimdienstes, ein Propagandist und Lügner, wie er im Buche steht, ein blutdurstiger Terrorist, ein Dieb und Räuber, ein korrupter Schmarotzer, ein Religionenhasser, ein Lügenbold, der Arbeiter und Bauern betrog, und vor allem ein gewissenloser Massenmörder. Er streute mit seinen Parolen und seiner Propaganda den Menschen Sand in die Augen, bis sie blind wurden und in ihrer himmelschreienden Not glaubten, er würde ihnen helfen. Lenin war einer der gewalttätigsten Großverbrecher des 20. Jahrhunderts.

TEIL 3, KOBA

Untersuchen wir eine weitere Gestalt, um dem Rätsel des Kommunismus weiter auf die Spur zu kommen. Koba war eine der „Lichtgestalten" des Kommunismus. Auch bei ihm begegnen wir Geschichtsfälschungen en masse.

Versuchen Sie zu erraten, um wen es sich bei Koba handele! Geboren wurde er als Sohn eines ehemaligen Leibeigenen, der seinen Sohn verprügelte und wie ein Loch soff, sowie einer frömmelnden Mutter, die am liebsten Nonne geworden wäre. Früh steckte man Koba in ein Priesterseminar zu den Jesuiten. Jesuiten waren hochgebildet und dialektisch geschult (lange bevor der Kommunismus diesen Begriff für sich okkupierte). Ihre rhetorischen Schulungen waren legendär, in propagandistischer Hinsicht konnte ihnen niemand das Wasser reichen.

Der Einfluss der Jesuiten im Erziehungswesen war phänomenal, aber sie mischten sich auch in die hohe Politik ein und waren Beichtväter und Berater von Königen.

In dieser Umgebung, bei den Meistern der Rhetorik, wurde Koba ausgebildet. Später sollte er selbst ein Meister der Propaganda werden. Schon früh kam Koba in Berührung mit dem Marxismus. Zunächst schloss er sich der Sozialdemokratischen Arbeiterpartei Russlands an. Als politisch verdächtig schloss man ihn jedoch früh aus – und Koba entschied sich, Berufsrevolutionär zu werden. Er ging in den Untergrund. In der Folge wurde Koba von der Polizei gejagt und gehetzt wie kein zweiter.

Als man ihn endlich schnappte, landete er zunächst im Gefängnis. Daraufhin wurde er nach Sibirien verbannt, aber es gelang ihm, in einer abenteuerlichen Flucht zu entkommen. Er kehrte zurück ins Herz Russlands und operierte weiter außerhalb der Gesetze. Schließlich leitete er illegal einige Zeitungen, aber immer war ihm die Geheimpolizei dicht auf den Fersen. Er machte sich der marxistischen Bewegung unentbehrlich, indem er für Geld sorgte. Er organisierte Überfälle auf Banken, überfiel Geldtransporter und knackte Geldtresore. Er beschaffte Geld auf jede vorstellbare Art und Weise. Man könnte ihn als einen ganz normalen Räuber bezeichnen, als einen Kriminellen, eine Art russischen Banditen, durchaus vergleichbar einem US-Gangster, der Postkutschen überfällt oder Banken. Koba machte sich einen Namen als Räuber und Geldbeschaffer.

Menschen kamen bei diesen Raubüberfällen ums Leben, aber ein Menschenleben galt Koba nichts. Heute würde Koba in einem ausbruchsicheren Gefängnis verschimmeln, aber diesem Banditen gelang es, zu höchsten Ehren aufzusteigen, ja, es gelang ihm, die Erfolgsleiter bis ganz nach oben zu erklimmen. Er wurde mächtiger als jeder Zar, der Russland je regiert hatte!

MACHT UND MAGIE DER PUBLIC RELATIONS

Vielleicht ist nie wirklich offen über die Kunst der Beeinflussung der Massen auf diesem Planeten gesprochen worden. Tatsache ist jedoch, dass von frühesten Zeiten an politische Macht stets mit Manipulation einherging. Es würde den Rahmen dieses Buches sprengen, alle Methoden der Beeinflussung aufzulisten, aber die Propaganda spielte schon immer eine besondere Rolle. Aufpeitschende Worte, Slogans und eingängige Formeln prasselten jedenfalls wie ein Trommelfeuer auf das russische Volk nieder.

Es galt vorgeblich, die Diktatur des Proletariats zu errichten. Dazu brauchte man einen Woschdsch, einen Führer. Und man brauchte Organe zur Publikation. Zur wichtigsten Zeitung avancierte die *Prawda*, was übersetzt Wahrheit bedeutet (der Hohn könnte nicht vollkommener sein). Eingesetzt wurden alle Mittel der Public Relations. Schon um 7 Uhr morgens sendeten die Rundfunkanstalten die Leitartikel der *Prawda*. Das Märchen vom Internationalen Imperialismus wurde erfunden, der angeblich die gesamte Welt unterjochen wollte. Auf der anderen Seite wurde der Führer systematisch aufgebaut, eine Leitfigur, eine Kultfigur, überlebensgroß, gottgleich und unfehlbar. Koba avancierte zu diesem Woschdsch, er wurde zum Papst der Kommunisten. Dies alles gelang ihm mit den hochintelligenten, zum Teil infamen, unglaublichen Mitteln der Public Relations, zu denen wir später noch einiges nachtragen werden.

Der Unbeugsame

Fahren wir zunächst mit der Lebensgeschichte Kobas fort. Koba besaß viele Namen: Koba bedeutete so viel wie der Unbeugsame. Aber er nannte sich auch David, Nischeradse, Tschischikow oder Iwanowitzsch, alles Pseudonyme, die verraten, womit er sich wirklich beschäftigte. Kobas eigentliche Fachgebiete waren die Spitzelei und die Demagogie. Seine Ausbildung bei den Jesuiten hatte in einer gewissen rhetorisch-demagogischen Schulung bestanden, sein Talent lag im Agitieren, Lavieren und Töten. In der marxistisch-leninistischen Bewegung war er von Anfang an der Mann für das Grobe, denn er schreckte auch in der Folge nicht vor ein paar kleinen Morden zurück. Von Anfang an förderte ihn Lenin. Der geißbärtige Lenin brauchte einen solchen Mann, der ideologisch fest gezimmert im Marxismus stand und nicht allzu zimperlich war. Koba war Lenins Besen, mit dem er kehrte. Ohne Lenin ist Kobas Aufstieg nicht denkbar. Sie haben es längst erraten, um wen es sich handelt: Koba war kein anderer als Stalin.[1]

Stalin diente Lenin wie ein Mönchlein seinem Abt. Lenin war für ihn eine Art Ersatzvater, ein Übervater. Immer wieder wurde Stalin von der politischen Polizei gejagt, Lenin half ihm mehr als einmal aus der Patsche. Lenin förderte den Aufstieg seines geistigen Ziehsohnes mit allen Mitteln. Das Jahr 1922 sah Koba, David oder Josef Stalin, das ehemals einfache Mitglied, schon als Sekretär des ZK, des Zentralkomitees der Partei. 1925 rückte Stalin in den inneren Zirkel der „Komintern" vor, der Kommunistischen Internationalen. Er war ein strammer, orthodoxer Verfechter von Lenins Kurs, der die Rolle des Papstes spielte. Denn inzwischen verfügte Lenin, und nicht mehr Marx, über die allein seligmachende Wahrheit. Aber im Grunde ging es Stalin nur um die brutale Macht. Et bekämpfte Abweichler in den eigenen Reihen skrupellos: Der Marxismus-Leninismus war zunächst keine in sich geschlossene Lehre. Viele Gurus erlaubten es sich, selbstständig zu denken, nicht nur der später ermordete Trotzki.

Sosso (Josef) oder Koba (der Unbeugsame) wusste um all diese Spielchen und machte sich frühzeitig unverzichtbar: Er sorgte durch seine banditenartigen Überfälle ständig für Geld, machte Gegner mundtot und hielt Lenin den Rücken frei.

Wirksam bekämpfte er die Menschewiken, die gemäßigte Richtung der russischen Sozialdemokratischen Arbeiterpartei. Die Menschewiken standen unversöhnlich gegen die Bolschewisten, die Angehörigen der Kommunistischen Partei. Wir haben bereits darüber berichtet. Als die Menschewiken in einer offenen Schrift Lenin der Mitverantwortung an Raubüberfällen, Erbschaftserschleichung, Falschmünzerei und eigenmächtiger Beschlagnahme gestohlener Gelder bezichtigten und konkrete Details veröffentlichten, war Stalin gefragt. Und Stalin räumte gründlich auf!

Immer wieder beschaffte er frisches Geld – mit Expropriationen. Enteignungen fanden angeblich nur statt, um Ungerechtigkeiten auszugleichen.

Aber wie rechtfertigt man Raubüberfälle? Morde? Erbschaftsschleicherei? Falschmünzerei? Man muss die Luft anhalten: Die hochgelobten,

182

viel besungenen, in Kolossalstatuen verherrlichten Helden wie Lenin und Stalin sind nichts als kleine Diebe! Sie besaßen jedoch genug Frechheit, alles mit Phrasen und Slogans hübsch zu verstecken. Sie raubten und mordeten – und bedienten sich der Mittel der Propaganda (der dunklen Seite der Public Relations) und der öffentlichen Lüge im größten Stil, um alle Untaten unter den Teppich zu kehren. Sie sprachen hochgestochen von Expropriationen! Tatsächlich wurden die Methoden der Schwarzen Propaganda, ein Teilgebiet der Public Relations, bis heute nicht zur Gänze ausgelotet. Bevor wir also die Geschichte Stalins weitererzählen, sollten wir zunächst einen Blick auf die brisanteste „Disziplin" des 20. Jahrhunderts werfen.

NOCH EINMAL: PUBLIC RELATIONS

Schon früh wurde am Mythos Stalin gezimmert. Vorher war der Mythos Lenin aufgebaut worden: das Märchen von dem ewigen Revolutionär, dem allgütigen Vater, dem nur daran gelegen war, das Proletariat aus der Knechtschaft zu befreien.

Eigene Propagandatechniken wurden entwickelt, einen Lenin und danach Stalin ins Übermenschliche zu erhöhen. Die Methoden: Gut-Böse-Botschaften, mit Gefühlen und nochmals Gefühlen durchtränkt. Slogans, Schlagworte und Parolen taten alle Dienste. Von nicht zu unterschätzender Bedeutung war der Marxismus, der intellektuelle Hintergrund. Karl Marx avancierte erst jetzt zum Moses, der sozusagen die Zehn Gebote überreicht hatte. Marx und Engels wurden unfehlbar, sie hatten die Wahrheit, die geschichtliche Wahrheit, die philosophische Wahrheit, die vollständige Wahrheit entdeckt.

Erst wurde Lenin zum Übervater hochstilisiert, danach war Stalin an der Reihe. Ein Persönlichkeitskult ohnegleichen war die Folge. Die Presse hämmerte den Menschen den Führerkult ein, bis kein anderer Gedanke mehr gedacht werden konnte. Stalin war der Wachsame, der

Unermüdliche, der Voraussehende, der Gütige. Stalin war der Weise, der Lehrer, der siegreiche Feldherr. Denkmäler wurden aufgestellt, Plakate angeschlagen. Als ein Puschkin-Denkmal errichtet werden sollte, diskutierte man, ob man nicht besser Stalin ein Denkmal setzen solle mit einem Puschkin-Buch in der Hand.

Wer nicht spurte, bekam es mit der GPU zu tun, der *Gossudarstwennoje Politischeskoje Uprawlenije,* der Sowjetischen Staatspolizei. Über Moral und rechte Gesinnung entschied diese Polizei. Nur wer den rechten Führer anbetete, war moralisch: erst Lenin, dann Stalin.

Alle Register der Public Relations wurden gezogen. Als neue Methoden/Medien der Beeinflussung aufkamen, wie etwa das Radio, konnten die Menschen wie nie zuvor manipuliert werden. Zur Methode dieser perfiden Propaganda gehörte es, oppositionelle Stimmen gar nicht erst zu Wort kommen zu lassen. Dazu wurden die unglaublichsten Techniken kultiviert.

DER UNAUFHALTSAME AUFSTIEG

Aber verfolgen wir zunächst den unaufhaltsamen Aufstieg von Josef Stalin weiter, bevor wir auf diese Techniken zu sprechen kommen, die uns noch heute den Atem verschlagen. Stalin avancierte zum Kommissar mit beträchtlichen Vollmachten. Erst jetzt durfte er offiziell und erlaubtermaßen Jagd auf die Reichen machen. Jedermann konnte bequem enteignet werden, der etwas besaß. Es war schon immer in der Geschichte äußerst lukrativ, den Neid der Besitzlosen zu wecken und sie gegen die Herrschenden aufzustacheln, um schlussendlich sich selbst die Taschen zu füllen. Genauso ging Stalin vor. Der Besitz von Geld wurde praktisch eine Straftat. Wer es zu etwas gebracht hatte, wurde automatisch als Räuber betrachtet. Gleichzeitig wurden die Bauern angehalten zu produzieren, aber mit vorgehaltener Pistole. Stalin befand sich jetzt in der Position, gerade diese Entwicklungen voranzupeitschen: 1917 war er Mitglied des Russischen Zentralexekutivkomitees (ZEK) und Volkskommissar für nationale Angelegenheiten. Öfter fungierte er auch als Vorsitzender des Rates der Volkskommissare. 1918 war er Mitglied der Kommission für Ernährungspolitik, Mitglied des Exekutivkomitees der Regierung und Leiter für die Lebensmittelbeschaffung. Er war der erste Mann des Nordkaukasischen Militärbezirkes und Vorsitzender des Revolutionären Kriegsrates. 1919 war Stalin Delegierter des ersten Kongresses der Kommunistischen Internationale (Komintern), Mitglied der Kommission für die Abfassung eines Parteiprogramms, Leiter des Amtes Staatliche Kontrolle und so weiter und so fort. Mit einem Wort: Stalin machte Karriere. Er boxte sich als Apparatschik nach ganz oben.

Mit Lenin im Rücken, der den Unentbehrlichen brauchte, seine Verschlagenheit schätzte und der ihn immer wieder als Mann fürs Grobe benutzte, fiel es ihm leicht, immer mehr Macht an sich zu reißen. Stalin arbeitete eng mit der Geheimpolizei zusammen und war ein fleißiger Maulwurf. Der gesamte Parteiapparat wurde mit seinen Leuten durchsetzt. Nach außen hin diente er Lenin, in Wirklichkeit längst nur seinen eigenen Zielen. Der Terror wurde legitime Methode, um die Macht aufrechtzuerhalten. Als Lenins Ende abzusehen war, erlaubte sich Stalin erstmals Frechheiten gegenüber seinem Ziehvater. Lenin versuchte noch, in letzter Sekunde das Ruder herumzureißen, aber es war zu spät. Stalin hatte sich in allen wichtigen Machtpositionen festgesetzt. Überall hatte er seine Verbündeten, während er selbst Hunderte Pöstchen besetzte. Als Lenin starb, gab es nur einen einzigen möglichen Nachfolger: Josef Stalin.

Mit unerhörtem politischem Instinkt machte sich Stalin in der Folge daran, seinen Machtanspruch zu zementieren. Er konstruierte aus den Reden Lenins seinen persönlichen Machtanspruch, die Ideologie musste stimmen! Dann wurden die populärsten Gegner beiseitegeräumt. Er entledigte sich der lautstarken Linken ebenso wie der Rechten in der eigenen Partei. Als niemand mehr gegen Stalin aufzubegehren wagte, als alles auf eine einheitliche Linie eingeschworen worden war – mit den

Mitteln der Propaganda, des Terrors und des Mordes – machte er sich daran, die Produktion anzukurbeln wie nie zuvor. Aber mit welchen Mitteln! In Fünfjahresplänen wurden die Menschen mit der Peitsche und mit dem Gewehr gezwungen zu schuften, bis die Knochen brachen. Die Einzelbauernhöfe wurden abgeschafft, schließlich galt es, eine sozialistische Gesellschaft zu errichten, die bei Licht betrachtet nichts anderes war als ein gigantischer Staatskapitalismus. Niemand durfte Geld besitzen, Besitz war unmoralisch, dem Staat gehörte alles. Und der Staat war Stalin.

Während in den sogenannten kapitalistischen Ländern eine Oberschicht existierte und eine enorm breite Mittelschicht, gab es in der Sowjetunion nur eine winzige Oberschicht, sehr viel kleiner als in den kapitalistischen Ländern. Eine Mittelschicht existierte praktisch nicht. Mit anderen Worten: Das gesamte Lehrgebäude des Kommunismus, in der Theorie so fein, war eine gigantische Seifenblase, eine Lüge, ein Wunschtraum. Der „Sowjetmensch" musste vor allem das sozialistische Eigentum schützen, das allerdings dem Staat gehörte. Vormals selbst ein Räuber und Dieb erfand Stalin jetzt drakonische Strafen für Diebstahl. „Güterraub auf dem Eisenbahn- und Wassertransport, Diebstahl von Kolchose- und Genossenschaftsvermögen wird mit Erschießen und Konfiszierung des gesamten Vermögens bestraft."[2

Menschen wurden eingekerkert, gefoltert und erschossen.

Der Reallohn sank, die soziale Ungleichheit wurde größer, der viel gepriesene Bauer degenerierte zum Lohnsklaven. Ein Menschenleben galt nichts mehr. Ein Beispiel: Der von 1931 bis 1933 dauernde Bau des 227 Kilometer langen Belomor-Kanals (zwischen dem Weißen Meer und der Ostsee) forderte 700 Menschenleben – pro Tag! Hunderttausende Arbeitssklaven kamen (in der offiziellen Propaganda so hoch gelobt) bei dem Unternehmen ums Leben.

Aber Stalin war besessen. Er wollte der Erste sein, der Beste, der Größte, der Beherrscher der Welt.

Die „Umerziehung des Sowjetmenschen im Geiste des Sozialismus" wurde mit Terror vorangetrieben. Arbeitszwang, Arbeitskontrolle und brutale Unterdrückung waren die Methoden, die die Sowjetunion industrialisierten. Die Intelligenz des Westens schwieg, ja erklärte sich vielfach solidarisch mit dem Terror Stalins; in den feinen Salons diskutierte die geistige Elite höchst gelehrt über den Segen des Kommunismus.

Diese Bankrotterklärung der Intellektuellen ist nur zu verstehen, wenn man Stalin versteht. Der Diktator verfügte über eine einzigartige Methode, Menschen zu kontrollieren: die Propaganda. Zum Teil wurde das kommunistische Gefasel durch Geheimdienste in westliche Länder transportiert. Aber hinter einer Sturzflut von marxistischer Propaganda verbarg sich das bestgehütete Geheimnis, das man sich vorstellen kann, das wirkliche PR-Geheimnis des Diktators.

Top Secret

Bis heute nicht gänzlich aufgearbeitet wurden die stalinistischen Methoden der Psychopolitik, die Beeinflussung durch Gehirnwäsche. Darunter versteht man die Methode, eine Person „umzuerziehen", sie gefügig zu machen und „umzudrehen", sodass sie aufhört, selbstständig zu denken. Durch Psychopolitik kann man aus einem Kapitalisten einen Kommunisten machen und aus einem Muslim einen Christen.

Diese Psychopolitik wurde unter den Geheimdiensten Stalins entwickelt, verfeinert und auf höchstes Niveau gebracht: Ein Gefangener durfte zunächst nicht schlafen. Er wurde mit Gewalt mehrere Nächte wach gehalten. Er erhielt nichts zu essen. Zum Schlaf- und Essensentzug kamen Schläge und brutale Misshandlungen. Während des Schmerzes wurden Befehle gebrüllt und eingegeben. Die Befehle wirkten hypnotisch, denn die Person war längst nicht mehr dazu in der Lage, zwischen Wirklichkeit und Wahn zu unterscheiden.

Mit dieser Methode der Gehirnwäsche, hochkriminell und verbrecherisch, konnte man eine Person zerbrechen, geistig und seelisch fertig machen und ihr das Ich rauben. Die Psychiater in der Sowjetunion spielten bei der Weiterentwicklung dieser Methode eine verhängnisvolle Rolle. Später fügten sie Drogen und Elektroschocks hinzu.

Der berühmte Psychiater Pawlow hielt den Menschen für ein Tier, das man wie einen Hund abrichten kann, dem das Wasser im Maul zusammenläuft, sobald die Fressglocke läutet. Pawlow stand Pate bei der Entwicklung dieser Psychopolitik, aber Stalins willfährigster Handlanger war der legendäre Berija. Der sadistische Lawrenti Pawlowitsch Berija (1899–1953) verantwortete den Polizeiterror der Stalin-Zeit. Er leitete von 1921 bis 1931 die sowjetische Staatspolizei, die GPU, entwickelte seine Methoden allerdings schon unter Lenin. Er war der Kopf hinter der Unterdrückung der Kaukasusvölker und erstickte alle Freiheitsbewegungen im Keim. Das Ungeheuer Berija wurde berühmt für seine „Säuberungen". Er führte mit harter Hand die Staatspolizei, reorganisierte den Sicherheitsdienst und war ein hochbegabter Spitzel, der sich vor allem durch seine Grausamkeiten auszeichnete. Er war eine Bestie in Menschengestalt, dessen Motto lautete: „Besser zehn Unschuldige verurteilen als einen Verräter in Freiheit entlassen."

Ein weiteres Mittel der „Umerziehung" waren die sowjetischen Sträflingslager. Der bis heute unvergessene Alexander Solschenizyn erzählt in seinem Buch *Der Archipel Gulag* von den Grausamkeiten, die einem noch heute die Sprache verschlagen.[3]

Auch die Sträflingslager fielen in den Bereich der Propaganda. Wenn aus den Sträflingslagern der UdSSR verzweifelte Hilferufe nach draußen drangen, wenn unmenschliche Zustände publik zu werden drohten, putzte man rasch die Häftlinge heraus, möbelte ein Lager kurzfristig auf, ließ die Haftbedingungen milde erscheinen und lud neutrale Beobachter ein. Regelrechte Potemkinsche Dörfer wurden aufgebaut, Sanitärräume sauber geschrubbt und Kranke gesund geschrieben, um die Prüfer und Beobachter an der Nase herumzuführen. Die Sträflingslager waren eine zweite Methode, jede Opposition zum Schweigen zu bringen.

Der dritte Streich wurde von Jeschow geführt. Nikolai Jeschow, ein Vertrauter Stalins, zeichnete verantwortlich für die modernen Hexenprozesse, die im Namen des Sozialismus, im Namen Stalins, geführt wurden. Er war der Drahtzieher hinter der Versklavung und Ausrottung mehrerer Millionen Volksfeinde.[4]

Angeklagt wurden selbst die engsten Genossen wegen Spionage oder Schädlingsarbeit oder weil sie auf Seiten des Kapitalismus stünden. Viele begingen Selbstmord. Sogar die Sozialdemokraten wurden kaltgestellt. Man bezeichnete sie kurzerhand als Sozialfaschisten, als den verlängerten Arm des Kapitalismus. Mit dieser Philosophie, mithilfe des Marxismus-Leninismus, konnte man einfach alles beweisen. Fabelhaft! Alle wichtigen Parteiorgane, das gesamte Militär, jedwede potenzielle Opposition wurde auf diese Weise ausgeschaltet. Stalin und seine Helfershelfer machten wenig Federlesen. Da die Opposition stets im Keim erstickt wurde, gelangten solche Nachrichten nicht nach draußen. Aber der Teppich unter den Füßen Stalins färbte sich blutig rot. Das Ende sollte nicht lange auf sich warten lassen.

AUF DEM GIPFEL DER MACHT

Schreiben wir das Leben von Stalin fort, dessen Bildnis zu seinem Geburtstag in den Himmel über Moskau gebeamt wird, der als guter Patriot von allen Plakaten huldvoll auf sein Volk herablächelt, der verehrt wird wie ein Heiliger.

Sein weiteres Leben war zunächst eine einzige Abfolge von Siegen: Als Hitler die Macht ergriff, war er raffiniert genug, einen Nichtangriffspakt mit ihm abzuschließen. Beide, Hitler und Stalin, waren aus dem gleichen Holz geschnitzt, einer war skrupelloser als der andere. Zunächst ließ sich das Spiel gut an: Der Geheimpakt mit Hitler verschaffte Stalin Luft. Er gewann Zeit und verleibte sich in aller Ruhe insgesamt 471.000 Quadratkilometer und eine Bevölkerung von 23 Millionen Menschen ein,

unter anderem die baltischen Staaten, einen großen Teil Polens und Bes-
sarabiens (= eine Landschaft in Südosteuropa). Er rieb sich die Hände,
die Rechnung schien aufzugehen. Als Hitler jedoch seine Truppen in
die Sowjetunion einmarschieren ließ, fiel Stalin aus allen Wolken. Er
raffte sich auf und organisierte mit aller Härte den Widerstand. Hitler
verlor nach anfänglichen spektakulären Blitzsiegen die Schlacht von
Stalingrad, die USA und die Engländer verdarben ihm das Spiel an der
Westfront. Hitler kämpfte schließlich auf verlorenem Posten und verlor
den Zweiten Weltkrieg. Damit war Stalin obenauf. Er gehörte zu den
strahlenden Siegern: Hatte er nicht Nazi-Deutschland niedergerungen?
Stalin hielt sich für den mächtigsten Mann der Welt, dem allenfalls noch
die USA das Wasser reichen könnten. Die Weltpresse zeigte ihn an der
Seite Churchills und Trumans. Stalin war der starke Mann, mit dem
alle rechnen mussten. Doch Stalin hatte die Rechnung ohne den Wirt
gemacht.

ENDE UND FAZIT

Stalin erlitt schließlich das elendiglichste Schicksal, das man sich
vorstellen kann. Er hatte zu viele Menschen, zu viele Morde auf dem
Gewissen. Er begann unter Verfolgungswahn zu leiden, wie viele Cäsaren
vor ihm. Hinter jeder Ecke vermutete er einen Verräter. Und so ließ
er foltern und gefangen setzen und hinrichten. Selbst seine engsten
Vertrauten waren nicht mehr sicher vor ihm. Hinter jedem Gesicht
konnte ein Feind lauern. Dabei hatte er nur einen einzigen Feind – sich
selbst.

Gleichzeitig nahm sein Selbstverherrlichungswahn krankhafte
Formen an: Er ließ sich verklären, ließ meterhohe Statuen von sich
errichten und sich von den Medien besingen. Er befahl die Ermordung
vieler linientreuer Stalinisten. Er kannte keine Loyalität mehr, nur noch
Angst. Selbst unter seinen engsten Mitarbeitern konnte sich ein Feind

befinden, glaubte er. Er kannte nur noch einen einzigen Gott, sich selbst, und dieser Gott war wahnsinnig. So starb er 1953.

Solschenizyn vermutet, bei Stalins Tod hätten fremde Hände nachgeholfen, aber die Quellenlage ist nicht eindeutig. Nicht viel später stürzte man seine Kolossalstatuen. Selbst die Kommunisten begannen, sich seiner Person zu schämen: Statuen wurden zertrümmert, Bilder abgerissen und Schriften zerrissen.

Aber was ist das Resultat? Die Bilanz? Das Nettoergebnis?

Der emigrierte Statistikprofessor Kurganow rechnet vor, dass von Beginn der Oktoberrevolution 1917 bis zum Jahre 1956 in der ehemaligen UdSSR alleine 66 Millionen Menschen ums Leben kamen. Aber die Zahlenangaben variieren unter Wissenschaftlern.[5]

Der Autor Rubel erklärte bezüglich Stalin: „Ganze Nationen wurden durch die Abflussrohre gepumpt und dazu Millionen und aber Millionen von Heimkehrern aus Kriegsgefangenschaft und Zwangsarbeit."[6]

In den „Besserungslagern" der Psychopolitik und durch die „zweite Völkerwanderung" wurden weitere Millionen Zivilisten, ja ganze Völkerschaften hingemordet. Ganze Nationen verschwanden vom Angesicht der Erde, weil es für russische Heimkehrer aus dem Zweiten Weltkrieg zu Hause einen Stalin gab.

Stalin war ein Teufel in Menschengestalt, ein Zwillingsbruder Adolf Hitlers, ein Wahnsinniger, dem ein paar Millionen Morde nichts galten. Er hielt sich für einen Gott. Und ein Gott kann nach Belieben Leben geben und Leben nehmen. Kein Ausdruck des Abscheus ist groß genug, um diese Bestie in Menschengestalt wirklich zu beschreiben. Fassungslos kann man nur vor einigen Altkommunisten stehen, vor einigen Ewig-Gestrigen, die immer noch an das Märchen von Väterchen Stalin glauben und die die Weltanschauung, die sich Kommunismus nennt, verteidigen.

Wiederholen wir: Der Kommunismus weltweit hat rund 100 Millionen Tote auf dem Gewissen. Er hinterließ rund 1 Milliarde Menschen das Vermächtnis des Marxismus-Leninismus-Stalinismus. Und dieses Vermächtnis besagt, dass Geld grundsätzlich schlecht und Kapital böse ist. Auf dem Gebiet des Geldes, des Besitzes hinterließ der Kommunismus die verdrehtesten, verrücktesten und unlogischsten Prinzipien, die man sich vorstellen kann. Stalin verfälschte die Geschichte, da unter seinem Diktat einfach alles flugs in eine Geschichte der Klassenkämpfe uminterpretiert wurde und man so dem Kapitalismus und dem Westen eins auswischen konnte. Stalin brachte zahlreiche falsche Informationen auf den Weg, gestützt auf diesen ominösen Karl Marx, und ließ sozusagen nebenbei eine ganze Welt in Flammen aufgehen.

Die Saat geht auf

Die Ideen des Kommunismus übten im 20. Jahrhundert eine schier unwiderstehliche Anziehungskraft aus. Die Saat ging auf. Bei dieser Anziehungskraft handelte es sich indes in Wahrheit um überlegene PR-Techniken, um Propaganda-Know-how der Spitzenklasse, um Methoden der Massenbeeinflussung in Verbindung mit Geheimdiensttechniken. Sie sorgten für die rasante Ausbreitung dieser Polit-Philosophie, mit der ein verquertes Geschichtsdenken Hand in Hand ging.

In der ehemaligen UdSSR kamen Chruschtschow, Breschnew, Andropow und Konsorten ans Ruder, alte KP-Funktionäre, die durch die Partei groß geworden waren und im Rahmen der Geheimdienste ihre zweifelhafte Ausbildung absolviert hatten. Selbst Putin ist ein ehemaliger KGB-Agent!

In Osteuropa wurde der Kommunismus ebenfalls mit Waffengewalt, mittels Propaganda und durch Geheimdienst-Aktivitäten verbreitet. Die „Säuberungen" in der ehemaligen Tschechoslowakei und in Ungarn sind bekannt. „Ostdeutschland" hatte sich schon Stalin unter den Nagel gerissen, Politgangster wie Ulbricht oder Honecker folgten später linientreu ihren neuen Herren in Moskau.

Auch in Kuba eroberte der Kommunismus die Köpfe der Menschen. Revolutionen wurden weiter in südamerikanischen Ländern angezettelt. In Afrika und Italien, in Frankreich und in Westdeutschland wurden kommunistische Parteien aktiv.

Der Kalte Krieg begann: Die Erde avancierte zu einem PR-Schlachtfeld zwischen den USA und der Sowjetunion.

Alle Länder, die schließlich „rot" wurden, die Farbe des Kommunismus, verteufelten das Kapital und das Geld. Sie verdrehten die Geschichtsschreibung, die nun dazu benutzt wurde, Menschen aufzuwiegeln und Revolutionen anzuzetteln. Zahllose KGB-Agenten[7] sorgten dafür, dass die Ideen des Marxismus-Leninismus-Stalinismus Verbreitung fanden. Man arbeitete verkniffen und verbissen am Sieg des Proletariats, der angeblich mit geschichtlicher Notwendigkeit eintreten würde. In Wahrheit war Moskau längst zu einer Zentrale des Superkapitalismus mutiert.

Dabei ging es den kommunistischen Ländern in wirtschaftlicher Hinsicht weit schlechter als dem Westen, von den politischen Freiheiten oder der Lebensqualität ganz zu schweigen. Menschen in kommunistischen Ländern wurden gejagt, verfolgt, liquidiert, als Verräter am Proletariat gebrandmarkt, eingekerkert und gefoltert.

Der Kommunismus, der angetreten war, die Welt zu verbessern, führte sich selbst ad absurdum. Schließlich kam der Zusammenbruch: Die große Lüge konnte nicht ewig aufrechterhalten werden. Der Hass auf den Kapitalismus und den Imperialismus garantierte noch keinen Erfolg. Mit Gorbatschow kam die Wende, aber die Sowjetunion war längst innerlich verfault, bevor sie endgültig zusammenbrach. Schlagworte machen auf Dauer niemanden satt. Der Kommunismus erklärte weltweit seinen Bankrott – und damit verschwand in vielen Ländern der Erde auch diese verdrehte Geschichtsphilosophie und mit ihr viele Geschichtsfälschungen.

Viele Warschauer-Pakt-Staaten liefen mit wehenden Fahnen zur NATO über. Der Dollar besiegte Karl Marx. Nur noch eine einzige Supermacht blieb übrig: die USA. Die kommunistischen Parteien erlitten in fast allen Ländern empfindliche Rückschläge. Mit dem Zusammenbruch der Sowjetunion blieb nicht mehr viel übrig, der Spuk war vorbei. Die letzten Bastionen des Kommunismus, China und Kuba, werden ebenso fallen, wie der Kommunismus gestürzt ist in Rumänien, in der Tschechoslowakei, in Ungarn, in Lettland und in Russland.

Doch noch immer sind die Ideen des Kommunismus nicht ganz ausgerottet. Die Geschichtsfälschungen, derer sich der Kommunismus schuldig machte, geistern zum Teil immer noch in einigen Köpfen herum. Der Gifthauch des kommunistischen Hasses ist heute noch zu spüren und hat unsere Welt nicht verbessert. Falsche Informationen über Ökonomie, Geld, Kapital, Arbeit oder Mehrwert sind nach wie vor im Bewusstsein vieler Menschen verankert, Geschichte wird vielerorts noch immer unrichtig ausgedeutet und tendenziös gelehrt.

Halten wir als Ergebnis fest: Der Marxismus-Kommunismus mit all seinen Jüngern, Nachfolgern und Propheten ist bis heute eine Quelle falscher Informationen in puncto Geschichte. Die Lehren eines Marx, Lenin und Stalin halten immer noch die Menschen davon ab, Geschichte objektiv und neutral zu betrachten. Das führt noch immer zu lupenreinen Geschichtsfälschungen – etwa in China.

Noch einmal: Eine einzige falsche Geschichtsphilosophie, eine Ideologie, eben der Kommunismus, trat ehemals eine Lawine los, die 100 Millionen Menschen mit sich in den Tod riss, wenn nicht mehr. Geschichtsphilosophien, auch wenn sie grundfalsch sind, ja gerade wenn sie falsch sind, besitzen also eine unendliche Macht. Sie beeinflussen die Gemüter und das Denken der Menschen auf höchst destruktive Weise. Aus diesem Grund ist nichts wichtiger ist, als sie zu widerlegen, denn damit rettet man Menschenleben.

7. KAPITEL

DIE PROTOKOLLE DER WEISEN VON ZION

ODER

DIE GEFÄHRLICHSTE FÄLSCHUNG DER GESCHICHTE

Betrachten wir übergangslos eine ganz andere Art von Geschichtsfälschung, die an Intriganz kaum zu überbieten ist und ein Gehirn erfordert, das ebenso ränkevoll und arglistig ist wie boshaft und konspirativ. Betrachten wir die *Protokolle der Weisen von Zion*.

Zunächst: Worum handelt es sich überhaupt bei diesen Protokollen? Es handelt sich um eine unvorstellbar explosive Angelegenheit, um eine Entdeckung von höchster Brisanz, um eine schiere Ungeheuerlichkeit! Offenbar war es einem Dieb gelungen, eine Weltverschwörung aufzudecken – die Weltverschwörung der Juden. Diesem Meisterdieb waren dem Vernehmen nach hochbrisante Papiere in die Hände gefallen, die bewiesen, dass die Führer der Juden im Jahre 1898 in Prag eine Weltverschwörung geplant hatten – ein Plan, der immer noch Gültigkeit besaß. Diese Papiere wurden in der Folge die *Protokolle der Weisen von Zion* genannt. So musste es sich verhalten: Man war dem internationalen Judentum auf die Schliche gekommen! Die infamen Absichten der Juden hatten endlich das Licht der Öffentlichkeit erblickt. Die Protokolle erhielten genaue Handlungsanweisungen, wie man die Welt unterwanderte, wie man sie unter die Knute zwang und eroberte. Die Juden wollten sich also die gesamte Welt unter den Nagel reißen.

Aber gehen wir zunächst noch einmal einen Schritt zurück und definieren wir die Bedeutungen der Wörter, damit wir wissen, wovon wir sprechen:

VERRÄTERISCHE DEFINITIONEN

Der Begriff **Protokoll** suggeriert, dass eine Person schriftlich festhält, was genau geschehen ist und was genau gesagt wurde. Bei einem Protokoll wird die Zeit festgehalten, und der Ort ist bekannt. Weiter werden die sprechenden Personen beim Namen genannt sowie ihre genauen Worte. Mit anderen Worten: Der Begriff Protokoll suggeriert, dass es sich um eine höchst präzise Niederschrift handelt.

Er lässt keine Zweifel an der Echtheit und der Wahrhaftigkeit eines Dokumentes aufkommen.

Zion dagegen bezeichnet ursprünglich eine Burg an der Stadtgrenze Jerusalems. Der israelische König David eroberte der Überlieferung nach eben diese Burg Zion. Unter König Salomon wurde sie zum Wohnsitz Jahwes erklärt, des Gottes der Israeliten. Im Laufe der Zeit bekam der Begriff jedoch eine andere Bedeutung und wurde regelrecht zum Symbol. Er bezeichnet die Hoffnung der Juden, dass eines Tages alle ihren Gott anerkennen und sich ihre religiösen Überzeugungen ausbreiten würden.

In den davon abgeleiteten Begriff des Zionismus wurde sogar eine politische Philosophie hineininterpretiert. Der Zionismus bezeichnet eine Bewegung, die einen jüdischen Nationalstaat errichten wollte, was schließlich gelang (= das heutige Israel). Für die Juden bedeutet Zionismus also etwas Gutes, etwas Vorteilhaftes, für die Feinde der Juden jedoch etwas Verderbliches, etwas abgrundtief Schlechtes. Die Feinde der Juden meinten damit ganz allgemein alle Machenschaften der Juden, vornehmlich die politischen Machenschaften.

Die Bezeichnung *Protokolle der Weisen von Zion* bedeutet also: hieb- und stichfeste Dokumente, die die politischen Machenschaften der Juden endlich aufdecken!

Soweit die nackten Wortbedeutungen! Zurück zu unserem Thema!

DIE UNGEHEUERLICHKEIT

Die *Protokolle der Weisen von Zion* beinhalten jedoch mehr, als die reinen Wörter preisgeben. Auf ihre Bedeutung werden wir noch einmal zurückkommen, da sie höchst verräterisch sind. Die Protokolle enthalten genaue Handlungsanweisungen, wie man den Planeten Erde „erobern" könne – heimlich, unauffällig und ungesehen –, wie sich die Juden den gesamten Globus krallen könnten, wie man die Macht an sich reißen könne, wobei mit den Weisen auf die Führer der Juden gedeutet wird. Angeblich trafen sie sich 1898 vorgeblich in Prag regelmäßig auf einem Friedhof zu einem geheimen Stelldichein, um ihre konspirativen Ideen auszutauschen. Gemäß diesen Protokollen gehöre beispielsweise Folgendes zum Handlungsrepertoire und den Plänen der Juden:

- Der Handel und die Hochfinanz sollten künftig allein von den Juden kontrolliert werden. Es gelte, so viel Geld zu raffen wie nur irgend möglich.

- Um die Weltherrschaft zu erringen, sei es nötig, die einzelnen Staaten in die Verschuldung zu treiben. So könne man sie schließlich erpressen.

- Es gelte, den Einfluss der christlichen Kirchen einzudämmen und sie zu schwächen.

- Auch die Macht der (nichtjüdischen) Militärs müsse beschnitten werden.

- Und man müsse mit allen Mitteln die Macht in den Medien übernehmen.

Lesen wir einige wörtliche Auszüge aus den Protokollen. Sie verraten noch viel mehr; achten Sie dabei auf den (umständlichen, grammatikalisch unkorrekten) Stil: „Wir müssen haben die großen politischen Zeitungen, welche machen die öffentliche Meinung, die Kritik, die Straßenliteratur, die Telegramme und die Bühne. Wir werden daraus verdrängen Schritt um Schritt die Christen, dann können wir diktieren der Welt, was sie glauben, was sie hochhalten und was sie verdammen soll. ... Mit der Presse in der Hand können wir verkehren Recht in Unrecht, Schmach in Ehre. Wir können erschüttern die Throne und trennen die Familien. Wir können untergraben den Glauben an alles, was unsere Feinde bisher hochgehalten. Wir können ruinieren den Kredit und erregen die Leidenschaften. Wir können machen Krieg und Frieden, und geben Ruhm oder Schmach. Wir können erheben das Talent oder es niederhetzen und verfolgen ... Wer die Presse hat, hat das Ohr des Volkes. Wenn Israel hat das Gold und die Presse, wird es ... [die Macht] über alle Völker der Erde! [haben]." [1]

Eine weitere Kostprobe, jetzt ohne diesen Stil: „Zeitschriften und Zeitungen sind die beiden wichtigsten Mittel zur Beherrschung des Geisteslebens. Aus diesem Grund [werden wir] das Eigentumsrecht der meisten Zeitungen und Zeitschriften erwerben. ... Auf je zehn Zeitungen oder Zeitschriften, die uns fern stehen, werden dreißig kommen, die wir selbst gegründet haben. Das darf natürlich in der Öffentlichkeit nicht bekannt werden. Unsere Zeitungen und Zeitschriften sollen daher äußerlich den verschiedensten Richtungen angehören, sich sogar gegenseitig befehden, um das Vertrauen der ahnungslosen Nichtjuden zu erwerben, sie alle in die Falle zu locken und unschädlich zu machen ... Wir werden wie der indische Götze Wischnu hundert Hände haben ... Jene Dummköpfe, die die Meinung ihres Parteiblattes zu vertreten glauben, werden in Wirklichkeit nur unsere Meinung nachsprechen oder doch wenigstens diejenige Meinung, die uns gerade passt. Sie bilden sich ein, die Richtlinien ihrer Partei zu verfolgen und merken nicht, dass sie hinter der Flagge marschieren, die wir ihnen vorantragen." [2]

Ferner ist in diesen Protokollen zu lesen, dass die Juden Wirtschafts-Monopole etablieren und jeden fremden Wettbewerb ausschließen sollten. Es gelte, die Macht der nichtjüdischen Staaten zu brechen, dort Revolutionen anzustiften und sie in die Anarchie zu treiben. Nichtjüdische Staaten sollten mit allen Mitteln geschädigt werden, während die Beamten gleichzeitig heimlich kontrolliert werden müssten. Dabei sei mit „Gewalt, List, Heuchelei, Bestechung, Betrug, Verrat und Raub fremden Eigentums" [3] zu operieren. Die Arbeiter müsse man zu Dauerstreiks verführen, man müsse Wirtschaftkrisen herbeiführen, die Finanzsysteme zerrütten und Staaten in den Bankrott treiben. Schrittweise sei eine jüdische Weltdiktatur durch die furchtbare Macht des jüdischen Geldbeutels zu erreichen. Habe man erst einmal die Presse in der Tasche, könne man die öffentliche Meinung irreführen und Zwist unter den Nichtjuden säen. Grundsätzlich gelte es, die Widerstandkraft der nichtjüdischen Völker zu lähmen, Menschen das eigene Denken abzugewöhnen und Chaos herbeizuführen. Und es sei nötig, „die Fehler und Gebrechen [eines nichtjüdischen] Volkes möglichst zu vermehren. Alle schlechten Gewohnheiten, Leidenschaften, alle Regeln des geselligen Verkehrs müss[t]en derart auf die Spitze getrieben werden, dass sich niemand in dem tollen Durcheinander mehr zurechtfinden ... [könne] und die Menschen aufhör[t]en, einander zu verstehen."[4]

Die Methoden dazu? Im Originalton: „Wir sind ... Meister der Kunst, die Massen und einzelne Persönlichkeiten durch geschickte Bearbeitung in Wort und Schrift, durch gewandte Umgangsformen und allerlei Mittelchen, von denen die Nichtjuden keine Ahnung haben, nach unserem Willen zu leiten. Unsere Verwaltungskunst beruht auf schärfster Beobachtung und Zergliederung, auf solchen Feinheiten der Schlussfolgerung, dass niemand mit uns in Wettbewerb treten kann. Auch in der Anlage unserer staatsmännischen Pläne und in der Geschlossenheit und Macht unserer Geheimbünde kann sich niemand mit uns messen. Nur die Jesuiten könnten allenfalls mit uns verglichen werden ..."[5]

Grundsätzlich gelte es, gewaltige Reichtümer anzuhäufen. Die Nichtjuden, die Goys, müsse man ihres Grundbesitzes berauben und ihre Industrien zerstören. Es sei notwendig, einfach alles zu reorganisieren, Politik und Religion, Presse und Wirtschaft, Währungen und Börse. Die Gerichte und die Justiz, die Verwaltung und die Armee, die Polizei und die Beamten jedes Landes müssten von den Juden kontrolliert werden – heimlich. Mordanschläge und Terror seien die geeigneten Maßnahmen, um das Ziel zu erreichen. Das Ziel? Die Weltherrschaft der Juden!

Die Öffentlichkeit sei einer Gehirnwäsche zu unterziehen. Es seien nur solche Präsidenten in den nichtjüdischen Staaten zu fördern, die keine weiße Weste haben, sodass man sie in der Folge leicht erpressen könne. Die Nichtjuden, diese „vernunftlosen Tiere", seien an der Nase herumzuführen, sie müssten nach Strich und Faden manipuliert werden. Nur so könne man die Weltherrschaft errichten, in der der einzig wahre Gott, Jehova, regiere – und mit ihnen die Juden, das auserwählte Volk ...

Was auch immer sich ein verbrecherisches Hirn ausmalen kann, wird den Juden unterstellt. Ihren Führern wird eine Vorgehensweise untergeschoben, die nur so im Sumpf und Schmutz wühlt, in der Gesetzlosigkeit und im Landesverrat. Die Protokolle bezichtigen die Juden des diabolischsten Charakters, den man sich vorstellen kann. Alles, was der Verfasser und Schmierfink der Protokolle an moralischer Obszönität, an Bosheit, an Unrat und ekelhaften Handlungsanleitungen ersinnen konnte, wird den Juden oder ihren Führern in den Mund gelegt. Mit anderen Worten: Es handelt sich um eines der widerlichsten, schmutzigsten Schwarzen Propagandastücke, das je das Licht der Welt erblickte.

Es gibt 24 Protokolle und 24 Reden. Zu den Weisen zählen die Vertreter der einzelnen Stämme Israels, die sich vermeintlich heimlich auf einem Prager Judenfriedhof trafen. Es gab (und gibt es bis heute) zahlreiche Variationen, es existierten Kurzfassungen und Vorläufer zu den eigentlichen Protokollen, es gab Übersetzungen und unterschiedliche Ausgaben, aber im Allgemeinen sprach man in der Folge von den Protokollen der Weisen von Zion.

Kaum erblickte das teuflische Traktat das Licht der Welt, das früh schon als Fälschung identifiziert wurde, stellten sich folgende Fragen:

- Wie konnte es zu diesen Protokollen kommen?

- Wer steckte dahinter?

- Wer waren der oder die Verfasser? Wer die Fälscher?

- Mit welchem Ziel und mit welcher Absicht wurden diese Protokolle verfasst?

Um diese Fragen seriös zu beantworten, müssen wir zunächst ein wenig ausholen und in die Geschichte eintauchen.

DIE DISKRIMINIERUNG DER JUDEN

Die Absicht, Juden in ihrer Gesamtheit zu diskriminieren, war nicht neu. Schon der heilige Paulus drosch in seinen Briefen auf die Juden ein. Konkret warf Paulus den Juden den Tod Jesu vor – und ebnete damit den Weg für 2.000 Jahre lang währende Judenverfolgungen. Alle möglichen Laster warf er ihnen vor. Juden sollten deshalb verdammt sein bis ans Ende der Welt. Den geistigen und religiösen Besitz der Juden nannte er Dreck. In seinem Hebräerbrief brandmarkte Paulus die Juden als bösartig. Aber besonderen Zündstoff bot der Vorwurf des Gottesmordes. Damit kam eine Lawine ins Rollen, die bald ungeheure Ausmaße annehmen sollte.

Als das Christentum etwa im 4. Jahrhundert n. Chr. zu erstarken begann, brachten fanatisierte Christen die Juden immer häufiger und heftiger in Misskredit. Man kreidete ihnen an, dass sie Jesus nicht als den Messias anerkannten, und warf ihnen immer wieder den Gottesmord vor. Im Mittelalter wurden Juden deshalb in zahlreichen Ländern in einem ungeheuerlichen Ausmaß diskriminiert und drangsaliert, sie wurden beraubt und getötet, ohne dass solche Morde geahndet wurden. Alle möglichen Märchen wurden erfunden, um die Juden ins Abseits zu drängen: Ihre Rechte wurden beschnitten, sie mussten in eigene Juden-Ghettos abwandern, durften nur bestimmte Berufe ausüben – und wurden für alle denkbaren Übel verantwortlich gemacht, wie beispielsweise Krankheiten oder Hungersnöte. Juden dienten als sehr bequeme Sündenböcke – und übertünchten das eigene Versagen. Gleichzeitig unterstellte man ihnen die unglaublichsten Untaten.

Die Kreuzzüge bildeten in Sachen Judenverfolgung einen ersten Höhepunkt. Im Jahre 1095 war scheinbar das gesamte Christentum vom

Kreuzzugfieber gepackt. Die Franzosen waren besonders eifrig, aber auch die Deutschen konnten ihre Begeisterung kaum zügeln. In Deutschland folgten viele Tausende einem Priester namens Gottschalk sowie einem Graf Emico von Leiningen. Ein wilder, ungeordneter Haufen von Bauern und Adligen, kurz Menschen aus allen Gesellschaftsschichten, brach jubelnd auf. Ohne Bedenken brachten sie auf dem Weg nach Jerusalem viele Juden um und überfielen und beraubten Bauern und Dörfer, die am Wege lagen. Schließlich ging es um eine heiligmäßige Sache.[6] Während verschiedener Kreuzzüge wurden sicher Zehntausende, vielleicht Hunderttausende Juden ermordet. Im Allgemeinen waren es fanatisierte Priester, die zum Judenmord aufriefen. Nur wenige weltliche und geistliche christliche Führer waren mutig genug, sich dem aufgewühlten Mob entgegenzustellen und die Juden in Schutz zu nehmen.

Etwa ab dem 13. Jahrhundert waren zunehmend bösartige Gerüchte über die Juden im Umlauf. Juden begingen angeblich Ritualmorde – sie brachten vorgeblich zu Ostern einen unschuldigen christlichen Knaben um, um damit Jesus zu verhöhnen. „Blutlegenden" verbreiteten sich, nach denen Juden ihren christlichen Opfern Blut entzogen, zu medizinischen oder rituellen Zwecken. „Die Ritualmordbeschuldigung verbreitete sich von England aus nach Frankreich und Spanien, an den Rhein und an den Bodensee, in den Alpenraum und nach Franken, und schließlich im 16. Jahrhundert auch nach Polen. Die judenfeindlichen Anschuldigungen wurden in zahllosen Chroniken, Geschichten, Liedern, Predigtsammlungen überliefert."[7] Auch der Hostienfrevel war ein beliebter Vorwurf: Juden trieben Nägel durch eine geweihte Hostie, bis sie zu bluten anfange, so wurde behauptet – nur um Christus und den Christenglauben zu verhöhnen. Immer waren es konkrete Gerüchtemacher, Klatschmäuler, Bettelmönche oder Priester, die solche Geschichten begierig aufgriffen und verbreiteten, wenn sie sie nicht sogar selbst erfunden hatten. Den Juden wurde vorgeworfen, Brunnen zu vergiften und anderes mehr. Mit anderen Worten: Alle Übel der Welt wurden den Juden zugeschrieben. Um die Stimmung aufzuheizen, bezichtigten fanatisierte christliche Priester die Juden aller möglichen Untaten. Und so wurden sie mehr und mehr mit Berufsverboten belegt, wurden als Zinswucherer dämonisiert und vieles mehr.

Einen weiteren Meilenstein des Judenhasses markiert Martin Luther. Man kann seine Ausbrüche gegen die Juden nicht nur mit seiner Sorge um das Seelenheil seiner Schäfchen begründen, wie das einige Verteidiger heute gerne tun. Zugegeben, wenn Luther ein paar Seitenhiebe wider die „Jüden" austeilte, so war das manchmal relativ harmlos. Beispielsweise wenn er in seiner Vorrede auf das Alte Testament mitteilte, dass „die Jüden irren", und die biblischen Gesetze nicht richtig verstünden. Oder wenn er behauptete, dass „Jüden" und Heiden alle Sünder seien. All das würde man ihm gerne verzeihen, weil es verstehbar ist in seinem frommen Eifer. Leider fuhr Luther zuletzt aber ganz andere Geschütze in der Judenfrage auf. Er warf ihnen „verstockte Blindheit" vor. Spätestens die Abfassung seiner 4 (!) Judenschriften entlarvten Luthers wahres Verhältnis zu den Juden:

1. Wider die Sabbather an einen guten Freund (1538),

2. Von den Juden und ihren Lügen (1543),

3. Von Hamphoras und vom Geschlecht Christi (1543; der Ausdruck Hamphoras, exakter *Schem Ha Mphoras*, bezeichnet in der jüdischen Religion den unaussprechlich heiligen Namen Gottes),

4. Von den letzten Worten Davids (1543).

In seinen Schriften warnte der wortgewaltige Luther vor der „jüdischen Ansteckungsgefahr", zog gegen „rabbinische Lügen" zu Felde und hielt den Juden die Verzerrung und Missdeutung der Heiligen Schrift vor. Tatsächlich verstieg sich Luther zu regelrechten Hasstiraden. Der Reformer im Originalton: „Es stimmet aber alles mit dem Urteil Christi, dass sie [die Juden] gifftige, bittere, rachgierige, hemische Schlangen, meuchel mörder und Teufels Kinder sind, die heimlich stechen und schaden thun, weil sie es öffentlich nicht vermögen. Ein Christ [hat] nächst dem Teufel keinen gifftigen, bitteren feind, den einen Jüden." Und weiter: „Die Juden sollen sich bekehren, wo aber nicht, so sollen wir sie auch bey uns nicht dulden noch leiden."[8] Oder: „Die Juden sind unsere öffentlichen Feinde, hören nicht auf, unseren Herrn Christum zu lästern, heißen die Jungfrau Maria eine Hure, Christum ein Hurenkind und wenn sie uns konnten alle tödten, so theten sie es gerne. Und thuns auch offt."[9]

Darüber hinaus ist es zweifelsfrei geschichtlich belegt (und wird sowohl von der katholischen als auch von der evangelischen Seite eingestanden), dass Luther der Obrigkeit anriet, Synagogen als „Lehrhaus der Lüge" zu verbrennen, die jüdischen Lehrbücher zu konfiszieren und die Juden zu vertreiben. Geschichtswissenschaftler wissen ferner um seinen Zorn gegen die jüdischen Geldverleiher und seine Abneigung gegen Zinsen. Zuletzt verfiel Luther in antisemitische Raserei und beschuldigte die Juden, ein halsstarriges, ungläubiges, stolzes, verdorbenes, verabscheuungswürdiges Volk zu sein, dessen Schulen und Tempel durch Feuer von der Erde getilgt werden müssten: „Erstlich, dass man ihre Synagoge mit Feuer verbrenne, und werfe hie zu, wer da kann, Schwefel und Pech; wer auch das höllische Feur künnte zuwerfen, wäre auch gut ... Und solchs soll man thun unserem Herrn und der Christenheit zu Ehren, damit Gott sehe, dass wir Christen seien ... Zum anderen, dass man auch ihre Häuser desgleichen zerbreche und zerstöre ... Zum anderen, dass man ihnen alle ihre Bücher nähme, Betbücher, Talmudisten, auch die ganze Bibel, und nicht ein Blatt ließe ... Zum vierten, dass man ihren Rabbinen bei Leib und Leben verbiete, hinfurt zu lehren ... Zum fünften, dass man den Jüden das Geleit ... ganz und gar aufhebe ... Zum sechsten, dass man ihnen den Wucher verbiete ... und nehme ihnen alle Baarschaft und Kleinod an Silber und Gold, und lege es beiseit zu verwahren. Will das nicht helfen, so müssen wir sie, wie die tollen Hunde, ausjagen."[10]

Zugegeben: Neben Luther gab es auch noch andere Autoren, die wider die Juden mobil machten – etwa Josef Pfefferkorn, Erasmus von Rotterdam und Johannes Reuchling. Pfefferkorn veröffentlichte 1507 in Nürnberg und Köln seinen *Judenspiegel* in deutscher und lateinischer Sprache. Traktate wie *Der Judenfeind* (1509) folgten, worin schlimme antisemitische Ausfälle zu finden sind. Erasmus von Rotterdam stellte in einem Brief (um 1515) fest, dass Frankreich der „reinste und blühendste Teil der Christenheit, sei, weil einzig Frankreich nicht mit Ketzern, böhmischen Schismatikern, mit Juden ... infiziert sei!"[11] Die religiös motivierte Diskriminierung hörte nie ganz auf, bis zum heutigen Tage.

Noch widerlicher war freilich die rassistisch motivierte Diskriminierung, die die Juden (und andere Völkerschaften) als ein minderwertiges Volk bezeichneten. Besonders schlimm trieb es Joseph Arthur Graf von Gobineau (1816–1882), ein französischer Diplomat und Schriftsteller, der gleich vier Bände verfasste mit dem Titel *Versuch über die Ungleichheit der Menschenrassen (Essai sur l'inégalité des races humaines)*, um die Überlegenheit der arischen Rasse zu beweisen. Aber auch der Brite Houston Stewart Chamberlain (1855–1927) versuchte in seinem Werk *Die Grundlagen des 19. Jahrhunderts* die Überlegenheit der arischen Rasse festzuklopfen. Der Fairness und der Vollständigkeit halber müsste man noch einige weitere schriftstellernde Schmierfinken benennen, die die Arier in den Himmel lobten und (unter anderem) die Juden verunglimpften, aber es lohnt kaum. Früh stimmten deutsche Psychiater zu, die die vermeintliche „Minderwertigkeit" der jüdischen Rasse auf einmal sogar „wissenschaftlich bewiesen", und später viele Konzentrationslager persönlich leiteten.[12] Die Folgen brauchen wir nicht zu berichten. Jeder weiß, dass unter Hitler rund 6 Millionen Juden diesem Rassenwahn zum Opfer fielen – vielleicht der größte Völkermord in der Geschichte der Menschheit.

Doch gehen wir noch einmal einen Schritt zurück: Im späten 19. und im beginnenden 20. Jahrhundert war es nicht nur in Deutschland geradezu Mode, über die vorgebliche „rassische Minderwertigkeit" der Juden laut nachzudenken. Auch in Russland genossen die Juden einen denkbar schlechten Ruf. 1881/82 wurden sie in Russland hingemordet, aber auch zu Beginn des 20. Jahrhunderts. Und damit sind wir unversehens wieder bei unserem Thema.

DIE MEISTERFÄLSCHER

Die politische Situation in Russland um die vorletzte Jahrhundertwende war völlig verfahren: Es rumorte an allen Ecken und Enden, die Wirtschaft lahmte, die Bevölkerung litt immer wieder unter Hungersnöten. Gleichheit war ein Fremdwort, und auch um die verschiedenen Freiheiten war es schlecht bestellt. Über allen Untertanen thronte der allmächtige Zar, dem man die Schuld für diese Übel in die Schuhe schob – und nicht ganz zu Unrecht.

Damals herrschte Zar Alexander III. (1845–1894) über dieses riesige Russland mit seinen zahlreichen Nationalitäten. Er fürchtete zeit seines Lebens, ermordet zu werden, und residierte deshalb in einem Hochsicherheitsschloss in einem Petersburger Vorort. Alexander III. war töricht genug, die liberalen Verordnungen seines Vaters zurückzunehmen. Stattdessen stärkte er die Polizei und ließ Regimegegner nach Sibirien deportieren. Er regierte durch Terror. Besonders berüchtigt und gefürchtet war die Ochrana, also die zaristischen Geheimdienste und die Geheimpolizei, die Alexander III. gegründet hatte.

Ihm folgte sein Sohn Nikolaus II. (1868–1918) auf den Thron, der nicht viel klüger war. Auch er ließ keine liberalen Bestrebungen zu. Aufgrund seiner selbstherrlichen Politik und fehlender Reformbereitschaft konnte keines der wirklichen Probleme in Russland zu seiner Zeit gelöst werden.

Die Juden wurden im zaristischen Russland übel unterdrückt. Es gab zahlreiche *Pogrome* – ein russisches Wort, das übersetzt so viel wie Verheerung oder Verwüstung bedeutet und mit dem heute die Hetze und Ausschreitungen gegen alle möglichen Bevölkerungsgruppen aus religiösen, nationalen oder rassischen Gründen bezeichnet werden. Der

„geschickte Schachzug" des Zaren und einzelner russischer Politiker bestand darin, die Juden für die Missstände in Russland verantwortlich zu machen. Dadurch lenkte der Zar von den eigenen Unfähigkeiten und Unzulänglichkeiten ab. Es ging um den brutalen Machterhalt in Russland. Präsentierte man nur listig einen Sündenbock, eben die Juden, so die Berechnung, könne man vielleicht den eigenen Hintern, den Zarenthron retten. Es gärte ernsthaft in der Bevölkerung. Es galt, die drohende „Revolution in jüdischem Blut zu ertränken". Die Ochrana nahm sich des Problems an. Ihr Chef, Pjotr Iwanowitsch Ratschkowski, dessen Spezialität Fälschungen waren, präsentierte eine ganz einfache Lösung: Die Juden mussten noch schlimmer verteufelt werden, als es ohnehin schon der Fall war. Sie mussten für alle Übel in Russland verantwortlich gemacht werden. Und so erblickten die Protokolle das Licht der Welt.

Es ist der israelischen Richterin Hadassa Ben-Itto sowie in Deutschland dem Aufbau-Verlag und einem mutigen Herausgeber und Lektor zu verdanken, dass die volle Wahrheit über die Protokolle schließlich aufgedeckt wurde. In einem Aufsehen erregenden Prozess, der 1933 bis 1935 in Bern stattfand und in dem über die wahre Urheberschaft der Protokolle befunden wurde, kam Folgendes ans Tageslicht:

Der russische Geheimdienstchef Raschkowski begab sich Ende des 19. Jahrhunderts nach Frankreich, um die Protokolle fälschen zu lassen. Raschkowski besaß nachweislich hinreichende Erfahrungen mit Fälschungen; schon früher hatte er zahlreiche Personen mit gefälschten Dokumenten in die Bredouille gebracht. Nun galt es, ein ganzes Volk, die Juden, zu diskriminieren und ihnen die bösartigsten Absichten zu unterstellen. Ihm zur Seite standen einige schurkische Helfershelfer (Golowinski/Bint, ebenfalls russische Geheimagenten), die offenbar auch Erfahrung in diesem Metier besaßen.

Als Vorlage für die Fälschung diente ein Buch des französischen Autors Maurice Joly mit dem Titel *Machiavel et Montesquieu*. Joly hatte allerdings nie die Juden aufs Korn genommen, sein Werk war gegen Napoleon III. gerichtet. Eifrig wurden nun ganze Passagen (176 Stellen!)

von Joly abgeschrieben, uminterpretiert und auf die Juden umgemünzt. Langsam entstanden auf diese Weise die Protokolle. Auch andere Vorlagen wie etwa ein Buch von Herrmann Goedsche spielten eine Rolle. Es handelt sich bei den *Protokollen* also um ein Plagiat (= Diebstahl geistigen Eigentums) und eine Fälschung.

Mit diesen gefälschten Dokumenten, mit den Protokollen der Weisen von Zion in der Tasche reiste Raschkowski eilig zurück nach Russland. Hier wurden die Protokolle rasch vervielfältigt und unters Volk gebracht. Natürlich gaben sich die Ochrana/Raschkowski nicht selbst als Urheber zu erkennen. Sie benutzten erneut Helfershelfer und verdeckten ihre Urheberschaft: Sergej Alexandrowitsch Nilus publizierte im Jahre 1901 ein Buch mit dem Titel *Das Große im Kleinen*. 1905 erschien eine stark veränderte Neuausgabe, die als Anhang erstmals den Text der *Protokolle der Weisen von Zion* enthielt. Die Fälschung war ihm von der zaristischen Geheimpolizei/von Raschkowski zugespielt worden. Später wurde Nilus in zahlreichen Übersetzungen als Quelle zitiert. Gleichzeitig erfand man das Märchen, die Protokolle seien von den Juden selbst verfasst worden – man wies also eine falsche Urheberschaft zu und erfand einen falschen Autor.

So begannen die Protokolle, ihr Gift zu verspritzen. Allenthalben empörte man sich in Russland über die üblen Machenschaften, die den Juden angedichtet worden waren. Weitere Märchen wurden erfunden, wie dass die Protokolle in Südafrika von einem Dieb aus einer Synagoge entwendet worden waren. Die Lüge nahm Gestalt an, sie wurde ausgeschmückt, wurde größer und umfangreicher.

Raschkowski benutzte diese Protokolle in der Folge, um Juden noch weiter und heftiger zu verunglimpfen. Ganze Pogrome und zahlreiche Morde wurden durch diese Protokolle abgesegnet! In Russland wurden die Juden noch übler verfolgt als zuvor. Jetzt verfügte man ja über den Beweis, welch böse Absichten sie verfolgten. Nie gab es in der Geschichte der Menschheit eine Fälschung, die einen so verheerenden Einfluss hatte und für so viele Morde verantwortlich war!

Die böse Saat geht auf

Was geschah in der Folge? Die Protokolle wurden in aller Herren Länder verbreitet:

- Der deutsche Kaiser, Wilhelm II., las begierig die Protokolle. Als der Erste Weltkrieg verloren ging, brauchte er einen Sündenbock. Rasch wies Wilhelm II. auf die Juden, die Protokolle lieferten ihm und anderen Anhängern des Kaiserreiches einen guten Grund für ihr eigenes Versagen.

- Adolf Hitler und seine Schergen, allen voran Alfred Rosenberg und Julius Streicher, zitierten ebenfalls eifrig aus den Protokollen. Sie benutzen sie sogar, um ihre verbrecherische Nazi-Ideologie zusammenzuzimmern! Als die Nazis die Macht an sich gerissen hatten, wurden die Protokolle sogar offizieller Lehrstoff an den Schulen! Das Ergebnis haben wir bereits genannt: 6 Millionen ermordete Juden.

- Henry Ford, der bekannte US-Industrielle, der von den Nazis äußerst angetan war, machte mit einer Übersetzung der Protokolle in den Vereinigten Staaten gegen die Juden mobil.

- Die Protokolle wurden auch ins Japanische übersetzt, mit unglaublichem verlegerischem Erfolg: Millionen Exemplare wurden verkauft, und die Juden wurden sogar im fernen Japan verteufelt.

- In arabischen Ländern erschienen ebenfalls zahlreiche Editionen. Sie halfen, auf die verderbten Absichten Israels aufmerksam zu machen. Tatsächlich werden die Protokolle hier bis heute dazu benutzt, Juden zu diskriminieren und ihnen die unglaublichsten Missetaten zu unterstellen. Islamische Widerstandsbewegungen haben die Protokolle ebenso in ihrem Repertoire wie islamische Terroristen heute (!) die Protokolle als Glücksbringer bei sich führen.[13] In Ägypten, im Libanon und in Jordanien feierten die Protokolle fröhliche Urständ, von den radikaleren islamischen Staaten, wie Syrien oder dem Iran, ganz zu schweigen.

- In Großbritannien, Frankreich, Deutschland, Italien, Spanien, Griechenland oder Polen wurden die Protokolle wieder und wieder aufgelegt, und fast immer mit beträchtlichem verlegerischen Erfolg.

- In Russland, dem Ursprungsland der Protokolle, benutzten die Kommunisten nach 1917 die Protokolle sogar dazu, die Juden zu verteufeln, die angeblich mit dem Welt-Kapitalismus unter einer Decke steckten (obwohl im Zarenreich die Protokolle dazu missbraucht worden waren, die Juden für die kommunistische Bewegung verantwortlich zu machen). Und selbst im modernen Russland, nach dem Fall des Kommunismus, nutzen ultrarechte russische politische Vereinigungen die Protokolle weiter.

- Selbst bis nach Südafrika und Indonesien gelangten die Protokolle.

Inzwischen wurden die Protokolle in fast alle Sprachen der Welt übersetzt. Man kann ihnen per Hörbuch lauschen oder Artikel, Bücher und Broschüren über sie finden. Sie werden heimlich oder offen vertrieben, manchmal werden sie sogar unauffällig und anonym verteilt, nur um die Juden ins Abseits zu rücken. Im Internet finden sich Zehntausende von Eintragungen über die Protokolle. Die Neonazis in aller Welt bedienen sich ihrer nach wie vor, heute – im 21. Jahrhundert!

Das Märchen von der jüdischen Weltverschwörung ist nicht auszurotten. Noch immer dienen die Protokolle als politische Waffe, noch immer sind sie für Zehntausende Tote verantwortlich – obwohl die

Tatsache der Fälschung heute von keinem seriösen Wissenschaftler mehr in Frage gestellt wird. Der böse Geist Raschkowskis, des zaristischen Geheimdienstlers der brutalen Ochrana, weilt noch immer unter uns und vergiftet Planet Erde!

DIE TECHNIKEN DER LÜGE

Wie verführerisch wäre es, an dieser Stelle ein Know-how vorstellen zu können, mit dem wir für immer und alle Zeiten gefälschte Dokumente sofort entlarven könnten. Das ist wahrscheinlich nicht möglich. Immerhin geben die *Protokolle der Weisen von Zion* einige Techniken preis, die uns in Zukunft vielleicht schneller aufhorchen lassen. So viel kann man festhalten:

1. Wir haben bereits darauf hingewiesen, wie verdächtig das Wort Protokolle ist. Erlauben Sie eine Wiederholung:
   Der Begriff Protokoll suggeriert, dass eine Person schriftlich festhält, was genau geschehen ist und was genau gesagt wurde. Bei einem Protokoll wird die Zeit festgehalten, und der Ort ist bekannt. Weiter werden die sprechenden Personen beim Namen genannt sowie ihre genauen Worte. Der Begriff Protokoll suggeriert mit anderen Worten, dass es sich um eine höchst präzise Niederschrift handelt, er lässt keine Zweifel an der Echtheit und der Wahrhaftigkeit eines Dokumentes aufkommen. Darüber hinaus beinhaltet das Wort Protokoll auch die Reihenfolge, in der ein Vorgang stattfinden wird oder stattfinden soll.
   Der Begriff Protokoll ist in Deutschland seit dem 16. Jahrhundert nachweisbar. Es geht auf das griechische Wort πρωτοκολλον, *prōtókollon* zurück. Im Griechischen bedeutet *protos* erster und *kólla* Leim. Ursprünglich wurde damit ein vorgeleimtes Blatt in einer amtlichen Rolle bezeichnet, das erste Blatt oder der Deckel in einem amtlichen Dokument. Von Bedeutung bei dieser

Wortherkunft ist besonders der Umstand, dass ein amtliches Dokument Wahrhaftigkeit und Wahrheit, Richtigkeit und Korrektheit suggeriert. Schon im Altertum wurde mit einem *protókollon* etwas festgehalten, dessen Inhalt man nicht in Zweifel ziehen konnte. Es war echt.

Wenn ein Dokument allzu selbstherrlich und selbstsicher auf Genauigkeit abhebt, kann man bereits misstrauisch werden. Das ist speziell dann der Fall, wenn vorgeblich genaue Fakten nicht leicht nachzuprüfen sind. Im Falle der Protokolle beispielsweise wurde verkündet, sie seien in Südafrika aus einer Synagoge gestohlen worden. Wer kann sich hiervon schon leicht überzeugen?

In die gleiche Kerbe haut der Fälscher, wenn er allzu viele Zitate aufführt, um die Beweiskraft seines Schriftstücks zu erhöhen. Mit Belegen, und Verweisen, mit neuen Quellen und Beteuerungen von Experten will er die Glaubwürdigkeit erhöhen. Hier wird die Vorgehensweise der seriösen Wissenschaft kopiert.

2. Der holprige Stil, die ungekonnte Grammatik, die wir eingangs auszugsweise zitierten, lässt uns weiter misstrauisch werden. Hier wurde die Sprechweise der Juden nachgeahmt, und einige ihrer Ausdrücke übernommen – wie *Goy*, was im Hebräischen Nichtjude bedeutet und womit die Juden tatsächlich Nichtjuden bezeichnen.

Gerade das aber ist verdächtig. Würde ein führender Jude tatsächlich so holprig sprechen? Würde er nicht seine Muttersprache benutzen oder die Sprache, der er tatsächlich mächtig ist? Würde er sich selbst blamieren durch so offensichtliche Fehler? **Achten Sie in Zukunft auf den Stil, in dem etwas ausgedrückt wird.**

3. Die Behauptungen an sich sind so absurd und überrissen, dass uns dies ein weiteres Mal aufhorchen lässt. **Achten Sie auch auf den Inhalt!**

Wenn ein Traktat zu Mord und Totschlag aufruft, zum Landesverrat und zur Erpressung, zu Gewalt, Heuchelei, Bestechung und Raub, so sollten sofort alle Alarmglocken schrillen; etwas stimmt auf jeden Fall nicht. Aufrufe dazu sind in jedem demokratischen Staat strafbar. Wenn zudem noch das Ergebnis Hass und Wut ist, die sich in der Folge auf eine Person, eine Gruppierung oder gar ein ganzes Volk richtet, sollte man sofort innerlich davon Abstand nehmen.

Die intelligenteste Frage, die man sich sofort stellen muss, lautet: Wem dienen solche Dokumente? Speziell Geheimdienste sind Meister darin, zu verleumden und die wahren Drahtzieher zu verschleiern. Das gehört zu ihrem Repertoire. Denunziationen und Diskriminierungen sind gewöhnlich ein probates Mittel, von den eigenen Sünden abzulenken.

4. Was die Protokolle so anziehend und so gefährlich macht, ist der Umstand, dass eine Ecke politischer Wirklichkeit preisgegeben wird. Manchmal schrammen sie gewissermaßen dicht an der Wahrheit vorbei. Das heißt: Natürlich gab und gibt es üble Machenschaften innerhalb der Hochfinanz, im Kreise internationaler Bankiers. Das hat die Geschichte hinreichend bewiesen und das wurde von seriösen Historikern dokumentiert: beispielsweise in den Jahren 1929 und selbst 2008, als einige Bankiers durchaus nicht unschuldig an den Bankenkrächen waren.[14] Aber diese Machenschaften wurden nicht von Juden in Szene gesetzt.

Selbstverständlich gibt es alle möglichen Techniken und Methoden, die Menschen durch die Medien an der Nase herumzuführen und zu manipulieren. Auch das ist hinreichend in der Literatur belegt.[15] Doch auch diese Sünden kann man nicht den Juden anlasten.

Und schließlich muss man festhalten, dass es ein Know-how gibt, ganze Staaten zu zerstören – von innen heraus: Die Nazis etwa entpuppten sich während der Weimarer Republik als Meister darin, für Unruhe und Chaos zu sorgen; sie schreckten nicht vor Tod und Mordschlag zurück, vor „Gewalt, List, Heuchelei, Bestechung, Betrug, Verrat und Raub fremden Eigentums" – vor all den Taten also, die den Juden in den Protokollen vorgeworfen worden waren. Sie reorganisierten schließlich Politik und Religion, Presse und Wirtschaft, Währungen und Börse. Oder der kommunistische Geheimdienst, der KGB, die Nachfolgeorganisation des infamen zaristischen Geheimdienstes Ochrana: Er verstand sich meisterhaft darin, Staaten von innen auszuhöhlen und für Unruhe und Chaos zu sorgen. Der Clou: In beiden Fällen waren es wieder nicht die Juden.

Mit anderen Worten: All diese Methoden, all dieses Know-how, all diese Scheußlichkeiten existieren zwar, eine Ecke der Wahrheit wurde gesehen, aber die Untaten wurden den falschen Personen in die Schuhe geschoben. Einem ganzen Volk! Es wurde verallgemeinert. Es wurde verhetzt. Und so erkennen wir: **Eine weitere Technik der Lüge besteht darin, zu verallgemeinern und zu verhetzen. Immer wird dabei eine falsche Urheberschaft zugewiesen.**

Damit verfügen wir immerhin über 4 Indikatoren, die uns helfen, solche Großlügen in Zukunft leichter zu entlarven. Laufen Sie also nicht mehr jeder Verschwörungstheorie hinterher, sie sind heute an allen Ecken und Enden wohlfeil zu haben. Begreifen und verstehen wir die Methoden, *wie* gelogen wird und *wie* die Wahrheit verdreht wird! Denn damit können wir alle eine etwas sicherere Umgebung schaffen. Lernen wir, den Techniken der Lüge auf die Schliche zu kommen!

8. KAPITEL:

NATIONAL UND NATIONALISTISCH MOTIVIERTE GESCHICHTSFÄLSCHUNGEN

Die Lüge ist auch in diesem Kapitel unser Thema. Es ist vielleicht nie gesagt worden, aber im Grunde taugt eine nationale Geschichtsschreibung, also eine Historiografie, die von den landeseigenen Historikern zusammengekleistert wird, nichts oder nicht viel. Denn eine Nation oder genauer gesagt ihre Schreiberlinge werden fast immer versuchen, die positiven Eigenschaften, die Sichtweise und die eigenen Siege ihres Volkes oder Landes ungebührlich herauszustreichen – und auf die negativen Seiten und Niederlagen nur verschämt oder am Rande aufmerksam machen. Mit anderen Worten: Sie werden lügen und Geschichte verfälschen.

Will man etwa die Geschichte der deutschen Nation verstehen, so liest man besser die Bücher von französischen, englischen, US-amerikanischen oder italienischen Historikern über dieses Deutschland – sie sind distanzierter, nicht von so vielen Vorurteilen belastet und weniger gefühlsbeladen. Gleiches gilt mit umgekehrten Vorzeichen für andere Länder.

Kaum ein Land urteilt über sich selbst objektiv, und obwohl die eigenen Historiker üblicherweise leichter Zugang zu den Originalquellen finden, sind sie doch durch ihre Meinungen und politischen, religiösen oder weltanschaulichen Ansichten meist schon bestochen – ganz abgesehen davon, dass das Selbstwertgefühl litte, wenn man den Wert seiner eigenen Nation schmälern würde, und von den bescheidenen Karrieremöglichkeiten von Nestbeschmutzern. Umgekehrt winken dem Historiografen, der die eigene Nation als leuchtendes Beispiel darstellt, gewöhnlich schöne Pöstchen, Geld, Ruhm, Beifall und Ehre. Machen wir die Probe aufs Exempel!

TEIL 1: DIE GESCHICHTE ATHENS

Athen beherrschte im Altertum die halbe bekannte Welt, niemand kam ehemals den alten Griechen gleich. Sie verfügten mit Sokrates, Platon und Aristoteles über die größten Philosophen; hier sprühte der Geist, hier wurden die scharfsinnigsten mathematischen und naturwissenschaftlichen Überlegungen angestellt und die Grundlagen einiger Wissenschaften erstmals formuliert; hier wurde die Demokratie erfunden und hier blühten die Kunst, die Architektur und die Skulptur, von der Komödie und Tragödie ganz zu schweigen.

Eines Tages standen die Athener vor dem Problem, ihre Geschichte aufzuschreiben und über die Gründung ihrer Stadt nachzudenken, die heute rund 5.000 Jahre alt ist. Der Sage nach buhlten am Anfang, bei der Stadtgründung, die Göttin Athene und der Gott Poseidon um die Gunst, zum Schutzgott erhoben zu werden und damit der Stadt ihren Namen zu geben. Der Legende nach entschieden die Athener, dem Gott die Siegespalme zuzusprechen, der ihnen das beste Geschenk machen würde. Keine unkluge Art, mit Göttern umzugehen! Poseidon, der Meeresgott, bedachte Athen mit einem Brunnen, der jedoch nur Salzwasser ausspuckte. Athene dagegen, die Göttin der Weisheit, schenkte den Athenern einen Olivenbaum, der Nahrung, Holz und Olivenöl lieferte, also vielseitig verwendbar war. Die Athener überlegten nicht lange und sprachen der Göttin Athene die Siegespalme zu. Das göttliche Duell endete also damit, der Klugheit und dem Nutzen einer Sache den Vorrang einzuräumen – wenn man so will, eine hoch intelligente politische Richtlinie!

Aufgrund der Tatsache, dass sich die Götter um dieses herrliche Athen gebalgt hatten, besang man sich natürlich selbst, beweihräucherte man sich und tat kund, dass sogar die höchsten und mächtigsten Götter Athen bewunderten. Etwas unfeiner ausgedrückt, log man wie ein orientalischer Märchenerzähler, um sich selbst ins rechte Licht zu rücken. Aber es sollte noch dicker kommen!

KÖNIG KEKROPS I.

Eines Tages erblickte auch eine weltliche Geschichtsschreibung das Licht der Welt. Man einigte sich darauf, einst habe ein sagenhafter König Kekrops I. das wunderbare Athen gegründet. Im Altgriechischen bedeutet *Kekrops* so viel wie der Geschwänzte. Angeblich hatte er keine Eltern (ein echter Selfmademan!) und war aus der Erde geboren. Er sah halb wie ein Mann, halb wie ein Drache aus.

Kekrops (Vasenbild in Palermo).

So zeigt ihn jedenfalls ein Vasenbild, das im sizilianischen Palermo gefunden wurde.

Diesem Kekrops wurden alle möglichen und unmöglichen Heldentaten angedichtet. Angeblich führte er die Ehe ein, sorgte für die ersten staatlichen Einrichtungen, betonte das Recht auf Eigentum und achtete darauf, dass den Göttern nur noch unblutige Opfer dargebracht wurden. Ein Zivilisationsbringer, verklärt durch die Historienschreiber selbst! Übertroffen wurde dieser König nur von einem einzigen Mann: von Theseus.

THESEUS

Athen sah in der Folge verschiedene Könige, unter denen vor allem der Held Theseus hervorstach. Theseus wird als ein Mann von unglaublicher Stärke beschrieben, ähnlich wie Herakles; gleichzeitig war er mit hoher und höchster Intelligenz begabt. Er liebte Recht und Gesetz und half anderen, wann immer er konnte. Eine edle Seele, unvorstellbar stark, mutig, klug und rechtschaffen!

Hinter vorgehaltener Hand flüsterte man, der Meeresgott Poseidon sei sein wahrer Vater, aber fest stand offenbar, dass Theseus riesige Felsbrocken mit Leichtigkeit bewegen konnte, zahlreiche gefährliche Räuber mit eigener Hand erschlagen und selbst Riesen besiegt hatte. Er hatte sogar dem Fichtenbeuger Sinis ein Ende bereitet. Sinis? Dieser Unmensch hatte Spaß daran, Menschen zu fangen, zwei Fichten zu beugen, sie an den beiden Bäumen zu befestigen und die Fichten dann an ihren ursprünglichen Ort zurückschnellen zu lassen. Dadurch wurde das Opfer zerrissen. Selbst ein brandgefährliches, wildes Schwein hatte Theseus besiegt, wobei der Biograf Plutarch schreibt: „Dieses Tier erlegte Theseus nur so im Vorüberziehen, damit es nicht scheinen sollte, als täte er alles nur, weil er es müsste."[1]

Auch noch herrlich bescheiden war der Halbgott Theseus! Theseus tötete zudem den üblen Kerkyon, der den Beinamen *der Strecker* besaß. Denn der gefiel sich darin, Menschen wie in einem Streckbett weit auseinanderzuziehen (also zu foltern), bevor er sie ausraubte und umbrachte. Am berühmtesten ist vielleicht die Geschichte um den kretischen König Minos, der alle neun Jahre von Athen je sieben Jünglinge und Jungfrauen einforderte, um sie dem Minotauros, einem Mischwesen zwischen Mensch und Stier, zum Fraße vorzuwerfen. Theseus ließ sich unter die Opfer einreihen und tötete den Minotaurus. Weiter besiegte er die Amazonen, vertrieb die Zentauren, die Pferdemenschen, und stieg gar in die Unterwelt hinab, um anderen zu helfen.

Als die Athener später gegen die Perser zu Felde zogen, erblickten viele von ihnen vor ihrem Heer die „geisterhafte Gestalt des Theseus in voller Waffenrüstung ..., die an ihrer Spitze gegen den Feind heranstürmte." [2] Hübsch ist ebenfalls die Geschichte um das Grab des Theseus, das eines Tages angeblich wiederentdeckt wurde. „Ein Adler, wie man erzählt, hackte an einem hügelartigen Platze mit dem Schnabel und mit den Krallen den Boden auf" [3] – und so wurden das Grab und der berühmte Leichnam wiederentdeckt.

GRIECHISCHE ÜBERTREIBUNGEN

Wir sind sicher, wir können an dieser Stelle einhalten. Natürlich verklärten die Athener durch solche Sagen nur sich selbst, mit dem Nebeneffekt, der Jugend große Vorbilder zu liefern. Wir denken heute nicht mehr darüber nach, ob diese Sagen wahr oder falsch sind, natürlich sind sie erfunden. Aber solche Geschichten verschafften den Athenern Selbstbewusstsein, sie schufen ein Gruppengefühl und schmiedeten die Menschen zusammen. Man besaß offenbar gemeinsame Wurzeln, auf die man voller Stolz zurückblicken konnte. Es war etwas Besonderes, ein Athener zu sein und in Athen zu wohnen, um das sich die Götter selbst einst gestritten hatten! Allein die Tatsache, ein Athener zu sein, hob das Individuum über alle anderen Städte und Nationen weit heraus.

Vergnügen wir uns nun an einem zweiten Beispiel.

TEIL 2: DIE GRÜNDUNG ROMS

Rom beherrschte rund 1.000 Jahre die bekannte Welt. Und so wundert es nicht, dass einst die abenteuerlichsten Geschichten über dieses mächtige, wundersame Rom zusammengetragen wurden.

Der Geschichtswissenschaftler von heute weiß, dass die eigentliche Gründung verhältnismäßig unspektakulär vor sich ging: Rund 1000 v. Chr. vereinigten sich einige latinische, sabinische und offenbar auch etruskische Dörfer zu einer Stadt, wahrscheinlich geschah dies alles gewaltsam. Und das ist auch schon die ganze Geschichte!

Die Latiner bestanden aus einem Bund von 30 Städten, Dörfern und Stämmen. Es handelte sich gewissermaßen um Ureinwohner Italiens; das Wort Latein ist auf sie zurückzuführen. Die Latiner wurden im 6. Jahrhundert v. Chr. von „Rom" besiegt. Die Sabiner wanderten ca. 1200–1000 v. Chr. vom Norden her über die Alpen in Italien ein, sie wurden von den „Römern" im 4. Jahrhundert unterworfen. Über die Etrusker haben wir bereits berichtet: Sie kamen aller Wahrscheinlichkeit nach aus Kleinasien, und vielleicht waren sie die Vereiniger und die Urrömer. Denn sie besaßen eine starke Flotte und waren höchst kriegstüchtig. Aber das sind alles Theorien. Möglicherweise wurden die Ureinwohner einfach ausgerottet, vielleicht vermischte man sich auch mit ihnen, unter Umständen liegt die Wahrheit in der Mitte.

Das Wort Rom hängt vielleicht mit der Wurzel *rum* = weibliche Brust zusammen. Denn der Sage nach wurden Romulus und Remus, Zwillinge und sagenhafte Gründer Roms, von einer Wölfin gesäugt, sie gab ihnen die Brust. Doch damit sind wir bereits bei einer Sage, die vieltausendfach ausgeschmückt und millionenfach erzählt wurde.

Die Legende

Natürlich rankten sich um die Gründung des mächtigen Roms zahlreiche Legenden, und nicht nur eine einzige Sage. Es gab hundert „Erinnerungen" und tausend Dichtungen. Aber die Romulus-Remus-Geschichte erfreute sich zweifellos höchster Beliebtheit. Danach wurde Rom 753 v. Chr. gegründet. Der Held aller Helden war Aeneas, ein mächtiger Kriegsmann, den wir vom Kampf um Troja und vom Dichter Homer her kennen. Aeneas war der Sohn der Aphrodite (oder der Venus, wie die Göttin der Schönheit bei den Römern hieß). Angeblich floh Aeneas aus dem brennenden Troja, erlebte zahlreiche Abenteuer, gelangte nach Italien und vermählte sich mit einer Königstochter der Latiner.

Acht Generationen später suchte ein Eroberer die Nachkommen des Aeneas umzubringen. Aber eine Ur-Ur-Urenkelin des großen Helden wurde von Mars, dem Gott des Krieges, geschwängert. Sie empfing „die Lüft' im geöffneten Busen", wie die Befruchtung der Jungfrau beschrieben wird, und wurde mit Zwillingen schwanger. Der Eroberer befahl, die beiden Kinder zu ertränken. Man legte sie auf ein Floß, doch die Zwillinge überlebten, „freundliche Wogen" trugen sie an Land. Hier nahm sich eine Wölfin (*lupa*) der beiden Kinder an, säugte sie und gab ihnen die Brust. Die beiden überlebten, vertrieben den Eroberer und erbauten ein eigenes Königreich auf den Hügeln Roms. Romulus besorgte seinen Siedlern durch Raub Frauen – und der Rest ist Geschichte.

Selbstredend rankten sich zahlreiche weitere Legenden um Romulus, der immer stärker verklärt wurde: In den späteren Erzählungen wurde er immer tapferer, listiger und klüger. Und natürlich gab es zahlreiche Varianten dieser Geschichte. Nach einer höchst erfolgreichen Regierungszeit trug ein Wirbelwind Romulus angeblich in den Himmel empor. Er erhielt einen Sitz unter den Göttern und wurde von den Römern fortan als der Gott Quirinus verehrt.

Wir erkennen auch in diesem Fall, dass die Abkunft von einer Göttin (Venus) und das persönliche Eingreifen des Kriegsgottes (Mars) dazu diente, sich selbst zu erhöhen und dem werdenden Rom ein politisches Glaubensbekenntnis zu verpassen: Abgesehen von der Schönheit wurden die Kriegstugenden über alles geschätzt. Hiermit wollte sich Rom identifizieren, und mit dieser politischen Richtlinie eroberte es die halbe Welt.

Nun lächeln wir heute vielleicht ein wenig überheblich über solche Sagen, ohne zu wissen, dass unsere eigene Nation keinen Deut besser ist. Packen wir uns also einmal an die eigene Nase!

TEIL 3: GESCHICHTSFÄLSCHUNGEN IM DRITTEN REICH

Auch die deutsche Geschichtsschreibung ist voller Fehleinschätzungen, die man durchaus als Geschichtsfälschungen bezeichnen könnte. Unseres Erachtens wurden Karl der Große, die Kreuzzüge, viele Päpste, Friedrich der Große, Luther und Bismarck völlig zu Unrecht von vielen Historikern in den Himmel gelobt – bei diesem Blutzoll! Hierauf haben wir bereits in dem Werk *Die geheim gehaltene Geschichte Deutschlands*[1] aufmerksam gemacht – wir brauchen uns nicht zu wiederholen.

Aber natürlich lassen sich die Geschichtsfälschungen/Fehlinterpretationen über Friedrich den Großen und Bismarck nicht ansatzweise mit den Geschichtsfälschungen vergleichen, von denen wir während des Dritten Reiches (1933–1945) heimgesucht wurden. Keine Zeit war für Deutschland und die Welt so verheerend wie die Periode, als die Nazis in Deutschland die Macht in der Hand hielten. Und nie wurde Historie so verdreht.

Schon vor der Machtergreifung durch den „Führer" hatte eine Verdrehung der Geschichte stattgefunden. Vergessen wir nicht: Hitler musste zunächst Wahlen gewinnen! Schon in dieser Phase fälschte er gewissenlos die Geschichte.

226

GROSSLÜGE NR. 1: DIE DOLCHSTOSSLEGENDE UND DER VERSAILLER „SCHANDVERTRAG"

Als Deutschland den Ersten Weltkrieg verloren hatte, hatte die deutsche Oberste Heeresleitung (OHL) nichts Eiligeres zu tun, als wie gedruckt zu lügen und das Märchen vom „Dolchstoß von hinten" zu erfinden. Deutschland habe angeblich den Krieg gar nicht verloren, seine Soldaten, so tönte die OHL, seien nach wie vor in der freien, offenen Schlacht unbesiegt; vielmehr trügen vaterlandslose Gesellen, vor allem die Sozialdemokraten, die Schuld an der vernichtenden Niederlage. Innere Reichsfeinde – später wurde auch das internationale Judentum beschuldigt – seien für den verlorenen Ersten Weltkrieg verantwortlich.

Hitler griff diese Geschichtslüge begierig auf. Er wetterte in diesem Zusammenhang auch gegen den Versailler Vertrag, den „Schandvertrag", der Deutschland nach dem Ersten Weltkrieg aufoktroyiert worden sei und den das deutsche Volk als Knechtung empfinde. Auch das war eine glatte Lüge.

Tatsache ist, dass der Versailler Friedensvertrag von weiten Teilen der Bevölkerung zunächst nicht als Knechtung empfunden wurde. In Wahrheit waren es Hitler und seine Helfershelfer, die in Bezug auf diesen Friedensvertrag einen Stimmungsumschwung und eine Änderung der öffentlichen Meinung herbeiführten. Das deutsche Volk war natürlich nicht glücklich über den verlorenen Krieg, aber erst mit propagandistisch-agitatorischen Mitteln wurde das Gefühl der Ungerechtigkeit herbeigeredet, wie Hitler selbst zugab. Ausnahmsweise ist Hitler selbst für diese Behauptung als Zeuge zu benennen. Er legte in seinen Schriften zornig dar, dass die Bevölkerung zunächst nichts gegen den Versailler Friedensvertrag einzuwenden hatte.[2] Wiederholen wir: Hitler verfälschte also gezielt Geschichte, er hämmerte den „Schandvertrag von Versailles" förmlich in die Köpfe der Menschen.

Um seine Lügen zu verbreiten, bediente sich Hitler mehrerer rhetorischer Techniken, die er in seinem Buch *Mein Kampf* verriet. Hierin werden die Techniken der Lüge und die Techniken der Schwarzen Propaganda in einer Klarheit beschrieben, die nichts zu wünschen übrig lässt. Natürlich münden diese Techniken je und je in eiskalte Geschichtsfälschung ein. Um einen höchstmöglichen Effekt mit den Mitteln der Propaganda zu erzielen, forderte Hitler:

1. Propaganda muss „immer mehr auf das Gefühl gerichtet sein und nur sehr bedingt auf den sogenannten Verstand."[3] Je mehr Bedeutung der emotionalen Seite zugemessen wird, desto effizienter die Rede.

2. „Jede Propaganda hat volkstümlich zu sein und ihr geistiges Niveau einzustellen nach der Aufnahmefähigkeit des Beschränktesten unter denen, an die sie sich zu richten gedenkt. Damit wird ihre rein geistige Höhe um so tiefer zu stellen sein, je größer die zu erfassende Masse der Menschen sein soll."[4]

3. Propaganda muss geschlossen und einheitlich formuliert wer-den. Sie darf nicht im „Vielleicht" stehen bleiben, sondern muss radikale Formulierungen wählen. Man muss darauf verzichten zu differenzieren, man darf keinen Grauschattierungen den Vorzug geben. Hitler im Originalton: „Es darf nur ein Positiv oder ein Negativ, Liebe oder Hass, Recht oder Unrecht, Wahrheit oder Lüge [geben]".[5]

4. Nur eine tausendfache Wiederholung einfachster Begriffe bewirkt, dass Propaganda im Gedächtnis der Massen haften bleibt. „Jede Abwechslung darf nie den Inhalt der Propaganda verändern, sondern muss stets zum Schluss das gleiche besagen. So muss das Schlagwort wohl von verschiedenen Seiten aus beleuchtet werden, allein das Ende jeder Betrachtung hat immer von neuem beim Schlagwort selbst zu liegen."[6]

5. Wichtig ist, in jeder einzelnen Rede schon vorher die Gegen-
argumente vorwegzunehmen. Hitler plädierte dafür, „Gegenein-
wände ... in der eigenen Rede bereits restlos zu zerpflücken. Es [ist]
dabei zweckmäßig, die möglichen Einwände selbst immer sofort
anzuführen und ihre Haltlosigkeit zu beweisen."[7]

Damit besitzen wir einen bemerkenswerten Einblick in die
Redetechniken Hitlers, die er über allen anderen Propaganda-Methoden
ansiedelte. Es handelt sich um lupenreine Techniken der Lüge.

Man muss es sich vorstellen: Allein mit diesen Methoden hauchte
Hitler einer ganzen Bewegung Leben ein! Möglicherweise kann man aus
heutiger Sicht einige Analysen hinzufügen. Golo Mann beispielsweise
machte darauf aufmerksam, dass in den überfüllten Sälen die Stimmung
mit betäubender Marschmusik unendlich angeheizt wurde. Fahnen und
Transparente spielten eine Rolle, die „Schreie des Jubels und des Hasses
verursachten ein Einheitsgefühl."[8] Man kann es sich bildlich vorstellen,
wie die Menschen in den überfüllten Biersälen zu Gefühlsausbrüchen
animiert und wie die Musik und die Symbolik in den Dienst der
Propaganda gezwungen wurden. Hitler verstand es, niederste Instinkte
anzusprechen, wie den Hass, den Zorn und den Neid. All das Elend
seiner Zeit fand ein Ventil in seiner Weltanschauung, die absichtlich –
wir haben es von ihm selbst gehört (!) – auf den kleinsten gemeinsamen
Nenner gebracht wurde.

Der Versailler „Schandvertrag" (und andere Lügen) wurden also genau
so in die Gehirne gehämmert – mit Zorn, mit Hass, mit Musik.

Hitler spielte darüber hinaus verschiedene Rollen, manchmal den
zukünftigen Eroberer, manchmal den Mann von Maß und gesundem
Menschenverstand. Er konnte je nach Gesprächspartner und Zuhörer
wie ein Chamäleon sein Gesicht ändern – ein vollendeter Staatsschau-
spieler.

Das Gleiche lässt sich von den anderen nationalsozialistischen
Rhetorikern sagen. Golo Mann kommentiert: „Sie waren unter sich
verschieden genug. Einer gab sich als überwiegend konservativ, als Orden

behängter Offizier, als dicker Scheinaristokrat. Ein anderer spielte den kräftigen Arbeitsmann, (...) den betrogenen deutschen Arbeiter. Ein Dritter spezialisierte sich im Aufpeitschen des uralten, in allen europäischen Völkern latenten schlechten Instinktes, des Judenhasses. Wieder ein anderer (zeigte) die vulgäre und boshafte, die hohe, freie und freche Intelligenz der Partei."[9] Je nach Zielpublikum, wie es heute heißt, änderte sich also das Erscheinungsbild und die Ansprache der Nationalsozialisten. Nicht nur Hitler bediente sich dieser Methode, sondern auch seine Propagandisten.

Aber es gab noch weitere Techniken: Hitler kupferte bei den konkurrierenden Sozialisten und Kommunisten die Parteifarbe Rot ab (für Flugzettel, Fahnen, Armbinden, Abzeichen und so fort). Der verkrachte Kunstmaler entwarf selbst das Parteiemblem: ein weißes Feld mit schwarzem Hakenkreuz auf rotem Grund. „Geschickt verband er die rote Farbe der Arbeiterbewegung mit den alten Farben des Bismarckreiches. Auch der Name seiner Partei schien den alten Gegensatz zwischen nationaler Bewegung und Arbeiterschaft im Begriff ‚Nationalsozialismus' zu überbrücken."[10] Geschichte wurde benutzt und in den Dienst der Propaganda gestellt.

Der „Führer" machte sich zudem die deutsche Schwäche für Uniformen zunutze. Der Nagelstiefeltritt zu zackigen Marschliedern besaß einen enormen Show-Effekt! Hitler zielte immer wieder auf den Gefühlsrausch ab. Wer dennoch nachdachte, bekam es mit der Angst zu tun, ein Gefühl, das Hitler ebenso gezielt schürte: „Und willst du nicht mein Bruder sein, so schlag ich dir den Schädel ein!"[11]

So wurde Geschichte auf simplifizierte Nenner gebracht, sie wurde schwarz-weiß gezeichnet und in jeder Beziehung vergewaltigt. Weiter wurde eine andere Lüge erfunden, die noch gewaltiger war, und die erst so richtig griff, als Hitler an der Macht war.

GROSSLÜGE NR. 2:
DAS MÄRCHEN VON DER ARISCHEN RASSE

Die Nationalsozialisten versuchten, den Deutschen weiszumachen, sie seien etwas überragend Besonderes, andere Rassen hingegen zweite oder dritte Wahl. Die Deutschen seien arischer Abstammung, seien die „Herrenrasse". Die Nazis verdrehten auch in dieser Beziehung die Geschichte und behaupteten frech, dass die Arier ursprünglich in Deutschland oder in Skandinavien beheimatet gewesen seien. Sie sprachen von der blondhaarigen, blauäugigen Rasse, die vorgeblich anderen Rassen weit überlegen sei.

Worum handelt es sich in Wirklichkeit bei diesen Ariern? Arier waren prähistorische Nomaden, herumwandernde Gesellen, die im 3. Jahrtausend v. Chr. vom Norden aus in den indischen Raum und in den heutigen Iran eingefallen waren und die Urbevölkerung dort aufgrund ihrer militärischen Überlegenheit besiegt hatten. Denn sie verfügten bereits über Pferde und Streitwagen.

Die Nazis logen also, dass sich die Balken bogen, als sie behaupteten, die Arier, eine alte Rasse, seien ursprünglich in Deutschland oder Skandinavien beheimatet gewesen.

Die Nazis hatten sich keine Gedanken über die Herkunft des Wortes Arier gemacht. Das Sanskritwort *arya* bedeutet zwar edel, aber es gibt genügend Wissenschaftler, die den Ursprung auf die Sanskritwurzel *ri-ar* (= pflügen) zurückführen. Im Lateinischen heißt *aratrum* Pflug. Nach dieser Theorie bedeutet das Wort *arya* oder *Arier* nicht Edelmann, sondern Bauer. Geschichte ist manchmal mit seltsamem Humor begabt.

Die Lehre von der überlegenen arischen Rasse wurde im Dritten Reich jedenfalls weiter und weiter ausgewalzt.

Die „Herrenrasse" wurde mystifiziert und als Kriegeradel und Kulturbringer bezeichnet. Alle möglichen und unmöglichen positiven Eigenschaften wurden ihr zugeschrieben – geschichtlich gesehen unhaltbar. Ein ganzes Vokabular spann sich schließlich um diese verrückte Idee. So wurde etwa von dem reinen Blut der Arier gesprochen. Weit unter der arischen Rasse waren vorgeblich die Juden angesiedelt, aber auch afrikanische Buschmänner und australische Aborigines. Rassentheoretiker wurden zitiert, das „deutsche Volkstum" besungen und immer wieder der blonde und blauäugige Mensch als Rassenideal hingestellt, obwohl Hitler selbst wie ein halber Jude aussah.

Der angeblich reinrassige Arier war schlank und rank, körperlich topfit, flink, zäh und „hart wie Kruppstahl". Stammbäume wurden durchforstet und daraufhin abgeklopft, ob die Ahnen vollständig „deutschblütig" gewesen waren oder ob es sich bei einer Person nicht vielleicht nur um einen jämmerlichen „Halbjuden", „Vierteljuden" oder „Achteljuden" handelte. Das deutsche Blut musste unter allen Umständen rein bleiben, idealerweise sogar „aufgenordet" werden. Um die Überlegenheit der „Herrenrasse" zu bewahren, wurden kranke, alte und körperlich oder geistig behinderte Menschen einfach ermordet – aber auch Kriegsversehrte, Arbeitsunfähige, Landstreicher, Juden und „Zigeuner". Immer mehr „niedere" Völkerschaften fielen dem Arierwahn zum Opfer, auch slawische Völker. Demgegenüber wurde ein Programm zur Aufzucht der „Herrenmenschen" ins Leben gerufen – von Reichsführer Heinrich Himmler, einem früheren Hühnerzüchter. Alles drehte sich auf einmal um die richtigen Gene und die richtige Rasse. Hand in Hand ging diese Lüge mit ...

GROSSLÜGE NR. 3: DIE MINDERWERTIGKEIT DER JUDEN

Wir wollen gar nicht erst versuchen, alle geschichtlichen Lügen, die über Juden erfunden wurden, an dieser Stelle aufzulisten. Schnell wurde das Märchen von einer jüdischen Weltverschwörung ersonnen; auf die *Protokolle der Weisen von Zion* haben wir bereits aufmerksam gemacht. Geschichte wurde erneut uminterpretiert und alle Schlechtigkeiten dieser Welt auf dem Rücken des jüdischen Volkes abgeladen. Kübel von Schmutz und Lügen wurden über den Juden ausgegossen, sie wurden verfolgt, entrechtet, beraubt und in Konzentrationslagern ermordet.

GROSSLÜGE NR. 4: DAS DRITTE REICH

Schon immer hatte man versucht, Geschichte als Dreischritt zu verstehen. Wir sprechen noch heute von Antike, Mittelalter und Neuzeit – eine Einteilung, die theoretisch mehr als angreifbar ist.

Die christliche Geschichtsphilosophie hatte versucht, Historie in verschiedene Schritte einzuteilen, und behauptete, sie würde am Schluss gradlinig in Jesus Christus einmünden, wenn auch nicht immer in Dreierschritten.

Schließlich nahmen zwei zweifelhafte Schreiberlinge, Dietrich Eckard und der konservativ-antidemokratische Schmierfink Arthur Moeller van den Bruck, wieder eine Dreiteilung vor: Das erste Reich, so verkündeten sie, war angeblich das Heilige Römische Reich Deutscher Nation, das zweite Reich das Deutsche Kaiserreich und das dritte Reich deute auf eine neue, wundersame Epoche hin.

Die Nazis griffen diese Idee begierig auf und bezogen diese neue, wundersame Epoche flugs auf sich selbst. Geschichte wurde wieder einmal uminterpretiert und gefälscht, denn diese Dreiteilung war völlig willkürlich und aus der Luft gegriffen. Doch da damit das Kämpferische aus der deutschen Geschichte herausgestrichen werden konnte, passte es in das Nazi-Konzept. Die Weimarer Republik wurde kurz als Zwischenreich abgetan. 1939 verbot Hitler zwar in einem geheimen Rundschreiben die weitere Verwendung des Begriffes Drittes Reich – bevorzugt wurden nun Ausdrücke wie Germanisches Reich deutscher Nation, Großdeutsches Reich oder Großgermanisches Reich (mit diesen Ausdrücken sollten die Eroberungslust und der Kampfgeist betont werden) –, doch der Ausdruck Drittes Reich verschwand nie ganz von der Bildfläche.

So wurde Geschichte dazu degradiert, die nationalsozialistische Ideologie zu untermauern und zu beweisen.

Andere Lügen

Natürlich existierten noch andere Lügen: Über den Marxismus, den Bolschewismus und den Klassenkampf wurde gelogen, um die Arbeiterschaft zu gewinnen; über den Lebensraum im Osten, der angeblich für die Deutschen so notwendig sei, und über die vorgeblich verheerenden Resultate der Demokratie. Nichts war diesem Lumpen Hitler heilig, wenn es darum ging, seine verdrehte Weltanschauung zu verkaufen.

Es wurde ein eigener Sprachschatz geschaffen, der all diese Lügen transportieren half. Führen wir uns ein kleines Hitler/Goebbels-ABC kurz zu Gemüte. Besonders beliebt waren folgende Kraftausdrücke und Schlagwörter:

- Ahnen, Akademisches Proletariat, Arbeitsfront, Auslese, Ausmerzung, lebensunwertes Leben;

- Bescheidenheit: „Als letzten Faktor muss ich in aller Bescheidenheit meine eigene Person nennen: unersetzbar. Weder eine militärische noch eine zivile Persönlichkeit könnte mich ersetzen ... Ich bin überzeugt von der Kraft meines Gehirns und von meiner Entschlusskraft"[12]

- Blitzsieg, Blut und Boden, Bund deutscher Mädchen (BdM);

- Deutschland, Deutschland über alles, über alles in der Welt; Deutschtum, Drittes Reich;

- Edeltier, Eheweihe, Endlösung, Endsieg, dem Erdboden gleichmachen;

- Die Fahne hoch, die Reihen dicht geschlossen; Fähnlein, Festung Europa, Flamme empor, Freizeitgestaltung (damals erfunden!), Führer;

- Gefolgschaft, Gehorsam, Glaube und Schönheit, Großdeutschland;

- Heil Hitler!, Heim ins Reich, Herrenadel, Herrenrasse, Hitlerjugend;

- Judenfrage: Jungmädchen (JM), Junkerschulen;

- Kraft durch Freude (KdF), Kraft durch Herrlichkeit;

- Lebensborn, Lebensraum, Leibstandarte (SS), Liedgut;

- Machtergreifung, Mädels;

- Rassenschande, Reichsautobahn (Straßen des Führers), Ruhmesblatt unserer Geschichte;

- Schönheit der Arbeit, Selektion, Sonderaktion, Sondermeldung (eingeleitet mit Franz Liszts Les Préludes);

- Der totale Krieg, Treue;

- Undeutsche Schriftsteller/Künstler, Untermensch, unwertes Leben;

- Vaterland, Volk ohne Raum, Volksdeutsche, gesundes Volksempfinden, Vorsehung;

- Deutsche Weihnacht; Wir werden weitermarschieren, wenn alles in Scherben fällt, denn heute gehört uns Deutschland und morgen – die ganze Welt; Weltvergifter, Am deutschen Wesen soll die Welt genesen (fälschlich für: „Und es mag am deutschen Wesen, einmal noch die Welt genesen" – Emanuel Geibel, deutscher Dichter, 1815–1884), Widerstand.

Die Verdrehung der Geschichte durch die Nazis

Man darf sich diese neue Geschichtstheorie der Nationalsozialisten nicht als ein harmonisches Ganzes vorstellen. Der Historiker Frank-Lothar Kroll wies vielmehr darauf hin, dass das Geschichtsbild der Nazis auch von vielen anderen Chefideologen geprägt wurde[13]: unter anderem von Rosenberg, Darré, Himmler, Goebbels und Göring. Zum Teil wurde hier unterschiedlich argumentiert; ein einheitliches Geschichtsbild der Nazigrößen existierte sicherlich nicht. Dennoch zog sich ein roter Faden durch alles hindurch, den wir zumindest ansatzweise nachgezeichnet haben. Wiederholen wir die Lügen in der Reihenfolge ihrer Bedeutung:

1. Am wichtigsten war die Lüge über die Arier und ihre angebliche rassische Überlegenheit.

2. Alle anderen Rassen, speziell die Juden, waren minderwertig und verderblich. Sie waren für das gesamte Elend der Welt (Verschwörungstheorie) verantwortlich.

3. Das Dritte Reich kündigte eine völlig neue, wunderbare Periode in der Geschichte an, die gesamte Historie lief darauf zu.

4. Der Erste Weltkrieg war nur durch Verrat verloren worden, das deutsche Heer war unbesiegt, der Versailler Vertrag ein „Schandvertrag".

5. Geschichte wurde auch in Bezug auf den Marxismus, den Bolschewismus und die Demokratie verdreht; alle wurden ausnahmslos verteufelt.

Man braucht sich heutzutage nicht mehr die Mühe zu machen, die Nazi-Ideen über die Geschichte zu widerlegen; sie sind zu absurd, als dass man sie ernsthaft auf den Prüfstand stellen müsste.

Dennoch lehren sie uns viel: Wir wissen nun, dass eine verbrecherische Polit-Clique die Geschichte nach Belieben auslegen und kaltblütig Fakten verdrehen kann. Geschichtsschreiber wurden degradiert zu Steigbügelhaltern, zu Lügenbaronen, die das wirrste Garn zusammenspinnen. Geschichtsdaten wurden willkürlich neu zusammengemixt und kurzerhand uminterpretiert, sodass die gewünschte Ideologie scheinbar aus dem Gestern Rückenwind erhielt. Die Lügen sind dabei so frech und dreist, so dumm und verlogen, dass man nur staunen kann. Sie offenbaren auch die Achillesferse der Geschichtsschreibung an sich. Die Datenmenge, die uns die Geschichte zur Verfügung stellt, ist geradezu unendlich. Jeder kann sich aus diesem Topf bedienen, er kann alles Mögliche herausklauben, ganz nach Lust und Laune.

Deshalb ist es so wichtig, unsere wahre Geschichte zu kennen; denn nur dieses Wissen kann und wird uns immunisieren gegen neue Ideologen, die vielleicht übermorgen versuchen, uns einen anderen Bären aufzubinden.

TEIL 4: SPOTLIGHTS –
DIE VERDREHTE GESCHICHTE
DER VEREINIGTEN STAATEN
VON AMERIKA

Beschließen wir unseren Reigen über die nationale Geschichts-schreibung, indem wir noch die *United States of America*, die USA, aufs Korn nehmen.

Die Geschichte der USA ist schnell erzählt: Vor rund 14.000 Jahren (einige Forscher gehen sogar noch viel weiter zurück und sprechen von vor 40.000 Jahren) begann die Besiedlung durch die Indianer, die wahrscheinlich über Asien und Alaska einwanderten. Um 1500 n. Chr. landeten Europäer an der Ostküste und begannen um 1600 n. Chr. mit der Kolonialisierung. Die Engländer besiegten die Franzosen, die Schweden und die Niederländer und zwangen später sogar die Spanier, Florida aufzugeben.

13 britische Kolonien lösten sich 1776 vom Mutterland Großbritannien und erklärten ihre Unabhängigkeit, weil sie mit der Besteuerung nicht einverstanden waren. Die Indianer wurden in Reservate abgedrängt, gleichzeitig eroberte man immer mehr Raum im Westen. Durch Kriege und durch Landkauf wuchsen die USA auf ihre heutige Größe an, bis sie 50 Bundesstaaten umfassten und schließlich in wirtschaftlicher und militärischer Hinsicht jedes Land der Erde überholten. Letztlich entschieden

sie den Ausgang des Ersten und des Zweiten Weltkrieges. Nach dem Fall der Sowjetunion sind die USA heute die einzig verbleibende Supermacht auf Planet Erde. Soweit ein ganz kurzer Überblick.

MANIPULATIONEN DER GESCHICHTSSCHREIBUNG

Interessant wird die Geschichte der USA erst, wenn man unterschiedliche Lexika und Geschichtsbücher aus verschiedenen Ländern zu Rate zieht. Dann erkennt man sofort, wie widersprüchlich Geschichtsschreibung heute noch ist, obwohl sich doch die demokratischen Staaten der Wahrheit verpflichtet fühlen und sich Lexika Neutralität aufs Banner geschrieben haben.

So liest man in der „weißen Literatur" bis heute den Mythos, die Siedler hätten einst praktisch einen menschenleeren Kontinent vorgefunden – eine glasklare Lüge. Verdeckt werden sollen damit die Verbrechen gegen die Indianer, die durch zahlreiche Kriege, juristische Kniffe und durch von den Weißen eingeschleppte Krankheiten in die Knie gezwungen, ja teilweise ausgerottet wurden. Es handelte sich nicht selten um gnadenlose Massaker. Lange galt das Motto: „Nur ein toter Indianer ist ein guter Indianer!" Um 1900 lebten nur noch eine Viertelmillion Indianer auf US-amerikanischem Boden, erst 1924 erhielten sie die vollen Bürgerrechte.

Auch der Sklavenhandel wird oftmals unter den Tisch gekehrt oder beschönigt. Vor allem die Südstaaten brauchten ja Arbeiter für ihre Plantagen. Erst ein Bürgerkrieg konnte diese Frage lösen, der Norden kämpfte gegen den Süden, schließlich wurde die Sklaverei abgeschafft. 1866 erhielten die Afro-Amerikaner die vollen Bürgerrechte, aber es dauerte immer noch rund 100 Jahre, bis sich das neue Denken wirklich durchgesetzt hatte.

Gern verschwiegen oder schamhaft an den Rand gedrängt wird ebenfalls das Ölmonopol, das der gnadenlose John D. Rockefeller errichtete, mit Geld und Gewalt – Öl spielt nach wie vor in den USA eine verdächtige Rolle.

Selten wird ernsthaft die Verantwortung für die Weltwirtschaftskrise übernommen, die 1929 von Amerika ausging und in der Folge auf Europa überschwappte. Die Gier der US-Banker und -Börsenmakler speiste unter anderem antidemokratische Tendenzen in Deutschland.

Auch den Wahnsinn Senators Joseph McCarthy (1908–1957) in puncto Kommunismus hat Amerika möglicherweise noch nicht wirklich verdaut. Er löste eine Hysterie aus. Im Zuge des Kalten Krieges gegen die Sowjetunion wurden der Hass auf und die Angst vor den Russen systematisch geschürt. Die Kommunistenfurcht führte zu den schrecklichen Kriegen in Korea (1950–1953) mit 3 Millionen Toten in der Zivilbevölkerung und rund 1,3 Millionen getöteten Soldaten, zur Kuba-Krise (1962), die fast den gesamten Planeten Erde in die Luft gesprengt hätte, und zum elenden Vietnam-Krieg (1964–1973), der mit rund 5 Millionen Toten zu Buche schlug – die Kommunistenfurcht tötete also ungefähr so viele Menschen wie der Erste Weltkrieg zusammengenommen!

Weder der Korea- noch der Vietnam-Krieg sind bis heute in den USA sauber aufgearbeitet. Das verwundert auch nicht, da man den Kriegsveteranen und den Militärs nicht auf die Füße treten will.

In der McCarthy-Ära wurden sogar in den USA selbst „unamerikanische Umtriebe" rigoros verfolgt. Man verdächtigte Regisseure und Schauspieler, Schriftsteller und Politiker, Künstler und Militärs, mit den Kommunisten unter einer Decke zu stecken. Berufsverbote wurden ausgesprochen, Anhörungen wurden gern im Fernsehen übertragen, die Denunziation feierte fröhliche Urständ.

Auch hier besteht in den Vereinigten Staaten von Amerika also Aufklärungsbedarf. Schon damals zeigte die UdSSR längst deutliche Anzeichen ihres Verfalls. Die Kommunistenfurcht war hausgemacht und entbehrte teilweise jeder Grundlage.

Aufwärts ging es mit den USA unter Präsident Ronald Reagan. Er war klug genug, die staatlichen Subventionen und Sozialleistungen herunterzufahren, die Steuern zu senken und an allen Ecken und Enden bei der öffentlichen Verwaltung einzusparen. Aber auch Bill Clinton war eine Lichtgestalt. Unter ihm erlebten die USA einen enormen wirtschaftlichen Aufschwung, die Verwahrlosung der Städte wurde gestoppt und die Sozialhilfe gekürzt. Das ließ den Wohlfahrtsstaat nicht ausufern – die ewige Achillesferse der Demokratie.

Der Kollaps der UdSSR beendete schließlich den Kalten Krieg.

Als am 11. September 2001 Al-Qaida-Kämpfer das World Trade Center in New York in Schutt und Asche legten, erklärte George W. Bush einen neuen Krieg, den Krieg gegen den Terrorismus. US-Soldaten marschierten in Afghanistan ein. 2003 wurde eine US-Invasion im Irak lanciert – beide Kriege zogen sich schier endlos in die Länge.

Der Irak-Krieg 2003 wurde in den Vereinigten Staaten von Amerika lange nur aus einem nationalen Blickwinkel heraus betrachtet. Das heißt, es wurde gelogen, dass sich „die Bäum' möchten biegen", wie man das früher so schön ausdrückte.

Sagen wir zur Abwechslung also einmal die Wahrheit.

Was über den Irak-Krieg unbekannt ist

Doch gehen wir zunächst noch einmal einen oder zwei Schritte zurück: Vor dem Irak-Krieg 2003, ja vor dem Überfall der Iraker auf Kuwait 1990 (der 1991 durch die Operation Wüstensturm von den USA beantwortet wurde) hatte sich das mächtigste Land der Erde mit dem Iran angelegt. Der Schah, der ehemals hervorragend mit der CIA und Amerika zusammengearbeitet hatte, war mit einem Mal aufmüpfig geworden. Daraufhin hatten ihn die Amerikaner kurzerhand abserviert. Ein Ajatollah schwang sich in den Sattel. Kenner der politischen Szene behaupten, die USA hätten ihm den Steigbügel gehalten. Aber auch Ajatollah Khomeini spielte die Geige nicht so, wie es die USA gerne hören wollten. Im Gegenteil: Khomeini errichtete eine Herrschaft der Mullahs, eine Priesterherrschaft.

Um ein Gegengewicht zum Iran zu bilden, setzten die USA auf den Irak, ein geopolitischer Schachzug. Der Irak bildete offenbar das natürliche Gegengewicht zum Iran. Der Irak wurde in der Folge eifrig mit US-amerikanischen Waffen beliefert. Es spielt dabei im Prinzip keine Rolle, über welche Kanäle diese Waffen in den Irak gelangten.

Die Wahrheit ist also, dass die USA (andere NATO-Länder standen nicht abseits) den späteren „Erzfeind", die Inkarnation des Bösen, den Besitzer von Massenvernichtungswaffen, einst selbst ausgerüstet hatten! Später sollte der Besitz von Massenvernichtungswaffen der offizielle Hauptgrund für den Krieg im Jahre 2003 werden.

Es ist erstaunlich, dass es bislang versäumt wurde, auf die schmutzigen Geschäfte der Waffendealer und Waffenhersteller auf diesem Planeten aufmerksam zu machen. Aber es ist verständlich! Denn alles ist top-secret, und die Gründe zur Geheimhaltung klingen auch so einleuchtend: Man will dem Feind keinen Grund geben, die neuesten Waffentechnologien zu stehlen (aber man verkauft sie ihm). Generell sind militärische Geheimnisse streng vertraulich. Geschwind ist man mit der Vokabel Landesverrat bei der Hand, wenn eine unliebsame Information publik wird. Diese Geheimniskrämerei erlaubt höchst offiziell und legal die schmutzigsten Geschäfte, die man sich vorstellen kann.

Der größte Waffenhändler des Planeten sind die USA. Die Waffenindustrie in den Vereinigten Staaten von Amerika ist ein Multi-Milliarden-Dollar-Geschäft, ein unvorstellbar lukratives Geschäft. Da der Staat alles deckt und jedes Detail unter höchster Geheimhaltung steht, können unter der Hand die unglaublichsten Deals ablaufen. Bekannt ist immerhin: Allein im Jahre 2002 belieferten die USA 154 Staaten mit Waffen. Der Wert: 13,1 Milliarden Dollar. In Worten: Einhundertvierundfünfzig Staaten. In Zahlen: 13.100.000.000 Dollar. Für 2018 schätzt man diese Zahl auf über 150 Milliarden Dollar!

Moralische Kriterien? Ein Witz! Ethik? Nicht existent! Moralische Messlatten? Nicht gegeben! Zu den Empfängerländern gehörten Saudi-Arabien, Indonesien und Kolumbien sowie andere Länder mit zweifelhaftem Ruf. Länder, in denen Menschenrechte ein Fremdwort sind. Außerdem wurde das Militär fragwürdiger Staaten in Washington geschult. Laut *SPIEGEL* war jeder dritte Staat (!) dieser 154 Staaten ein Problemfall; Werte wie Freiheit oder Menschenrechte wurden mit Füßen getreten. [1]

Und so könnte man noch weiter ausholen und die doppelzüngigen USA anprangern. Auf der einen Seite verkauften sie Waffen und drillten das Militär fremder Länder, auf der anderen Seite bekämpften sie die Staaten, denen sie gestern noch Waffen verhökerten. Dabei werden Waffen nicht selten nur indirekt verkauft. Oft machen Waffen mysteriöse Umwege, damit der eigene Ruf keinen Schaden erleidet. Waffen finden ihren Weg gerne über Länder, die als Zwischenhändler fungieren. So können auch „Schurkenstaaten" bedient werden, über Umwege, über befreundete Geheimdienste etwa.

Um es zu wiederholen: Auch der Irak wurde von den USA mit Waffen ausgestattet. Es ging fast völlig in der Presse unter, dass der britische Außenminister mitten in der Krise 2003, als man noch heftig darum rang, ob es einen Krieg geben solle oder nicht, genau aus diesem Grunde zurücktrat. Er bekundete in aller Öffentlichkeit, dass er das Spiel nicht mitmachen könne; die USA hätten dem Irak schließlich die Waffen selbst geliefert!

Doch warum brach die Bush-Regierung diesen Krieg eigentlich vom Zaun? Vor, während und nach dem Irak-Krieg im Jahre 2003 wurde immer wieder über die wahren Kriegsgründe gerätselt. Man kaufte der Bush-Regierung die vorgeschobenen Gründe nicht ab. Die wahren Gründe liegen auf der Hand, wenn man in den Kategorien Geld und Geschäft denkt. Stellt man in aller Unschuld die Frage, wer an diesem Krieg verdiente, so ergeben sich drei Antworten:

1. Zuallererst verdienten die Waffenhändler. Man muss es sich vorstellen: Eine Zeit lang verpulverten die USA im Irak-Krieg pro Tag 2,1 Milliarden Dollar. *Jeden* Tag! 2,1 Milliarden! Ein unvorstellbares Geschäft! Wirklich reich, schwerreich, wurden die Waffenhersteller, wurden bestimmte US-amerikanische Unternehmer und alle Firmen, die die Armee belieferten.

2. Immer wieder genannt und aufgearbeitet wurde die Rolle des Öls. Tatsache ist: Das Geschäft mit der Energie ist das kolossalste Geschäft auf diesem Planeten. Ohne Energie läuft auf diesem Planeten nichts. Die gesamte Wirtschaft steht still, die Räder drehen sich einfach nicht ohne Energie. Öl (und Gas) sind die wichtigsten Energiequellen. Mit erhöhten Ölpreisen können ganze Volkswirtschaften lahmgelegt werden. Und Öl spielt natürlich auch in den USA die entscheidende Rolle. Es pfeifen die Spatzen längst von den Dächern, dass die Bush-Familie im Ölgeschäft groß geworden ist. Bush junior war im Texas-Ölgeschäft aktiv, Bush senior verfügte ebenfalls über seine Connections. Von 1976 bis 1977 war er Leiter der CIA, danach Vizepräsident unter Ronald Reagan und von 1989 bis 1993 Präsident der Vereinigten Staaten. Er war Berater einiger Ölfirmen und erfreute sich erstklassiger Beziehungen zu Saudi-Arabien, dem wichtigsten Erdölförderland der Erde. Die gut geschmierten, öligen Seilschaften zwischen der Bush-Familie und der Petrochemie sind bekannt. Das Thema Öl ist dennoch bis heute eines der bestgehütetsten internationalen Tabu-Themen. Die Konnexionen rund um das Öl (was alle Ölförderungs-Länder und alle Ölriesen angeht) beginnen und enden im Weißen Haus, behauptet jedenfalls Robert Baer, ein ehemaliger CIA-Agent und Nahost-Experte, und er muss es wissen. Auf höchster Ebene entscheiden Staatsoberhäupter, welche Firma in welchem Land Öl fördern darf, so Baer. Dabei fließen Unsummen von Bestechungsgeldern. Hochpolitische Entscheidungen – einschließlich und besonders seitens der USA – werden gewöhnlich von Ölinteressen diktiert. Aserbaidschan, Kasachstan, der Irak, Afghanistan, der Iran und viele andere Länder mehr werden vorrangig unter dem Aspekt des Öls betrachtet, verrät der vormalige CIA-Agent. Und so blühen die fantastischsten Seilschaften. Einige Originalzitate Baers: „... ich fand es nahezu unmöglich, um die Schlussfolgerung her-

umzukommen, dass die ... Regierung sich für Exxon ins Zeug legte (...)" „Je tiefer ich grub, desto mehr Geld aus dem Ölgeschäft am Kaspischen Meer fand sich über ganz Washington verteilt. Die Faxleitungen der Botschaft für das Kaspische Meer glühten unter der Antragsflut der Lobbyisten und Anwaltskanzleien, die Zugang zum Weißen Haus feilboten." (...) „Eines war klar: Ölfirma oder Ölförderland, wer in der Bundeshauptstadt etwas erreichen wollte, hatte besser seine Brieftasche parat."[2] Bis heute verdient man in Washington jedenfalls glänzend an dem schwarzen Gold. Öl, und nochmals Öl – das ist es, was die Räder der Wirtschaft am Laufen hält und worum sich alles dreht – verriet auch Michael Gorbatschow in einigen seiner Bücher.[3]

3. Der dritte Grund für den Krieg, so wurde von einigen Autoren[4] zumindest behauptet, bestand im immensen Profit der pharmazeutischen Industrie. Nur ein Beispiel: Die US-amerikanische Bevölkerung wurde zur Zeit des Krieges systematisch in Panik versetzt. Von chemischen, von biologischen Gegenangriffen war die Rede. Schutzimpfungen wurden durchgeführt, die Milliarden in die Kasse bestimmter Pharmakonzerne spülten; hinzu kam die medizinische Versorgung der Soldaten und der Zivilbevölkerung. Fest steht: Das Gesundheitswesen zählte ebenfalls zu den Gewinnern des Irak-Krieges.

Die Beziehungen der Familie Bush beziehungsweise höchster Regierungskreise zur pharmazeutischen Industrie, zum Öl und zu Firmen, die Waffengeschäfte betreiben, sind nicht gänzlich unbekannt. Während sich die Wirtschaft in den USA (und in anderen Ländern) in vielen Branchen und Bereichen ernsthafter Probleme gegenübersah, wuchs der Profit, wiederholen wir es,

- der Waffenhersteller/Armeelieferanten,

- der Ölriesen und

- bestimmter Pharmakonzerne

ins schier Unermessliche. Während auf der einen Seite Firmen bankrott-gingen, verdienten sich auf der anderen Seite einige Firmen dumm und dämlich. Der Krieg kam einigen Firmen sehr gelegen und war bestimm-ten Kreisen hoch willkommen.

Ein ganz anderes Thema ist indes, wie dieser völlig unnötige Krieg (der ohne Frage ein Angriffskrieg war, zu dem es viele Alternativen gegeben hätte und der nicht legitimiert war) der Öffentlichkeit verkauft wurde.

DIE BERICHTERSTATTUNG

Nie wurde ein Krieg widersprüchlicher kommentiert –
- von den verschiedenen deutschen Fernsehanstalten und Medien;

- von US-amerikanischen und britischen Fernsehanstalten und Me-dien;

- von Fernsehanstalten im Irak (und anderen arabischen Ländern) und den Medien dort;

- von der Presse in Russland, Frankreich, Japan und so weiter.

Man hätte meinen können, es handele sich um verschiedene Ereig-nisse. Und doch ging es immer nur um denselben Krieg. Und genau diese Berichterstattung bildete später die Basis für die geschichtliche Beurteilung!

DEUTSCHLAND

Nehmen wir zunächst Deutschland ins Visier. Zur Erinnerung: In Deutschland wurde am 22. September 2002 gewählt. Eine Bundestagswahl stand an. Die rot-grüne Koalition hatte längst abgewirtschaftet. Sie hatte, und das scheint die schlimmste Sünde für eine Regierung zu sein, ökonomisch versagt. Die Wirtschaft wurde mit Verordnungen an allen Ecken und Enden behindert, die Steuern waren unerträglich hoch, die Anzahl der Arbeitslosen ein Skandal, die Kassen leer, die Verschuldung katastrophal. Der CDU-Kanzlerkandidat, Edmund Stoiber, hatte die Wahl eigentlich schon gewonnen. Da ergriff Gerhard Schröder die Initiative. Er nutzte zunächst äußerst geschickt die „Jahrhundertflut" in Deutschland und versprach den betroffenen Bürgern finanzielle Hilfe. Die Herzen flogen ihm zu. Ein Stimmungsumschwung begann sich abzuzeichnen. Dann flog ihm eine weitere gebratene Taube ins Maul: der drohende Krieg im Irak. Schröder fühlte die Stimmung im Volk und opponierte gegen diesen Krieg. Allein hätte er das nicht wagen können, aber Frankreich, China und Russland (später auch andere Länder) stimmten in den Anti-Kriegs-Tenor mit ein. Es war gewiss der unpopulärste Krieg, den die USA je führten, er war nicht legitimiert, nicht durch die UN abgesegnet. Und so konnte es Schröder wagen, gegen diesen Krieg lautstark die Stimme zu erheben.

Dadurch wurde der Stimmungsumschwung endgültig herbeigeführt. Die SPD erhielt 251 Sitze im Bundestag, die CDU/CSU nur 248. Mithilfe der Grünen, die 55 Sitze erhielten (gegen 47 Sitze der FDP, die sich dank Möllemann selbst den Spaß verdorben hatten), wurde Schröder erneut Bundeskanzler und ging als Sieger aus der Schlacht hervor.

Mit anderen Worten: Der Irak-Krieg wurde in Deutschland völlig aus innenpolitischer Perspektive betrachtet. Die alte Vasallentreue zu den übermächtigen USA (normalerweise heiliges Gebot in allen Parteien Deutschlands) wurde beiseitegeschoben.

Die Presse in Deutschland ging mehr als kritisch mit dem Irak-Krieg ins Gericht. Und man konnte es sich leisten, stand doch die eigene Regierung dem Krieg skeptisch gegenüber. Friedensdemonstrationen waren an der Tagesordnung. Noch einmal: Eine Wahl musste gewonnen werden! Und sie war zu gewinnen, indem man sich die Friedenstaube auf die Schulter setzte.

Ein inaktiver, farbloser Edmund Stoiber verpasste seine geschichtliche Chance und wurde wieder zum Provinzfürsten degradiert, später gar vom Posten des Ministerpräsidenten von Bayern wegintrigiert.

Zwar versuchte man ganz vorsichtig, die übermächtigen USA nicht allzu sehr vor den Kopf zu stoßen – Frankreich hatte da weniger Skrupel –, aber die Worte von Außenminister Joschka Fischer waren deutlich: Kein Krieg!

Der Krieg USA–Irak wurde in Deutschland ebenso wenig neutral und objektiv betrachtet wie in anderen Ländern.

USA

Während in Deutschland mit Parolen *gegen* den Krieg eine Wahl gewonnen wurde, gelang es dem amerikanischen Präsidenten George W. Bush, einen Großteil der Bevölkerung hinter sich zu bringen, indem er *für* den Krieg eintrat. Die eigene Partei, die Republikaner, stellten kein Problem dar, aber selbst die Demokraten (von wenigen Ausnahmen abgesehen) stimmten in das Kriegsgeschrei mit ein.

Wie konnte eine solche Stimmung überhaupt entstehen? Wie konnte ein Volk, das sich Werte wie Freiheit, Wohlstand, Demokratie und Gerechtigkeit auf die Fahnen geschrieben hat und das eines der fortschrittlichsten Regierungssysteme der Welt besitzt, in diesen Kriegstaumel verfallen? Die Antwort: wegen des 11. September! Es ist allzu bekannt, was sich an diesem Tag abspielte: Terroristen, wie sich später herausstellte vor allem in Saudi-Arabien beheimatet (und eben nicht in Afghanistan oder im Irak), legten das World Trade Center in Schutt und Asche, ein paar Tausend Menschen starben. Als Drahtzieher wurden vom Geheimdienst Al-Qaida-Terroristen identifiziert.

Die Jagd auf Osama Bin Laden und die Taliban begann, der Krieg in Afghanistan wurde eingeläutet. Und so kam die erste Lawine ins Rollen.

Die volle Wahrheit: Die Vereinigten Staaten förderten einst die Taliban, die Koranschüler, wie die wörtliche Übersetzung lautet. Das ehemalige Kalkül: Wenn in Afghanistan eine stabile Regierung herrscht, bedeutet das eine höhere Sicherheit für die Öltransporte. Selbst das übermächtige CFR, das Council of Foreign Relations – das vielleicht einflussreichste amerikanische Forschungsinstitut, das allerdings weit mehr als nur Forschungen betreibt, da es sich aus amerikanischen Diplomaten, Botschaftern und ehemaligen Ministern zusammensetzt und ein politisches Machtinstrument ohnegleichen darstellt –, war den Taliban ehemals freundlich gesinnt. Auch die Saudis waren den Taliban wegen der Stabilität in Sachen Öl gewogen. Und ein Osama Bin Laden, darf man nicht vergessen, war saudi-arabischer Herkunft und Teil eines Familienclans, der weltweit Milliarden umsetzte und zahllose Niederlassungen in aller Welt besaß. All das zählte von einem Tag auf den anderen nicht mehr.

Vor dem Irak-Krieg stand noch nahezu die gesamte Weltöffentlichkeit hinter den USA. Der Krieg in Afghanistan und der Kampf gegen die Terroristen wurden allenthalben gutgeheißen. Aber eines Tages schossen sich die Falken in Washington auf den Irak ein, allen voran die Bush-Familie, Vizepräsident Dick Cheney und der Verteidigungsminister Donald Rumsfeld.

Es gab keinerlei logische Gründe, doch plötzlich standen die USA vor dem Problem, den Krieg gegen den Irak verkaufen zu müssen. Und genau da setzte die gigantischste Manipulation der Massen ein, die man sich vorstellen kann, eine Geschichtsfälschung welthistorischen Ausmaßes nahm Gestalt an. Alle möglichen Argumente wurden ins Feld geführt:

- Al-Qaida-Terroristen im Irak müssten vernichtet werden (deren Drähte zwar über viele Länder gespannt sind, die aber bestimmt nicht im Lande Husseins konzentriert waren).

- Eine generelle Achse des Bösen, „Schurkenstaaten", seien zu attackieren (zu denen Nord-Korea, Libyen, Syrien und der Irak zählten. Aber warum musste gerade der Irak als erster Staat herhalten?).

- Die Existenz von Massenvernichtungswaffen sei eine Bedrohung für die Welt. (Diese Waffen wurden später nie gefunden.) Immer und immer wieder wurde das Thema Massenvernichtungswaffen hochgekocht, obwohl UN-Inspektor Hans Blix in seinen neutralen Berichten die Befürchtungen der USA nie teilte. Außenminister Powell wurde vorgeschickt, um die Position der USA zu verkaufen, weil er – laut Umfrage – vor dem Krieg in den USA auf 65 Prozent Zustimmung in der Bevölkerung verweisen konnte, weit mehr als George W. Bush. Nur am Rande: Selbst im Jahre 2009 verkündete Dick Cheney noch im US-Fernsehen, dass es sehr wohl Massenvernichtungswaffen im Irak gegeben habe. Eine lupenreine Geschichtsfälschung!

- Bush machte in seiner Verzweiflung sogar darauf aufmerksam, dass im Zusammenhang mit dem Irak-Krieg der Palästina-Konflikt gelöst werden könne. Er plädierte für einen eigenen palästinensischen Staat.

Aber alles nutzte nichts. Obwohl die Trompeten so laut wie die von Jericho erklangen, obwohl auf jedem Instrument der Öffentlichkeitsarbeit gespielt wurde und sich die US-amerikanische Presse überschlug, bewahrten Frankreich, Deutschland, Russland und China Distanz. Aber auch andere Länder (wie Mexiko oder die Türkei) konnten nicht wirklich überzeugt werden. Im Gegenteil! Weltweit gab es Massendemonstrationen gegen den Krieg. Tatsächlich hatte der gesamte Planet noch nie einen solchen Aufstand erlebt: Von Australien bis Indonesien, von England bis Deutschland, von Russland bis Ägypten, weltweit gingen Leute auf die Straße, weil sie den martialischen Sprüchen der

Bush-Regierung misstrauten. Als klar wurde, dass die UN, angeführt von Frankreich, ihr Veto gegen einen Krieg im Irak einlegen würde, musste sich die Bush-Administration eine neue Strategie zurechtlegen.

Um den Schaden zu begrenzen, wartete Bush das Veto der UN nicht ab. Er wusste, es würde die USA in den Augen der Welt als Aggressor demaskieren. Man schloss das *Window of diplomacy*, das Fenster der Diplomatie. Bush stellte Saddam ein Ultimatum, forderte ihn auf, das Land binnen 48 Stunden zu verlassen, und schlug zu.

Jetzt rollte die US-amerikanische Propagandamaschinerie erst richtig an. Bush verkündete zunächst lauthals, der Krieg werde nicht gegen das irakische Volk geführt. Er ließ sogar verlautbaren, der Krieg sei nicht einmal gegen irakische Soldaten gerichtet, sofern sie sich im Vorfeld ergeben würden. Bush ließ die Welt weiter wissen, er tue alles, um den *civilian damage*, den Schaden in der Zivilbevölkerung, zu vermeiden. Wieder und wieder wurde das Bild der Demokratie beschworen, der Freiheit und der Gerechtigkeit.

Die gesamte Presse in den USA wurde auf Vordermann gebracht. Journalisten wagten es nicht mehr, Position gegen Bush zu beziehen, da jede Opposition als Verrat gebrandmarkt wurde. US-Nachrichtensprecher, die angeblich neutral zu sein haben, überschlugen sich in devoten Bücklingen. In öffentlichen Gebäuden wurden Sammelstellen für Soldaten eingerichtet. Gleichzeitig wurde das gewalttätige Leben Saddam Husseins immer wieder über die US-Fernsehkanäle gespült. Und es wurde noch tiefer in die Trickkiste gegriffen:

Früh verbreitete man das Gerücht, Saddam Hussein sei vielleicht nicht mehr auf Posten. Man zweifelte die Echtheit der Bilder an, die immer noch über das irakische Fernsehen ausgestrahlt wurden. Waren das nur Videoaufzeichnungen, zu einem früheren Zeitpunkt aufgenommen, nicht in Realzeit? Lebte Saddam Hussein überhaupt noch? Nichts ist gefährlicher, als dem Feind zu suggerieren, der oberste Befehlshaber sei nicht mehr auf Posten!

Der Krieg wurde zu einem Fernsehspektakel ungeheuren Ausmaßes aufgebauscht. 600 Journalisten berichteten rund um die Uhr! Wie ein Video-Spiel wurde dieser Krieg präsentiert. Da der Ausgang des Krieges aufgrund der unendlichen technologischen Überlegenheit der Amerikaner ohnehin feststand, konnte sich der US-Bürger als Sieger in diesem Video-Spiel fühlen.

Bis zuletzt wurde die Illusion größter Gefahr aufrechterhalten. Die Republikanische Garde Saddams wurde als brandgefährlich gezeichnet – in Wahrheit ein Häuflein Soldaten, völlig ohnmächtig im Vergleich zu der allein zahlenmäßig erdrückenden Übermacht der Amerikaner und Engländer.

Der ärgste Dorn im Auge der US-Amerikaner war längst nicht mehr der Widerstand Saddams, sondern die Weltmeinung. Allein durch die Überlegenheit der Luftwaffe waren alle kriegswichtigen irakischen Positionen im Vorfeld zerstört und zerbombt worden. Natürlich durch *smart weapons*, durch „intelligente" Waffen, die in den USA besungen wurden wie Helden. Denn sie trafen punktgenau und konnten punktgenau Ziele zerstören. Um die Weltmeinung zu beeinflussen, wurden tapfere Soldaten interviewt. Altgediente, ausrangierte Colonels kamen im US-Fernsehen zu Wort. Sie gaben ihr strategisches Wissen preis, kommentierten den Krieg im Irak und gelangten so zu neuen Ehren.

Um Sympathien zu gewinnen, wurde besonders gern das Fernsehen eingesetzt: Bilder von US-amerikanischen Soldaten, die den Irakern Zigaretten und Wasser gaben, umrundeten die Welt nach dem Sieg.

Jede Nachricht über das Auffinden von Waffenlagern wurde als Etappensieg gefeiert und vermarktet.

Als dennoch viele Millionen weiter auf die Straße gingen und auf Plakaten verkündeten, sie hielten Menschenleben für wichtiger als Öl, betonte man in den offiziellen (US-)Meldungen stets, dass das Öl dem irakischen Volk gehöre.

Man nahm mehr und mehr irakische Radiosender in Besitz, die nun westliche Schlager dudelten, aber auch arabische Lieder – über die Hälfte der Iraker sind nicht älter als 15 Jahre! Völlig neue Botschaften wurden berichtet, die von den edlen Absichten der Amerikaner kündeten.

Mit einem Wort: Der Krieg im Irak (2003) war das größte Public-Relations-Spektakel, das dieser Planet seit dem Kalten Krieg sah. Und nahezu alle beugten in den USA ihr Knie – abgesehen von wenigen rühmlichen Ausnahmen, die es sich leisten konnten. Zwar protestierte die amerikanische Bevölkerung in einigen Städten auch, aber nicht wenige US-Protestler wanderten in den Knast oder wurden niedergeschrien und als Verräter gebrandmarkt.

Den weiteren Fortgang der Ereignisse braucht man nicht zu beschreiben, er ist sattsam bekannt.

IRAK

Wer nun annimmt, mit diesen Zeilen solle den USA eins ausgewischt werden, irrt. Denn auch der Irak bemühte das gesamte Arsenal der Öffentlichkeitsarbeit. Hier wurde ebenfalls Geschichte verdreht und gelogen, dass man nur staunen kann. Es wäre fatal, nur auf die Pokerspiele der USA und der Europäer zu verweisen. Saddam Hussein selbst lebte förmlich von Lügen.

Immer wieder verwies Hussein auf die historische Rolle der Religion, der Glauben wurde eingespannt, um die eigenen Kämpfer bei der Stange zu halten. Man sprach vom Heiligen Krieg. Das Wort Gott wurde strapaziert, die Gemeinschaft aller wahren Gläubigen beschworen.

Dabei hielt Saddam sein Regime ausschließlich durch die öffentliche Demonstration brutaler Gewalt aufrecht. Er eliminierte, ohne mit der Wimper zu zucken, die engsten Familienmitglieder oder Freunde, sobald es auch nur ein Anzeichen von Verrat gab. Deserteuren schnitt er die Ohren ab. Die eigenen Soldaten wurden getestet, indem er sie von ihm blind ergebenen Truppen überfallen ließ. Diese setzten ihnen die Pistole an die Schläfen und fragten, auf wessen Seite sie stünden. Gaben die Soldaten die falsche Antwort, im Glauben, es handele sich um einen Überfall von CIA-Agenten, wurde ihnen erbarmungslos das Hirn aus dem Kopf geblasen.

Saddam verfügte über einen mächtigen Verbündeten: die Gerüchteküche. Die Iraker, seit jeher zu allen möglichen Verschwörungstheorien neigend, glaubten lange Zeit, dass der CIA seine schützende Hand über Saddam Hussein halte. Ausgerechnet!

Außerdem tickte der Irak nicht wie eine europäische Gesellschaft. Zeitungen, Magazine, eine freie Presse existierten nicht. Die Fernsehanstalten nudelten langweilige Bilder und Statements ab. Nur regimefreundliche Sendungen waren zugelassen. Das ist nebenbei bemerkt die Medienwirklichkeit für den gesamten Raum: Von Jordanien bis Syrien, von Saudi-Arabien bis hin zum Iran ist die Berieselung durch langweilige, einseitige Nachrichten an der Tagesordnung. Und stets ist Geschichte die Geschichte des Islam, die Geschichte der rechtmäßigen Herrscher, die stets positiv in den Vordergrund gerückt werden.

Während des Krieges wurde das iranische Volk völlig falsch informiert. Die Informationen suggerierten, dass die Amerikaner auf dem Rückzug seien oder man kurz davor stehe, den Krieg zu gewinnen. Selbst als Bagdad bereits eingekesselt und der Flughafen eingenommen war, wurde noch frech, plump und dreist vom bevorstehenden Sieg gesprochen. Die Feinde wurden beschimpft, sie wurden als Hunde und Schlimmeres bezeichnet. Immer wieder wurde darauf hingewiesen, dass die Amerikaner und Engländer brutal mit der irakischen Bevölkerung umsprängen. Verletzte wurden gezeigt. Verstümmelte Kinder. Abgeschossene Beine. Als Saddams Regime in den letzten Zügen lag, erzählte der Informationsminister noch, der Feind stehe zwar jetzt in Bagdad, er habe aber seine Truppen in anderen Städten abziehen müssen, was dort den Sieg wahrscheinlich mache.

Immer wieder wurde Saddam im Kreise seiner Vertrauten und Söhne gezeigt, um dem Gerücht entgegenzuwirken (genauer gesagt der amerikanischen Propaganda), er lebe nicht mehr oder habe das Weite gesucht.

Und immer wieder wurde die Vergangenheit beschworen und verfälscht.

Die Amerikaner waren die Ungläubigen, obwohl das politische Glaubensbekenntnis der USA in religiöser Toleranz besteht und sie mit Mohammeds Heiligem Krieg nie das Geringste am Hut hatten.

Aber die westlichen Krieger verfügten über ganz andere Mittel! Vizepräsident Dick Cheney, der stellvertretende Verteidigungsminister Paul Wolfowitz, Verteidigungsminister Donald Rumsfeld, George W. Bush, verschiedene Sprecher des Weißen Hauses, verschiedene in der Öffentlichkeitsarbeit geschulte Generale der Armee – sie alle schossen aus allen Rohren zurück. Und so war der Krieg gegen Saddam eigentlich schon gewonnen, bevor er überhaupt begonnen hatte.

ANDERE LÄNDER

Die Öffentlichkeit in anderen Ländern unterschied sich wiederum fundamental von der Wahrheit in den USA oder im Irak. In muslimisch geprägten Ländern, wie etwa in Syrien, in Ägypten und im Iran, fürchtete man um das eigene Regime. Zum Teil fiel man auf die Propaganda Saddams herein, der von einem Heiligen Krieg gesprochen hatte. In Nord-Korea und Indonesien war man ebenfalls gegen diesen Krieg (aufgrund der islamischen Bevölkerung) und verdammte ihn von Grund auf. Jordanien wurde von den USA mit einer Milliarden-Dollar-Spende ruhiggestellt. Die Türkei versuchten die USA ebenfalls zu kaufen, was aber misslang. In Kairo, Moskau, Melbourne und Seoul gingen die Menschen auf die Straße, genau wie in San Francisco, Berlin, Paris, Djakarta und London. Die US-amerikanischen Diplomaten arbeiteten hinter den Kulissen wie verrückt daran, den Eindruck zu verwischen, die Weltöffentlichkeit sei gegen diesen Krieg. Milliarden von Dollars wechselten den Besitzer, Staatsmänner wurden mit Versprechungen geködert, bedroht oder eingeschüchtert.

Es handelte sich um die gigantischste Propagandaschlacht, die der Planet bislang gesehen hatte. Selbst die Freunde der USA, die engsten Verbündeten, die NATO-Mitglieder, standen plötzlich nicht mehr uneingeschränkt auf der Seite der Supermacht. Die UN und Europa machten ihre eigene Politik. Immer wieder wurde gefragt, warum man sich vor den Ölbaronen verbeugen müsse, warum die CIA Saddam nicht früher gestoppt habe, als es noch durchaus möglich gewesen wäre. Der Papst in Rom verdammte den Krieg und der russische Präsident Putin weigerte sich, den Schulterschluss mit US-Amerika zu vollziehen. Im Allgemeinen hieß die Weltmeinung diesen Krieg nicht gut.

FAZIT

Wie ist über diesen Krieg zwischen den USA und dem Irak zu urteilen? Die Wahrheit wurde auf beiden Seiten verdreht. Es wurde gelogen, dass sich die Balken bogen. Die Wahrheit wurde zu einer Hure degradiert, mit der jeder ins Bett gehen konnte, wenn er über genug Fernsehkanäle verfügte.

Über Recht und Gerechtigkeit zu urteilen ist vergebliche Liebesmüh! Wahrscheinlich wird man, auf lange Sicht gesehen, den USA recht geben; Geschichte wird ja immer von den Siegern geschrieben, nie von den Verlierern.

Der Fairness halber muss man immerhin festhalten, dass der Krieg der irakischen Bevölkerung auch Vorteile brachte. Der Diktator, der Folterer, der Massenmörder Saddam wurde verjagt und später aufgeknüpft. Ein unterdrückerisches Regime wurde gestürzt. Die Freiheit der Religion, die ökonomische Freiheit, Gleichheit, Gesetz und Ordnung, kurz die Postulate der amerikanischen Gründungsväter, von denen man nur begeistert sein kann, fanden Eingang in den Irak.

Das endgültige Wort über diesen Krieg ist noch nicht gesprochen.

Trotzdem können wir sicher sein, dass auf viele Jahrzehnte hinaus die geschichtliche Wahrheit über diesen Krieg in den verschiedenen Ländern dieser Erde unterschiedlich dargestellt werden wird. In den USA beginnt man zwar bereits in weiten Teilen der Bevölkerung umzudenken, da auf einmal viele Fakten ans Licht kamen, die vorher sorgfältig unter Verschluss gehalten worden waren. Doch wurde und wird die Realität immer noch vollkommen anders wahrgenommen als etwa in vom Islam geprägten Staaten oder in Europa.

Um es zusammenzufassen: Bis heute ist unsere Wahrnehmung von Geschichte von nationalen Vorurteilen geprägt. Unsere Geschichtsschreiber lügen noch immer dreister als Pfarrer bei einer Leichenrede.

Und so erkennen wir, dass wir einer aus einem nationalen Blickwinkel heraus verfassten Geschichtsschreibung grundsätzlich misstrauen müssen – gleichgültig, ob es sich um die griechische, römische, deutsche oder US-amerikanische Geschichte handelt. Nationale Geschichtsschreiber lügen, weil es der verengte nationale Blickwinkel scheinbar einfordert und es nicht zulässt, objektiv zu berichten.

99 Prozent unserer Geschichtsschreibung sind jedoch national eingefärbt. Eine übernationale Geschichtsschreibung ist noch immer die Ausnahme, nicht die Regel. Doch erst wenn wir es uns gestatten, Ereignisse von verschiedenen Blickwinkeln aus zu betrachten, kommen wir der Wahrheit auf die Spur oder können uns, bescheidener gesagt, der Wahrheit zumindest ein wenig annähern. Wir müssen uns über unsere eigene Nation erheben und Weltbürger werden, wenn wir wirklich wissen wollen, was ehemals geschah. Wir müssen uns über unsere eigenen kontinentalen, nationalen, rassischen und religiösen Vorurteile erheben.

9. KAPITEL

WAS VOR 6 MILLIONEN JAHREN GESCHAH

Wenn wir Geschichtsfälschungen und Lügen der Geschichte auf der Spur sind, empfiehlt es sich, auch einen kritischen Blick auf entfernteste Zeiten zu werfen. Damit kommen wir unmittelbar auf die Gebiete der Anatomie, der Archäologie, der Anthropologie, der Biologie, der Chemie, der Genetik, der Paläogeografie, der Paläontografie, der Paläozoologie, der Physik, der Prähistorie und der Zoologie. Die Anthropologie ist die Wissenschaft von den Menschenrassen, die Paläogeografie die Wissenschaft von den geografischen Verhältnissen der Vorzeit (der Begriff paläo leitet sich her aus dem griechischen *palaios* = alt, uralt). Die Paläontografie befasst sich mit Versteinerungen und als Paläozoologie bezeichnet man die Wissenschaft von den Versteinerungen ausgestorbener Tiere. Doch das soll uns nicht stören. Immerhin übernahm die Geschichtswissenschaft einige Ergebnisse dieser Wissenszweige recht unkritisch – was ein Fehler war. Vergessen wir also rasch all diese Fachgebiete und fragen wir ganz naiv: Wie begann eigentlich alles?

Vergessen wir nicht: Rund 1.500 Jahre lang, bis etwa zum Beginn des 16. Jahrhunderts, glaubte man in unseren Breiten mit hundertprozentiger Gewissheit, die Welt sei nur 6.000 Jahre alt. Die Autorität schlechthin war die Bibel. Die Bibel lehrte auch, dass Gott die Welt in 6 Tagen erschaffen hatte. Punktum! Penibel wurde aufgelistet, wann angeblich Licht, Himmel, Erde, das Getier und so weiter erschaffen worden waren, eine genaue Reihenfolge wurde festgelegt. Den ersten Menschen, Adam, so die Bibel, formte Gott am sechsten Tage aus Lehm, danach hauchte er ihm den Lebensatem ein. *Adam* bezeichnet im Hebräischen einen Menschen, der von der Erde genommen wurde. Später ließ Gott Adam in einen tiefen Schlaf fallen, entnahm ihm eine Rippe und schuf daraus Eva, so die Bibel. *Eva* bedeutet im Hebräischen die Belebte. Wer nicht glaubte, riskierte Kopf und Kragen; das Feuer der Inquisition wirkte sehr überzeugend.

Die Entdeckung der Welt

Als sich im 16., 17. und 18. Jahrhundert der Horizont der Menschheit unendlich zu erweitern begann, als Indien und China, Amerika und Ägypten entdeckt oder wiederentdeckt wurden, stellte man verblüfft fest, dass es auch ganz andere Mythen gab, die die Entstehung der Welt erklärten.

Vorher hatte man allenfalls lächelnd die griechischen Erklärungsversuche zur Kenntnis genommen. Der griechische Dichter Hesiod (geb. etwa 700 v. Chr.) nahm an, dass es am Anfang nur eine gähnende Leere oder ein Chaos gegeben habe, aus dem die Erde (Gaia) und die Liebe (Eros) entstanden seien. Platon vermutete, die Welt sei von einem Demiurgen oder göttlichen Handwerker geschaffen worden, während Aristoteles einen unbewegten Erstbeweger annahm, als Anfangspunkt jeder Bewegung.

Jetzt häuften sich die Erklärungsversuche: Das Gilgamesch-Epos (eine umfangreiche Erzählung aus etwa dem 3. Jahrtausend v. Chr.) aus dem babylonischen Raum berichtete davon, dass Engel mit Menschenfrauen körperliche Beziehungen eingegangen seien und alles auf diese Weise seinen Anfang genommen habe.

Zarathustra, der persische Prophet, nahm an, dass Ahura Mazda, der Schöpfergott, alles aus dem Nichts gestampft habe – zuerst die geistige und dann die materielle Welt.

Im Islam übernahm man unverändert die biblische Schöpfungsgeschichte und das Sechstagewerk Gottes.

Im Hinduismus nahm man an, dass es eine allwissende, allmächtige, unkörperliche, ursprüngliche, erste und ewige Kraft gegeben habe (Brahman), die für alles verantwortlich sei.

Buddha hielt sich vornehm aus der Diskussion heraus und verwies darauf, die Beschäftigung mit solch unergründlichen Fragen bringe keinen Erkenntnisgewinn.

Die chinesischen Weltschöpfungsmythen wiederum handelten unter anderem von der Göttin Nü Gua und dem Urmenschen Pan Gu, aber es gab auch Vermutungen über eine Urmaterie, amorphen Dampf oder ein Weltei, aus dem alles entsprungen sei und das sich nach 18.000 Jahren in Himmel und Erde, Yang und Yin geteilt habe.

Die Mayas bezeichneten Itzamná als den Gründer ihrer Kultur, einen Gott, der auch Herr des Wissens genannt wurde.

Und so könnte man beliebig fortfahren. Wichtig ist in unserem Zusammenhang nur, dass all diese Mythen dem biblischen Weltentstehungs-Märchen den Todesstoß versetzten. Logischerweise konnten nicht alle Mythen gleichzeitig korrekt sein, jede Kultur verfügte offenbar über ihre eigenen Legenden.

Ferner stellte die Wissenschaft (mit Kopernikus, Galilei und Kepler) fest, dass sich die Erde um die Sonne dreht (und nicht umgekehrt, wie in der Bibel behauptet), dass die Reihenfolge, in der die Dinge angeblich erschaffen worden waren, unmöglich stimmen konnte, dass die Welt keinesfalls in 6 Tagen entstanden war und dass die Menschheitsgeschichte sehr viel weiter als 6.000 Jahre zurückreichte. Darüber hinaus machten sehr gefährliche Konkurrenten des Bibelglaubens von sich reden.

ﻋﻠﻰ

DARWIN, HAECKEL & CO.

Während bislang der Typus des Priesters die Diskussion bestimmt hatte, trat jetzt der des Wissenschaftlers auf den Plan. Im Jahre 1838 geschah es: Der französische Archäologe Jacques Boucher de Crevecoeur de Perthes (1788–1868, sage einer etwas gegen beeindruckende Namen!) grub in Nordfrankreich einige primitive Äxte aus. Sie waren zweifelsfrei von Menschenhand hergestellt worden und befanden sich in einer Schicht, die bewies, dass es „Menschen" bereits zu einer Zeit gegeben hatte, die sehr viel weiter zurückliegen musste als 6.000 Jahre. Natürlich erntete er zunächst nur Hohn und Spott, aber als in den folgenden Jahrzehnten immer mehr solche Funde gemacht wurden, in einer überwältigenden Menge, konnte es schließlich niemand mehr anzweifeln: Der Mensch hatte schon vor Zehntausenden, Hunderttausenden, ja vor Millionen von Jahren existiert! Ein Aufschrei des Entsetzens ging durch die Reihen der Priester: Die Bibel war widerlegt.

Es setzte ein intellektueller Krieg ohnegleichen ein, der im Grunde bis heute andauert. So schnell wollten die Priester ihr Terrain nicht preisgeben.

Aber als Charles Darwin (1809–1882) sein revolutionäres Werk *The Descent of Man* (= Die Abstammung des Menschen) im Jahre 1871 veröffentlichte, gerieten die Priester in immer größere Beweisnot. Darwin wies darauf hin, dass sich der menschliche Körper offenbar aus dem Tier entwickelt habe. Er vermutete, es habe eine Evolution, eine Höherentwicklung, gegeben. Und wirklich: Am Ausgangspunkt des menschlichen Rückgrates befinden sich zum Beispiel 4 Knochen, die früher unzweifelhaft Teil eines Schwanzes waren. Man entdeckte unnütze Muskeln und das Überbleibsel eines Organs, das vielleicht nicht mehr notwendig war – alles Phänomene, die gut durch die Theorie der Evolution erklärt werden konnten.

Darwin stellte damit in gewissem Sinne eine neue Geschichtstheorie auf, die viele Millionen, ja Milliarden von Jahren umspannte. Er behauptete, verkürzt gesprochen, es habe eine Evolution aller Organismen stattgefunden, die auch die Abstammung des Menschen in einem völlig neuen Licht erscheinen lasse. Damit löste er die heftigsten intellektuellen Grabenkämpfe aus, die je stattgefunden hatten.

Die Idee der Evolution war allerdings nicht neu. Schon im 6. Jahrhundert v. Chr. hatte der griechische Philosoph Anaximander darauf hingewiesen, später gab es weitere zahlreiche Evolutionsideen. Was also war neu an Charles Darwins Theorien?

Darwin führte den Begriff der Selektion ein. Er wies auf die größere Überlebenstüchtigkeit (Fitness) bestimmter Exemplare verschiedener Tierpopulationen hin, die offensichtlich den Kampf ums Dasein besser bestehen und sich stärker vermehren konnten als andere Exemplare – was er als natürliche Selektion bezeichnete. Die sexuelle Selektion wiederum sorgte laut Darwin dafür, dass nur bestimmte Erbanlagen weitergegeben wurden. So weit so gut. Nichts ist falsch damit.

Doch Darwin holte gewissermaßen zu einem intellektuellen Rund-umschlag aus. Er behauptete weiter, dass alle Lebewesen eine gemeinsame Abstammung besäßen, dass der Mensch vom Affen abstamme. Diese These löste eine Schlacht aus, wie sie nie zuvor geschlagen worden war.

Darwin wurde zum öffentlichen Gespött. Die Priester traten erneut auf den Plan und machten Charles Darwin nach allen Regeln der Kunst lächerlich. Hier nur als Beispiel eine Karikatur:

Diese Karikatur erschien im Jahre 1871 in dem Magazin *The Hornet* (= Die Hornisse). Der Titel lautete: *A venerable Orang-Outang. A contribution to unnatural history* (= Ein ehrwürdiger Orang-Utan. Ein Beitrag zur unnatürlichen Geschichte).

In der Folge bekämpften sich vor allem die christlichen Kirchen, die die göttliche Abkunft des Menschen verteidigten, und einige Biologen (Darwinisten) bis aufs Messer. Darwins Theorien schlugen hohe und höchste Wellen, seine Bücher gerieten zu den vielleicht einflussreichsten Büchern des 19. Jahrhunderts. Der „seifige" Sam Wilberforce, der berühmte Bischof von Oxford, wetterte öffentlich gegen Darwin, aber auch andere Kuttenträger wetzten die Messer. Eine Schlacht nach der anderen wurde in den öffentlichen Arenen ausgetragen.

Der Krieg ist bis heute nicht beendet, öffentliche Diskussionen über Darwin werden noch immer inszeniert; speziell in den USA gibt es nach wie vor vehemente Gegner Darwins.

Aber Darwin kämpfte nicht allein. Ihm zur Seite trat unter anderem Ernst Heinrich Philipp August Haeckel (1834–1919), ein deutscher Zoologe und Arzt für vergleichende Anatomie. Er schlug in die gleiche Kerbe und machte die Arbeiten Darwins in Deutschland weithin bekannt. Der Darwinismus fand eine enorme Verbreitung, die Lehre wurde immer populärer.

Gleichzeitig ging es jetzt Schlag auf Schlag: Man entdeckte in Deutschland im rheinländischen Neandertal eine Schädeldecke aus grauer Vorzeit, die zweifellos von einem Menschen stammte; der Mensch musste sehr viel älter sein als bisher angenommen.

Im Jahre 1891 entdeckte der Holländer Marie Eugene Francois Thomas Dubois (1858–1940) auf Java/Indonesien – zu dieser Zeit noch in niederländischem Besitz – einen weiteren Urmenschen, beziehungsweise konkret eine Gehirnschale, einen Hüftknochen und zwei Zähne. Die Gehirnschale war größer als die eines lebenden Affen, aber kleiner als die eines Menschen. Auch die Zähne passten weder zu einem Affen noch zu einem Menschen, wenn man die Größe in Augenschein nahm. Dubois nannte seinen Urmenschen den aufrechtgehenden Affenmenschen, auf gut Latein *Pithecantropus erectus*, denn das hörte sich weitaus beeindruckender an.

In China machte man ähnliche Funde, in Afrika ebenfalls. Immer mehr Schädel wurden ausgegraben, die unmöglich einem Affen gehören konnten, aber auch keinem Menschen.

Das Beweismaterial häufte sich. Fest stand auf einmal so viel: Menschen hatte es bereits vor Millionen von Jahren gegeben. Der Mensch hatte sich vielleicht aus dem Affen entwickelt. Es war jedenfalls nicht auszuschließen, dass eine Evolution, eine Höherentwicklung, stattgefunden hatte – vom Affen zum Menschen.

Die Priester sprangen auf ihre Altäre und bissen ins Kreuz vor Wut. Aber alle Versuche, die Bibel im Nachhinein umzuinterpretieren, schlugen fehl. Die gescheitesten theologischen Gehirne machten sich daran, die Bibel nur metaphorisch, also bildlich, zu verstehen und den heiligen Worten rasch einen neuen Sinn unterzuschieben. Doch das waren nur die letzten verzweifelten Zuckungen der Priesterkaste, die ein allerletztes Mal die Wahrheit zu verdrehen und sich so ihre Pfründe zu sichern suchte.

Kein Mensch glaubt heute mehr ernsthaft, dass die Welt in 6 Tagen erschaffen wurde oder der Mensch nur 6.000 Jahre existiert. Diese Theorie ist passé, wir können sie getrost begraben. Doch wie steht es mit der neuen Theorie? Stammen wir wirklich vom Affen ab?

EIN NEUER ERKLÄRUNGSVERSUCH

Auch die neue Theorie, wie sie heute an Schulen und Universitäten gelehrt wird, muss es sich gefallen lassen, hinterfragt zu werden.

Man geht mittlerweile im Allgemeinen davon aus, dass tatsächlich eine Evolution stattgefunden hat. Aber in den 1930er-Jahren wurde die Theorie der Evolution mit den Regeln der Vererbung verquickt; das Zauberwort Gen war in aller Munde. Die neue Theorie hieß Synthetische Theorie der Evolution. Die Theorie Darwins, Haeckels und Co. wurde also verheiratet (griech. *synthesis* = Zusammensetzung) mit der Theorie, dass Gene und Vererbung ebenfalls eine entscheidende Rolle in der Evolution gespielt hätten.

Zwei Theorien wurden zu einer neuen Theorie zusammengepanscht. Eine neue Geschichtstheorie war geboren, die, versimplifiziert ausgedrückt, bedeutete, dass (1) die natürliche Selektion (= Darwin, Haeckel & Co.) plus (2) die Vererbung durch die Gene dafür verantwortlich zu machen sind, wie Geschichte vor ein paar Millionen Jahren „wirklich" ausgesehen hat.

Keine kleine Anmaßung! Und welch ein gefährlich glatt geboh-
nertes Parkett!

ERSTE KRITIK

Stellen wir einige Einwände vor.

Moderne Wissenschaft hat es sich inzwischen angelegen sein lassen,
die Menschheitsgeschichte vor 6 Millionen Jahren auf Planet Erde beginnen zu lassen. Üblicherweise bezeichnet man wichtige Begebenheiten
und Ereignisse, die vor Beginn der geschichtlichen Überlieferung liegen,
als Vorgeschichte, Urgeschichte oder Prähistorie, die vor 2,5 Millionen
Jahren ansetzt. Mit anderen Worten: Vor rund 6 Millionen Jahren begann sich vorgeblich der Affe zum Menschen hin zu verändern, und vor
etwa 2,5 Millionen Jahren gab es die ersten Spuren des „Menschen", also
beispielsweise Steinwerkzeuge. Unterfüttert wurde diese Theorie mit ein
paar hübschen Bildchen, die den *Homo sapiens* stolz als das Ergebnis einer
6 Millionen Jahre langen Entwicklung zeigen.

Es ist nie in aller Deutlichkeit gesagt worden, dass diese Behauptungen auf nichts als Theorien beruhen, obwohl allenthalben so getan
wird, als handele es sich um verifizierbare Wahrheiten. Der Mensch,
so werden wir belehrt, habe sich kontinuierlich nach „oben" entwik-
kelt. Aus Orang, Gorilla und Schimpanse entwickelte sich vor ein paar
Millionen Jahren angeblich der *Homo sapiens*. Dem Ganzen werden
ehrwürdige lateinische Namen gegeben, denn das beeindruckt immer.

Man spricht mit gewichtigen Mienen vom *Homo habilis* (dem geschickten Menschen), dem *Homo erectus* (dem aufrecht stehenden Menschen), dem *Homo heidelbergensis* (einer Menschenart, die bei Heidelberg gefunden wurde), dem *Homo neandertalensis* (einem Menschen oder ein paar lausigen Knochen, die ca. 10 km östlich von Düsseldorf entdeckt wurden, später gab es weitere Funde), dem CroMagnon-Menschen (nach einem Ort in Südfrankreich benannt), noch ein paar Menschen-Typen mehr und dem *Homo sapiens* (dem weisen oder klugen Menschen) und so weiter. In der Folge unterfüttert man den Spaß mit ein paar einleuchtenden Grafiken, die selbst ein Kind gut verstehen kann. Dann ordnet man das Ganze in einem optisch gut aussehenden Stammbaum an und verfügt plötzlich über eine beeindruckende, schön anzusehende Wissenschaft.

Passt etwas nicht, wird rasch von einem *missing link* gesprochen, einem fehlenden Glied. Und wenn eines dieser zahllosen fehlenden Glieder plötzlich auftaucht, taumelt die halbe Welt der Wissenschaft trunken vor Freude auf den Podesten herum, die sie sich selbst errichtet hat. Die Sache hat indes einen beträchtlichen Haken.

DIE FÄLSCHER

Es ist längst bekannt, dass es auch im Rahmen der ehrwürdigen Wissenschaft Fälscher gibt, die lügen, dass sich die Balken biegen. Schon im Jahre 1725 wurden etwa in Würzburg Fossilien nachgebildet, also gefälscht, und zwar aus Kalkstein. Regelrechte Berühmtheit erlangte der Goldschmied Barth aus Stein am Rhein, der zwischen 1820 und 1870 ebenfalls höchst erfolgreich mit gefälschten Fossilien handelte. Ein Riesensalamander etwa wurde gar als ein während der Sintflut ertrunkener Mensch umgedeutet. Am bekanntesten wurde ein Vogel aus der Werkstatt von Goldschmied Barth, den er aus Fischknochen zusammengesetzt hatte.

Dramatischer ist jedoch, dass offenbar selbst honorige Wissenschaftler fälschten, was das Zeug hielt. Sogar Ernst Haeckel – einst eine unantastbare Autorität in Sachen Darwin und Evolution – wurde inzwischen der Fälschung überführt. Haeckel hatte die Embryonen einiger Tierarten den Embryonen des Menschen gegenübergestellt und hierfür bestimmte Zeichnungen zum Beweis vorgelegt. Im Nachhinein stellte sich heraus, dass diese Zeichnungen stark stilisiert, also gefälscht worden waren – alles mit dem Ziel, Haeckels Lieblingstheorie zu beweisen. Seine Lieblingstheorie? Die Embryonalentwicklung sei eine verkürzte Wiederholung der Stammesgeschichte. Andere Forscher stellten später exakte Fotos der verschiedenen Embryonen her und entdeckten, dass Haeckels Theorie nicht stimmig und Haeckel selbst ein Fälscher war. Nobelpreisträgerin Christiane Nüsslein-Volhard drückte es so aus: „Ernst Haeckel hat gefälscht. Viele seiner Bilder von Organismen sind schlicht erfunden, um seine Theorie zu bestätigen."[1]

Aber es kommt noch bunter: 1912 wurde der sogenannte Piltdown-Mensch in einer englischen Kiesgrube entdeckt. Die Darwinisten jubelten. Offenbar war wieder ein *missing link*, ein fehlendes Glied zwischen dem Affen und dem Menschen gefunden worden. Das Dorf Piltdown liegt in der Grafschaft Sussex in Südengland. Fragmente eines Schädels, einige Zähne und ein Unterkieferknochen wiesen angeblich auf einen sehr frühen Menschen hin, behaupteten jedenfalls einige Archäologen. Flugs wurde der Piltdown-Mensch in den Stammbaum der Menschheitsgeschichte eingefügt. Erst 1953 flog der Schwindel auf, aber der Schaden war bereits angerichtet: Hunderte, wenn nicht Tausende von Autoren hatten wie üblich eifrig voneinander abgeschrieben. Rasch wurde der Piltdown-Mensch aus der Ahnentafel der Menschheit wieder ausradiert. Man hatte festgestellt, dass die Schädelfragmente einem Menschen aus dem Mittelalter gehörten, der Unterkiefer hingegen einem Orang-Utan und die Zähne einem Schimpansen!

In den 80er- und 90er-Jahren des letzten Jahrhunderts fälschte Shinichi Fujimura, ein in ganz Japan berühmter Wissenschaftler und bekannt für seine „göttlichen Hände", Werkzeuge aus der Steinzeit, die angeblich 700.000 Jahre alt waren. Fujimura wurde gefeiert wie ein Held. Keine Tageszeitung und kein Fernsehkanal verzichteten darauf, den Entdecker wieder und wieder zu preisen, dessen „göttliche Hände" offenbar nur in den Boden zu greifen brauchten – und schon wurden sie fündig. Da geschah es: Eines Tages schoss ein Fotograf ein Bild, wie der Wissenschaftler Steinwerkzeuge in zuvor ausgehobenen Löchern vergrub. Der Skandal beschäftigte ganz Japan monatelang. Fujimura entschuldigte sich schließlich wort- und tränenreich vor vielen TV-Kameras, gab seine Schuld zu und gestand, 168 Fundstellen künstlich hergerichtet und die ganze Nation zum Besten gehalten zu haben. Im Nachhinein mussten zahlreiche japanische Lehrbücher vollständig umgeschrieben werden.

Selbst die renommierte Zeitschrift *National Geographic*, eigentlich ein nobles Magazin, saß im Jahre 1999 einer lupenreinen Fälschung auf. Die Redakteure der Zeitschrift stellten stolz einen angeblichen Urvogel vor, der zuvor aus China importiert worden war. Es handelte sich zwar tatsächlich um ein Fossil, aber man entdeckte später, dass zwei unterschiedliche fossile Bruchstücke zu einem einzigen Fossil zusammengekleistert worden waren.

Einen noch größeren Skandal in der Welt der Gelehrten löste ein Wissenschaftsskandal in den Jahren 2001 bis 2004 in Frankfurt am Main aus. Ein selbstverliebter, geldgieriger und von Ruhmessucht zerfressener „Wissenschaftler" – Rainer Protsch, der sogar seinen Namen gefälscht und in Protsch von Zieten umgeändert hatte, um Renommee zu schinden, – seines Zeichens Professor am Institut der Anthropologie und Humangenetik für Biologen, fand in einer solchen Vielzahl uralte, sensationelle Menschenschädel, dass es selbst dem Dümmsten zu denken geben musste. Wo Protsch ging und stand, entdeckte er Vorfahren des Menschen. Er verfügte schließlich über eine so beeindruckende Sammlung, dass er Teile davon klammheimlich an potente Zahler zu verhökern versuchte. Schließlich kamen ihm Kollegen auf die Spur. Man entdeckte, dass Protsch „uralte" Schädel fröhlich und unbeschwert rück- und vordatiert hatte, dass er über das Alter seiner Schädel log wie Baron Münchhausen. Protsch betrog Auftraggeber, führte die Wissenschaft in die Irre und fälschte mit einer Unverfrorenheit, wie man sie nur aus dem Kunsthandel kennt – bis er endgültig aufflog. Als Totalfälschung erwies sich auch seine zweite Doktorarbeit, die sich auf einen angeblich in der Schweiz aufgefundenen Affenschädel stützte, den er aber in Frankreich gekauft hatte. Protsch war sich auch nicht zu schade, Registriernummern aus Affenschädeln herauszufräsen und einem Schädel sein eigenes Signum (RPvZ) zu verpassen. Alles versprach Reputation. RPvZ oder Professor Dr. Dr. Rainer Protsch von Zieten fälschte nebenbei bemerkt fröhlichen Gemütes auch Neandertalerschädel, er log über das Alter dieser Schädel und trug maßgeblich dazu dabei, den angeblichen Stammbaum der Menschen weiter festzuklopfen.

Vielleicht wird man eines Tages das Verb protschen prägen, wenn man ausdrücken will, dass ein Wissenschaftler fälscht, so wie man heute von wallraffen spricht, wenn sich jemand klammheimlich einschleicht.

DIE FÄLSCHERCLIQUE

Man kann sich an fünf Fingern ausrechnen, dass dies alles nur die Spitze des Eisbergs ist. Selbstredend gibt es viele Methoden des Fälschens, man kann plump und brutal fälschen oder intelligent und mit dem Heiligenschein des Wörtchens Wissenschaft umgeben. Die Methoden der Fälscher sind heute im Allgemeinen so raffiniert und ausgekocht, dass man nur staunen kann. Die Physik und die Naturwissenschaften werden in den Dienst der Fälschung gestellt, aber auch falsche Expertisen, nobel Gefälligkeitsexpertisen genannt, sind an der Tagesordnung. Alles, was zu Geld zu machen ist, wird nachgeahmt, halb oder ganz gefälscht, beileibe nicht nur Schädel. Alle Fälschermethoden aufzulisten würde mehrere Bücher umfassen. Man kann inzwischen Gegenstände künstlich altern lassen, kann Holz, Steine und Knochen auf alt trimmen, kann Autoritäten zitieren, auf komplizierte physikalische Verfahren verweisen, die niemand versteht, mit Titeln Eindruck schinden, kann falsche Zuweisungen machen und vieles mehr. Mit Fälschungen werden Milliarden verdient. Vorreiter ist momentan China, wo für ein paar lumpige Dollars alles nachgemacht und gefälscht wird, was man sich vorstellen kann. Es wird also gefälscht, dass die Schwarte kracht!

Die Herren Wissenschaftler, die uns suggerieren, sehr viel nobler zu sein als die Herren Priester von gestern, stehen längst in der Tradition der großen Meisterfälscher von gestern. Die Meisterfälscher von gestern? Denken wir nur an die Zehntausende Reliquien! Denken wir nur an die riesige Fälscherindustrie des Mittelalters, als ständig die Knochen irgendwelcher Heiligen wiederentdeckt, also gefälscht wurden, weil damit gutes Geld verdient werden konnte! Ein alter Maulwurfsknochen tat manchmal gute Dienste. Es gab vielen zu denken, dass von bestimmten Heiligen die Schädel gleich mehrfach existierten und manchmal 16 Arme eines einzigen frommen Mannes verhökert wurden – wir haben bereits darauf aufmerksam gemacht.

Wiederholen wir: Auch im Namen der hehren Wissenschaft wird gefälscht, dass es nur so raucht. Auch die Wissenschaft ist nicht frei von vorschnellen Behauptungen, Fälschungen und eitlen Professoren, die ein Stückchen Unsterblichkeit zu ergattern versuchen, indem sie eine neue Theorie aufstellen, die sie in der Folge mit Zähnen und Klauen verteidigen. Hierfür lässt man schon einmal eine krumme Zahl gerade sein, verpasst ein paar alten Knochen eine ungeheure Bedeutung, animiert seine Assistenten zur wohlwollenden Unterstützung, schwindelt bei einigen Grafiken und mogelt ein wenig mit den Ergebnissen. So weit die Tatsachen.

Aber wie verhält es sich mit unserer geliebten Evolution, bis heute dem Lieblingskind vieler Wissenschaftler? Hat sie nun stattgefunden oder nicht? Oder ist das alles das Werk hochbegabter Fälscher, die bislang nicht aufgeflogen sind?

ABENTEUERLICHE UNGEREIMTHEITEN

Es gibt trotz allem einige Beweise dafür, dass der Mensch vom Affen abstammt und die Evolution nicht völlig aus den Fingern gesogen ist. Auf der anderen Seite muss es auch zu sagen erlaubt sein, dass die Evolutionstheorie, die so eifrig an unseren Universitäten und längst auch in vereinfachter Form an unseren Schulen wiedergekäut wird, leider mehr als nur eine Achillesferse besitzt. Führen wir uns nur einmal folgende Fakten zu Gemüte:

- In der Schule lernt man brav und artig zu differenzieren zwischen der Steinzeit (2.500.000–5.500 v. Chr.), der Bronzezeit (3.–1. Jahrhundert v. Chr., benannt nach dem benutzten Metall, der Bronze, einer Legierung aus Kupfer und Zinn) und der Eisenzeit (nun wurde Eisen benutzt, sagen wir der Einfachheit halber ca. 17. Jahrhundert bis 8. Jahrhundert v. Chr.). Diese Periodisierung ist jedoch von Weltgegend zu Weltgegend, von Kontinent zu Kontinent verschieden. Damit diese Theorie aufrechterhalten bleiben kann, muss man manchmal gewaltige Zeitspannen sehr großzügig verschieben. In einigen Weltgegenden sind sie völlig fehl am Platz, wie etwa in der amerikanischen Urgeschichte. In vielen Regionen fehlt beispielsweise die sogenannte Mittelsteinzeit völlig, und diese dauerte immerhin von 125.000 bis 38.000 v. Chr.! Deshalb ist heute die naive Annahme weitgehend passé, dass die Evolution gradlinig fortgeschritten sei.

- Zweifelsfrei erwiesen ist dagegen mittlerweile der Umstand, dass der *Homo sapiens* und der Neandertaler ehemals zur gleichen Zeit nebeneinander existierten – von Höherentwicklung also keine Spur. Anfänglich glaubte man – weil es hervorragend ins Bild passte –, der Neandertaler sei ein durch und durch primitiver Genosse gewesen und stelle lediglich eine Vorstufe zum *Homo sapiens* dar. Dann entdeckte man, dass er in einigen Beziehungen sehr hoch entwickelt war: Er beherrschte etwa die Sprache, verfügte über eine Religion und rauchte Pfeife – was der Fund einer Knochenpfeife bewies. Man entdeckte sogar eine Flöte und ausgefeilte Steinwerkzeuge, die alles andere als primitiv waren. Die Neandertaler kümmerten sich bereits um ihre Kranken, sie besaßen Nadeln mit winzigen Öhren, sie kannten Schmuck und vieles mehr. Von einigen Forschern werden sie deshalb bereits als eine Unterart des *Homo sapiens* bezeichnet. Erneut müssen wir feststellen, dass wir von unserem so hübsch anzusehenden Stammbaum, der gradlinig von „unten" nach „oben" wächst, eigentlich längst hätten Abstand nehmen sollen. Aber er wird immer noch überall vervielfältigt und als Wissenschaft und Wahrheit verkauft.

- Unter den Gelehrten gibt es ständig heftige Streitereien, welcher Menschentypus welchem Zweig in diesem (Stamm-)Baum zuzuordnen ist: Dem Altweltaffen? Dem Menschenaffen? Dem Menschenartigen? Dem echten Menschen? Bis heute schlägt man sich fröhlich wechselseitig die Köpfe ein. Der Streit der Gelehrten nimmt manchmal regelrecht karikatureske Züge an. Viele angebliche Vorläufer des Menschen, die man einst zwischen dem Affen und dem Menschen ansiedelte – so entdeckte man später – waren entweder lupenreine Menschen oder hundertprozentige Affen. Im Lager der Forscher wird es immer schwieriger, in dieser Beziehung eine Übereinstimmung zu erzielen. Um einige *missing links* vom Affen zum Menschen zu beweisen, wurden nachweislich Schädel gefälscht. Das versprach wissenschaftliches Aufsehen und Reputation, wir haben darüber berichtet. Noch einmal: Schädelfälschungen, die angeblich Darwins Theorie endgültig bestätigten und als Zwischenglieder bezeichnet wurden, erblickten das Licht der Welt. Von den Ergänzungen eines halben Schädels etwa durch Gips, also von Vermutungen, wie ein Schädel wahrscheinlich ausgesehen hatte, haben wir dabei noch nicht einmal gesprochen. Mit anderen Worten: Die Beweislage ist dürftig. Der Paläoanthropologe David Pilbeam (Universität Harvard) urteilte: „Wenn Sie einen gescheiten Wissenschaftler einer anderen Disziplin herbringen und ihm die magere Beweislage [= in puncto Evolution] zeigen, ... würde er ganz sicher sagen: ‚Vergessen Sie's, das ist nicht genug.'[2] Erinnern wir uns außerdem: Es gab in grauer Vorzeit über 6.000 Affenarten! Es braucht mehr als einen Fachmann dazu, hier genauestens zu differenzieren. Einige Wissenschaftler leugnen inzwischen rundweg ab, dass Zwischenstufen zwischen Affen und Menschen existierten. Und nicht ganz ohne Grund: Inzwischen kann man Skelette viel genauer beurteilen. Man kann zweifelsfrei feststellen, ob mit einem bestimmten Skelett ein aufrechter Gang möglich war oder nicht oder ob sich ein Skelett nur zum Klettern eignete und damit der Affenwelt zuzurechnen ist. Zähne können heute weitaus genauer untersucht werden, ebenso Ohren und andere Details; die Rückschlüsse sind ungleich schärfer als noch vor 20, 30, 50 oder gar 100 Jahren.

- Man entdeckte, dass der Schädelumfang und das Gehirn einiger frühzeitlicher Menschen größer waren als das Gehirn heutiger Menschen. Und das passte wieder nicht ins Bild und gab zu den abenteuerlichsten intellektuellen Verrenkungen Anlass, um die alte Theorie der kontinuierlichen Aufwärtsentwicklung (Evolution) zu stützen. Beim Schädelumfang hat man sich inzwischen besonnen. Die Theorie, ein größerer Schädelumfang gehe notwendigerweise mit einer höheren Intelligenz einher – ein Glaubenssatz, der lange galt –, hat man längst auf den Misthaufen der Geschichte geworfen. Auch dicke Augenwülste sind kein Zeichen von Primitivität mehr, obwohl uns in vielen Filmen nichts anderes suggeriert wird. Aber wir kennen Zeitgenossen mit dicken, vorspringenden Augenbrauenwülsten, die außerordentlich intelligent sind. Mit anderen Worten: Vom Aussehen auf die Intelligenz schließen zu wollen ist ausgemachter Unsinn, wie wir heute wissen.

- Und was soll man hiervon halten: Wenn zum Beispiel im Fernen Osten oder in Afrika neue Knochenfunde von Menschen gemacht werden, friemelt man die alte Theorie zurecht, damit die bisherigen Jahreszahlen halbwegs stimmen. Der Forscher Paul Y. Sonderaar etwa entdeckte, dass es schon vor 700.000 Jahren im Fernen Osten Anzeichen für eine Seefahrer-Kultur gab, was jedoch einen relativ hohen Technologie-Stand voraussetzt. Solche Entdeckungen versetzten die Gelehrtenwelt, die der Evolution anhing, sofort in helle Aufregung. Wie passte das alles ins Bild, das man sich so schulbuchmäßig und brav zurechtgelegt hatte?

- Ganz vergessen haben wir „Ardi". 2009 wurde der Fund eines Vormenschen in Äthiopien veröffentlicht, der offenbar bereits 4,4 Millionen Jahre alt war, aber leider nicht so viel Ähnlichkeit mit einem Affen aufwies, wie man es sich gewünscht hätte. Man stellte fest, dass Ardi, wie er (oder sie) getauft wurde, nicht einem Schimpansen glich (wie das bisher die allgemein akzeptierte Evolutionstheorie behauptet hatte), sondern eher einem aufrecht schreitenden Menschenaffen. Die Eckzähne waren so klein, dass sie kaum als Waffen hatten dienen können – wie die Zähne beim Schimpansen oder Gorilla. Das Becken ermöglichte den aufrechten Gang, die Gliedmaßen waren verteufelt menschenähnlich, die Handflächen und Füße ebenfalls. Ardi war kurz gesagt ein verflixt schlechter Kletterer und nicht sehr affenähnlich, hätte es der Wissenschaft zufolge aber gefälligst sein müssen!

• Vorher hatte Lucy, ein 3,2 Millionen Jahre altes Skelett, als der älteste „Mensch" gegolten, der je gefunden wurde. Ardi machte ihr jetzt Konkurrenz. Aber selbst Ardi kommt momentan aus der Mode, weil man einige Fingerknochen und Zähne eines weiteren „menschenähnlichen" Skeletts entdeckt hat, das 5,5 bis 5,8 Millionen Jahre alt ist.[3] Der älteste Mensch wird nebenbei bemerkt permanent neu entdeckt. Ständig steht ein Professor auf und erklärt lautstark, nun ein- für allemal den ältesten Menschen gefunden zu haben. Die Presse ist gewöhnlich vor Freude ganz aus dem Häuschen. Der Name dieses wichtigen Professors geistert in der Folge durch die Gazetten – bis eines Tages ein neuer Zahn gefunden wird, der alle neuen Schlussfolgerungen schon wieder veralten lässt und vollständig über den Haufen wirft. Ein Beispiel hierfür: 2011 behaupteten israelische Archäologen, sie hätten endlich den frühesten Beweis für die Existenz des modernen Menschen (nicht des ältesten Menschen) gefunden. Stolz präsentierten sie den Medien einen alten Zahn! Wissenschaftler der Tel Aviv-Universität hatten in einer 400.000 Jahre alten Höhle diesen Zahn ausgegraben, der wie ein normaler Menschenzahn aussah. Bisher wurde der *Homo sapiens* nur halb so alt geschätzt. Sofort wurde behauptet, der moderne Mensch habe in Israel seinen Anfang genommen, nicht andernorts. Unmittelbar darauf erhob sich ein lautes Geschrei im Lager der übrigen Wissenschaftler. Nein, wahrscheinlich würde es sich um den Zahn eines Neandertalers handeln, behaupteten Wissenschaftler der Cambridge-Universität. Was soll man von einer solchen Wissenschaft halten? Ein anderer Fund im Jahre 2011 „bewies", dass die Wurzeln des Menschen wahrscheinlich doch nicht in Afrika liegen, sondern in Asien. Ein Wissenschafts-Team entdeckte in Asien Anthropoiden – also gemeinsame Vorläufer von Menschen, Menschenaffen und höheren Primaten –, die offenbar nach Libyen übergesiedelt waren. Hinter solchen Theorien stehen immer ehrwürdige Universitäten und noch ehrwürdigere Professoren. Diese Funde werden in der Folge mit lautem Getöse in renommierten Fachzeitschriften veröffentlicht. Es wird von einzigartigen Fossilienfunden gesprochen, von neuen Urahnen des Menschen. Eine einzige Hand verrät den Forschern alles Mögliche, manchmal wie gesagt auch nur ein einziger Zahn.

- Im Übrigen muss es erlaubt sein, hinsichtlich der Evolutionsthese auch auf folgende Tatsache aufmerksam zu machen: Die Fossilien, die uns bislang zur Verfügung stehen, um den Übergang vom Affen zum Menschen zu beweisen, sind nicht eben zahlreich. Noch deutlicher: Es gibt verflixt wenige Knochen und Schädel dieser Übergangsformen – falls sie überhaupt solche Übergangsformen darstellen. Theoretisch müssten doch Tausende und Abertausende von Skeletten existieren. Das ist aber nicht der Fall! Man verfügt nur über ein paar hundert Knochenfragmente, die verschiedenen Übergangsformen zugeordnet werden. Aus diesen Knochenfragmenten wird scharfsinnig alles Mögliche geschlussfolgert. Beweise sind das jedoch nicht. Es handelt sich um Theorien!

Die Menge des Beweismaterials ist also dürftig. Wo, so könnte man in aller Naivität fragen, sind die Knochen all der anderen „Affenmenschen"? Müssten sie nicht zuhauf zu finden sein? Nein, man findet sie eben nicht. Man findet jedoch zuhauf Menschen- oder Affenskelette. Weiter korrigieren sich die Herren Wissenschaftler ständig. Heute spricht man bei einem Knochenfund noch von einem Menschen oder von einer Vorform des Menschen, ein paar Jahrzehnte später wird der Fund wieder herabgestuft zu einem Affen. Oder es passiert Folgendes: Die Schädeldecke eines Menschen erweist sich wenig später als die Kniescheibe eines Elefanten (geschehen 1925). Die Interpretation von Knochenfunden ist also recht willkürlich! Und teilweise blamabel für die hehre Wissenschaft. Wann findet der Spaß endlich ein Ende, wann wird eingestanden, dass die Evolutionstheorie, wie sie uns bislang serviert wurde, beträchtliche Lücken aufweist, ja vielleicht sogar eine Seifenblase ist? Müssen wir endgültig Abschied von der alten Evolutionslehre nehmen? Handelt es sich nur um eine flotte, wachsweiche Theorie, die man längst nicht mehr unbesehen nachbeten kann? Warten wir noch einen Moment mit unserem Urteil und tragen wir noch ein wenig mehr Beweismaterial zusammen! Erinnern wir uns noch einmal daran, was um etwa 1930 passierte, als diese Geschichtstheorie, der wir noch heute anhängen, aus der Taufe gehoben wurde:

> Zwei Theorien wurden zu einer neuen Theorie zusammengepanscht. Eine neue Geschichtstheorie wurde geboren, als (1) die natürliche Selektion (= Darwin, Haeckel & Co.) plus (2) die Vererbung durch die Gene zusammengeworfen und wie in einem Kochtopf umgerührt wurden. Die neue Theorie hieß Synthetische Theorie der Evolution.

Betrachten wir diese beiden Bestandteile noch einmal etwas genauer.

DER WAHRE DARWIN

Kommen wir noch einmal auf Charles Darwin zu sprechen, der das Erdbeben ausgelöst hatte. Er hatte die Götter von gestern aus ihren Himmeln verjagt und die Priester Reißaus nehmen lassen, und musste es sich gefallen lassen, dass man auch ihn ganz genau untersuchte. Um was für einen Typus handelte es sich bei diesem Charles Darwin, der uns mit einer neuen revolutionären Geschichtstheorie versorgt hatte – oder zumindest für eine Hälfte davon verantwortlich zeichnete? Halten Sie sich fest! Kurz gesagt: Darwin war ein Mitbegründer nationalsozialistischer Theorien!

Was war passiert? Nachdem Darwin das Medizinstudium hingeworfen hatte, bereiste er von 1831 bis 1835 die Welt, untersuchte

Erdformationen, Korallen, Krebse und Tiere aller Art. Er stellte umfangreiche Vergleiche an, an denen nichts auszusetzen ist, und machte einige Beobachtungen, die nicht dumm waren. Er entdeckte, wie schon beschrieben, dass es so etwas wie eine natürliche Selektion gab.

Die natürliche Selektion oder die natürliche Auslese erklärt eine bestimmte Menge von Phänomenen, viele Phänomene hingegen nicht. Ja, bestimmte Organismen entwickeln sich durch die natürliche Auslese weiter, aber es gibt auch den Faktor der direkten Planung (wie wir es heute etwa bei der Zuchtwahl kennen); es gibt Umwelteinflüsse und manchmal erstaunlich schnelle Quantensprünge der Evolution. Hier irrte Darwin vollständig. Darwin ging davon aus, dass Änderungen nur in kleinsten Schritten erfolgen können. Das gilt heute als widerlegt.

Wäre Darwin bei seiner Theorie der natürlichen Auslese geblieben und hätte er nur auf den Umstand hingewiesen, dass es erstaunliche Übereinstimmungen zwischen Tier- und Menschenkörpern gibt (unbestritten heute), wäre er als Lichtgestalt in die Geschichte eingegangen. So aber benutzte er seine Beobachtungen zur Vorformulierung der vielleicht verbrecherischsten Geschichtsphilosophie, die bis heute Planet Erde je gesehen hat.

Der Irrweg Darwins

Der bedeutendste intellektuelle Fehler Darwins bestand darin, Beobachtungen aus der Tierwelt auf die Menschenwelt zu übertragen. Er glaubte, die natürliche Selektion und der Kampf ums Dasein lasse nur den stärksten Rassen Raum, wodurch eine automatische Höherentwicklung (Evolution) gegeben sei. Er verklammerte in der Folge seine Beobachtungen aus der Tierwelt mit der Theorie des unkontrollierten Bevölkerungswachstums. Mit anderen Worten: Darwin polemisierte auf Teufel komm raus mit biologischen (Tier-)Argumenten gegen soziale Maßnahmen (die Menschen betrafen und Menschen helfen konnten).

Hören wir einmal Darwin im Originalton: „Bei den Wilden werden die an Geist und Körper Schwachen bald beseitigt und die, welche leben bleiben, zeigen gewöhnlich einen Zustand kräftiger Gesundheit. Auf der anderen Seite tun wir zivilisierten Menschen alles nur Mögliche, um den Prozess dieser Beseitigung aufzuhalten. Wir bauen Zufluchtsstätten für die Schwachsinnigen, für die Krüppel und die Kranken, wir erlassen Armengesetze und unsere Ärzte strengen die größte Geschicklichkeit an, das Leben eines jeden bis zum letzten Moment noch zu erhalten. Es ist Grund vorhanden, anzunehmen, dass die Impfungen Tausende erhalten haben, welche infolge ihrer schwachen Konstitution früher den Pocken erlegen wären. Hierdurch geschieht es, dass die schwächsten Glieder der zivilisierten Gesellschaft auch ihre Art fortpflanzen. Niemand, welcher der Zucht domestizierter Tiere seine Aufmerksamkeit gewidmet hat, wird nicht daran zweifeln, dass dies für die Rasse des Menschen in höchstem Grade schädlich sein muss ...Kein Züchter [ist] so unwissend, dass er seine schlechtesten Tiere zur Nachzucht zulässt." [4]

Und es kommt noch dicker! In einem Brief an einen befreundeten Professor der Jurisprudenz in Belfast (William Graham) schrieb Darwin: „Wirft man einen Blick auf die Welt in einer nicht sehr entfernten Zukunft, welche endlose Zahl der niederen Rassen wird durch die höheren zivilisierten auf der ganzen Erde beseitigt worden sein." [5]

Reden wir einmal Tacheles: Darwin legte den Grundstein für den Holocaust und den Mord an rund 6 Millionen Juden. Er bereitete den Rassegedanken vor, den Mord an „Schwachsinnigen, Krüppeln und Kranken", wie er während der Nazi-Zeit praktiziert wurde, und ebnete den Weg für eine völlig menschenverachtende Lehre.

Das Recht des Stärkeren wurde populär, wobei der Irrtum wie gesagt darin bestand, ein Gesetz, das (teilweise!) viele Phänomene der Tierwelt erklärt, auf die Menschenwelt zu übertragen, als ob es keine bedeutenden Unterschiede gäbe! Der Kampf ums Dasein wurde ebenso zum Schlagwort wie die Erhaltung der bevorzugten Rassen und der Existenzkampf.

Die Sozialdarwinisten verbreiteten Darwins zweifelhafte Ideen in der Folge weiter. Der Forscher Christoph Mai urteilt: „Das wachsende Ansehen, welches Darwin unter den Naturwissenschaftlern genoss, wussten sich Sozialdarwinisten in vielen Ländern geschickt politisch zunutze zu machen – so konnte auch in Deutschland eine ursprünglich kleine rassistische Gruppierung zum Kristallisationskern einer machtvoll anwachsenden Bewegung werden." [6] Keiner dachte mehr an Beethoven, der doch taub gewesen war und eigentlich hätte „ausgemerzt" werden müssen, oder an viele andere Genies, die ebenfalls mit Gebrechen geplagt waren. Darwin selbst war viele Jahre schwer krank – dachte aber nicht im Traum daran, dass er seiner eigenen Theorie zufolge ebenfalls hätte „ausgemerzt" werden müssen. Der Schurke tat alles, um wieder zu genesen. Der Sozialdarwinismus bildete das Fundament für die „Sozialhygiene", die wiederum ein Fundament für die Argumentation der Nazis darstellte.

Bringen wir es auf den Punkt: Darwin kann mit Fug und Recht und ohne jede Übertreibung als ein Vorläufer nationalsozialistischen Gedankengutes bezeichnet werden. Zusammen mit Haeckel, dem Fälscher, bildet er ein höchst eigenartiges Gespann. Das disqualifiziert natürlich noch nicht die Evolutionstheorie, aber es lässt sie plötzlich in einem sehr unschönen Licht erscheinen.

So weit die erste Quelle der Synthetischen Theorie der Evolution von heute. Betrachten wir übergangslos die zweite Quelle: die Vertreter der Vererbungslehre und die Gen-Enthusiasten.

WUNDERBARE WELT

Wir leben scheinbar in einer aufregenden Zeit. Nahezu jede Woche erreichen uns fantastische Nachrichten über die Genforschung, die Welt der Erbanlagen. Genetik (griech. *geneá* = Abstammung) bedeutet Vererbungslehre. Es handelt sich hier um ein Teilgebiet der Biologie.

Gene bestimmen unsere Haarfarbe, die Augenfarbe, das Aussehen und die Größe. Viele Krankheiten, die in uns schlummern, können wir inzwischen im Vorfeld erkennen und vielleicht eines Tags sogar ausmerzen. Man spricht davon, ein Gewalt-Gen zu entdecken, durch dessen Beseitigung in künftigen Zeiten möglicherweise gewalttätige Verhaltensweisen eliminiert werden könnten. Wissenschaftler sprechen von einem Schlaf-Gen, einem Gen, das für den Alkoholismus verantwortlich ist, und von Diabetes-Genen.

Auch die Verbindung zwischen Mensch und Tier wird von Gen-Enthusiasten immer wieder ins Feld geführt. So hat man inzwischen herausgefunden, dass Schimpansen sehr sprachbegabt sind. Mithilfe von Zeichensprache und Computertastaturen können einige Affen bis zu 150 Wörtern verstehen. Einige Graupapageien beherrschen sogar 1.000 Wörter! Offenbar gibt es Sprach-Gene, die in künftigen Zeiten unsere Intelligenz zu beeinflussen vermögen. Vielleicht können wir eines Tages sogar Affen lehren zu sprechen und uns mit Papageien intelligent unterhalten.

Im Moment entstehen (etwa in den USA) Samenbanken, die nur aus den Samen von Nobelpreisträgern aufgebaut werden, oder Spermien-Banken (in China), die nur Professoren als Samenspender zulassen.

Wir können Tiere klonen und – wer weiß? – vielleicht bald schon den Menschen. Sehen wir goldenen Zeiten entgegen? Können wir vielleicht sogar die Hoffnung nähren, eines Tages ewig zu leben?

Geschichtliche Anmerkungen

Bevor wir ein Urteil über die Gen-Enthusiasten wagen, ziehen wir doch auch in diesem Fall den Vorhang einmal ein wenig beiseite und konsultieren erneut die Geschichte, die immer sehr viel über einen Gegenstand verrät.

Schon in der Antike versuchten Philosophen, der Vererbung auf die Spur zu kommen. Der griechische Denker Anaxagoras behauptete im 5. Jahrhundert v. Chr., der Embryo sei im Spermium des Vaters bereits vorgeformt; die Mutter wurde als relativ nebensächlich betrachtet. Spermien für weiblichen Nachwuchs befänden sich im linken, die für männlichen Nachwuchs im rechten Hoden. Aristoteles – mit Platon der bedeutendste griechische Philosoph, dessen Lehren in unseren Breiten immerhin fast 2.000 Jahre überdauerten (!) – ging ebenfalls von der grundsätzlichen Überlegenheit des Mannes in Sachen Erbanlagen aus. Wir wissen heute mit unumstößlicher Gewissheit, dass es sich dabei um eine nachweislich falsche Lehre handelt. Es ist beruhigend zu wissen, dass selbst die klügsten Menschen manchmal dummes Zeug von sich geben.

In den folgenden Jahrhunderten beobachtete man genauer. Man stellte fest, dass bestimmte Merkmale zweifellos vererbt werden können. Trotzdem blieb zunächst noch vieles unverständlich. Eine größere Klarheit erhielt man, als Mendel auf den Plan trat. Johann Gregor Mendel (1822–1884), ein Augustiner und Naturforscher, entdeckte aufgrund der systematischen Beobachtung von Erbsen und Bienen die ersten wichtigen Gesetze der Vererbung. Der Vater der Genetik experimentierte im Garten seines Klosters mit verschiedenen Sorten von Erbsen und führte jahrzehntelang Kreuzungsexperimente durch. Mit der alten Technik der künstlichen Befruchtung schuf er über 10.000 neue künstliche Pflanzen und beobachtete in der Folge wie ein Luchs, welchen Gesetzen der Vererbung sie folgten.

1933 schlug die große Stunde der Genforscher. Alles wurde jetzt auf die richtigen Gene zurückgeführt. Die Nazi-Gen-Enthusiasten sprachen forsch von den überlegenen (Gen-)Eigenschaften der „arischen Rasse". Das Ergebnis? Sie rotteten Millionen von Menschen aus.

In den USA, England, Schweden oder Deutschland entstanden Gesellschaften zur Förderung der Eugenik (griech. *eugenes* = wohlgeboren, von edler Abkunft) sowie zur Förderung der Erbgesundheitsforschung, deren deutscher Vertreter Alfred Ploetz war. „Volksschädlinge", „Unfertige", Kranke, Behinderte, Greise, TBC-Patienten, Landstreicher und

Alkoholiker wurden in den Jahren 1933 bis 1945 einfach „ausgemerzt". Die Eugenischen Sterilisationsgesetze und die Zwangssterilisation wurden allein in Deutschland 360.000-mal angewendet. In den USA wurden 31.000 Menschen zwangssterilisiert, in Schweden 12.000. Erbliche Taubheit, erbliche Blindheit, Schizophrenie, kurz alle „schlechten" Erbanlagen wurden eliminiert, indem man den Träger dieser Erbanlagen tötete.

In den USA, wo diese verbrecherische Gen-Philosophie nicht mit der gleichen Sorgfalt unter dem Vergrößerungsglas betrachtet wurde wie in Deutschland, wurde bis zum Jahre 1974 (!) zwangssterilisiert. Die Zwangssterilisation richtete sich anfänglich gegen Kranke und Behinderte, später vorrangig gegen Verbrecher und Afro-Amerikaner. Im Jahr 2002 entschuldigten sich die Gouverneure einiger US-Bundesstaaten offiziell für diese barbarischen Taten. In Finnland wurde die Zwangssterilisation erst im Jahre 1979 abgeschafft, in der Schweiz (konkret das eugenisch geprägte Zwangssterilisationsgesetz des Kantons Waadt) erst 1985. Mit anderen Worten: Die Gen-Theorie trug unvorstellbar böse Früchte.

Nun kann man einwenden, dass sich inzwischen alles geändert habe. Ist die Genforschung heute nicht sehr viel menschenfreundlicher, seriöser und humaner? Mit dieser Frage betreten wir den heißesten Boden, den wir uns überhaupt vorstellen können, denn es ist die brisanteste und intelligenteste Frage, die wir überhaupt stellen können.

ÜBER DIE KUNST, DIE WAHRHEIT ZU VERDREHEN

Es ist vielleicht nie in dieser Deutlichkeit gesagt worden, aber jedes Fachgebiet ruht nur auf ein paar Axiomen, Grundsätzen oder Grundannahmen. Wenn man diese Axiome oder Annahmen kennt und versteht, kann man jedes Fachgebiet in Blitzgeschwindigkeit verstehen, beurteilen, anerkennen oder verwerfen. Will man es verwerfen, braucht man nur die Axiome oder Grundsätze zu widerlegen – und schon kann man sich zum Meister über dieses Fachgebiet aufschwingen.

Die Genetik beruht auf ein paar Axiomen, die absolut hirnrissig sind. Sie versucht uns weiszumachen, dass wir im Grunde nichts als das Ergebnis unserer DNA sind, unserer Erbanlagen. Natürlich ist das verrückt.

Die Genetik versucht zahlreiche Krankheiten so auf Gene zurückzuführen, dass wir den Ausbruch dieser Krankheiten in einem späteren Stadium unseres Lebens verhindern können. Ein zweites Axiom. Sie spielt damit sehr geschickt mit unseren Ängsten und Urängsten. Denn wohl jeder von uns fürchtet Krankheit und vor allem ihren Extremfall, den Tod.

Ein drittes Axiom der Genetik ist der Glaube, man könne mit den „richtigen" Genen oder Erbanlagen (und dem Ausmerzen der „falschen" Gene) praktisch allen Krankheiten zu Leibe rücken. Theoretisch könnten wir also unendlich lange leben, der Traum von Unsterblichkeit wäre erreicht.

Werden solche Axiome (die natürlich geschickterweise oft nur implizit, nicht explizit zum Ausdruck gebracht werden) einer Bevölkerung nur lange genug eingehämmert, beginnt diese schließlich daran zu glauben – seien sie nun richtig oder falsch.

Es gab in der Geschichte zahlreiche sehr viel dümmere Ideologien als die der Genetik, denen es durch bloße PR-Techniken gelang, Menschen die verrücktesten Theorien einzubläuen. Mithilfe von Radio, Zeitungen, Magazinen oder Fernsehen lässt sich selbst eine tote Ratte für 20.000 Dollar, sofern sie das Haustier von Paris Hilton war, oder das abgesaugte Fett des ehemaligen italienischen Ministerpräsidenten Silvio Berlusconi an den Mann bringen. Sein Fett wurde kürzlich zu Seife verarbeitet und gegen harte Dollars höchstbietend versteigert.

Kurz gesagt: Fernsehen, Radio, Magazine und Zeitungen verkaufen heute fast alles, selbst so verrückte Axiome oder Grundsätze wie die der Genetik. Die Könige der Werbebranche, absolute Profis ihres Fachs und mit allen Wassern gewaschen, arbeiten hart und hingebungsvoll daran, diese Grundannahmen oder Axiome der Bevölkerung einzuhämmern.

Die raffiniertesten Namen für neue Gene werden erfunden, die verführerischsten Bilder fabriziert und die größten Hoffnungen geweckt. Diese Werbe-Genies spielen auf der Klaviatur der Emotionen des Verbrauchers so geschickt wie Weltstar-Pianisten auf ihren Flügeln. Will man all die Lügen der Gen-Industrie entlarven, muss man alle Tricks der Werbebranche und der PR-Industrie kennen: Es existieren Hunderte!

Die Macht des gesunden Menschenverstandes

Alle Werbexperten der Welt und Milliarden von Dollars können allerdings eines nicht: den gesunden Menschenverstand ausschalten. Und sie können nicht ständig Ergebnisse vortäuschen; denn Menschen reden, sie sprechen, sie unterhalten sich. Fängt man einmal an, selbstständig zu denken, fällt Folgendes sofort auf: Die Axiome der Genetik lassen sich spielend leicht widerlegen. Wie?

1. Der Mensch besteht sehr offensichtlich nicht nur aus seinen Erbanlagen. Die Erziehungspersönlichkeiten, die Ernährung, die Lektüre, die eine Person verschlingt, die Ausbildung, die Freunde und mindestens Hunderte anderer Aspekte mehr spielen eine Rolle bei der Entwicklung einer Persönlichkeit – oder bei ihrem Gesundheits- beziehungsweise Krankheitszustand.

Exakte, unbestechliche Forschungen über die Langlebigkeit haben beispielsweise ohne Wenn und Aber folgende Umstände zu Tage gefördert:

- Länder mit hoher Wirtschaftskraft garantieren eine höhere Lebenserwartung. In der Schweiz, in Monaco oder in Japan stirbt man beispielsweise durchschnittlich mit 81,5 Jahren – in Angola dagegen mit 35 Jahren, in Afghanistan mit 45 Jahren.

- Länder mit geringerer Kriminalität garantieren eine höhere Lebenserwartung.

- Länder mit einem stabilen politischen System garantieren eine höhere Lebenserwartung.

- Verheiratete leben länger als Menschen, die ständig den Partner wechseln.

- Menschen mit einem angesehenen und gut dotierten Job leben länger als arme Schlucker, die niemand achtet. Richter und Professoren zum Beispiel leben im Durchschnitt sehr lange, Prostituierte und Kneipiers dagegen kurz.

- Menschen mit guter Ausbildung leben länger.

- Menschen, die sich richtig ernähren und in einer biologisch gesunden Umgebung leben (= wenig Chemie!), leben länger. In Japan etwa kennt man praktisch keinen Prostata-Krebs, weil die Bevölkerung sich hier ganz anders (und offenbar richtiger) ernährt.

- „Psychische" Faktoren sind ebenfalls für Langlebigkeit von Bedeutung.[7]

Wir könnten beliebig fortfahren. Um es kurz zu machen: Gene spielen hier überhaupt keine Rolle. Selbst die viel gepriesenen medizinischen Einrichtungen, die lauthals für sich in Anspruch nehmen, für die heutige Langlebigkeit verantwortlich zu sein, tragen gemäß Experten allenfalls 5 Prozent zur gesteigerten Lebenserwartung bei. Die oben genannten Feststellungen sind ausnahmslos wichtiger!

Die Theorie der Gene bleibt völlig auf der Strecke, wenn man sich die objektiven Fakten von Tausenden Statistikern vor Augen führt und sich nicht von übertriebenen Pressemeldungen einseifen lässt, die Big Pharma und die Gen-Enthusiasten geschickt lancieren.

2. In diesem Sinne sind Krankheiten in der Mehrzahl der Fälle nicht auf Gene zurückzuführen, sondern auf ganz andere Faktoren. Stress bei der Arbeit, Todesfälle im engen familiären Umkreis, der Verlust des Arbeitsplatzes – wir könnten leicht eine Vielzahl weiterer Gründe nennen – sind *weitaus* wichtiger als dieser Gen-Unsinn. Macht man nur die Augen auf, sieht man sofort, dass diese Kausalität, diese Beziehung zwischen Genen und Krankheit, weit überschätzt wird. Natürlich ist das sehr freundlich ausgedrückt. Richtiger wäre es zu sagen: Wir werden schamlos belogen, uns wird mit wissenschaftlichem Hokuspokus Sand in die Augen gestreut.

3. Das dritte Axiom, das uns glauben lässt, mit den „richtigen" Genen wäre alles in Butter beziehungsweise umgekehrt: mit der Ausmerzung der „falschen" Gene könnten wir allen Widerwärtigkeiten des Lebens ein Schnippchen schlagen, ist offensichtlich unrichtig, als dass man sich lange darüber auslassen müsste. Wo sind die Beweise dafür, dass die Gentechnologie Diabetes verhindert oder HIV? Sie existieren nicht. Wir werden nur mit Hoffnungen gefüttert, mit leeren Versprechungen, mit hübschen Illusionen.

Die Genetik beruht auf völlig falschen Axiomen oder Grundsätzen, sie wird ihre Versprechen deshalb niemals einlösen können. Verstehen Sie die Ungeheuerlichkeit dieser Aussage?

Irrwege der Forschung oder
Was gerne verschwiegen wird

Mit Sicherheit sind keine goldenen Zeiten von Seiten der Genforscher zu erwarten. Wir werden vielmehr bei den neuesten Nachrichten über Gene systematisch an der Nase herumgeführt.

Natürlich hatten Genforscher der neuen Generation nichts Eiligeres zu tun, als ihre Hände in Unschuld zu waschen und sich von den Nazi-Genforschern der Vergangenheit zu distanzieren. Man wollte jetzt der Menschheit einen Dienst erweisen, man gedachte Krankheiten auszurotten! Dass das Blut buchstäblich von Millionen Menschen an den Händen der Genlehrer klebte, wies man weit von sich (noch einmal: die Anzahl der Judenmorde im Dritten Reich: 6 Millionen). Das Wort Wissenschaft, tönte man, war schändlich missbraucht worden. Mit diesen Rassenhygienikern hatte man nichts zu tun, aber wirklich gar nichts! Wirklich?

Als dürre Anmerkung an dieser Stelle nur so viel:

- Gentechniker und Genforscher bringen heute Millionen Tiere um – auf der Suche nach Medikamenten. Kritiker monieren, dass viele Testversuche so überflüssig seien wie ein Kropf.

- Zahllose Patienten sterben bis heute aufgrund moderner Gen-Therapien, wobei genaue Zahlen zum Teil sorgfältig unter Verschluss gehalten werden.

- Genforscher fälschten nachweislich immer wieder wissenschaftliche Forschungsberichte; sie hübschten Resultate auf, um sich ein besseres Image zu verschaffen.

- Nie wurde ein Gewalt-Gen identifiziert, es handelt sich schlicht um eine PR-Lüge.

- Das Gen für Alkoholismus wurde ebenfalls nie entdeckt und wird nie entdeckt werden. Denn für diese Sucht sind viele Faktoren verantwortlich, gewiss nicht nur ein Gen oder ein paar Gene.

- Man entdeckte 96 Gene, die bei Diabetes eine Rolle spielen, eine Heilung des Diabetes wurde aufgrund dieser Entdeckung jedoch nie entwickelt.

- Selbst die Haarfarbe und die Körpergröße sind nicht einfach nur genetisch vorgegeben. Auch Umweltfaktoren und Ernährung spielen eine Rolle.

- Als der Mensch genetisch decodiert wurde, fand man rund 35.000 Gene. Ein simpler Regenwurm besitzt 20.000. Gene *können* also gar nicht die Antwort auf alles sein!

- Die tatsächlichen Ergebnisse, die mithilfe der Genforschung erzielt werden können, sind bis heute äußerst bescheiden.

- Und fast alle Ergebnisse sind hinsichtlich ihres Nutzens umstritten, auch die neue genmanipulierte Nahrung, die laut Kritikern zahlreiche Nebenwirkungen besitzt.

Wenige Zeitgenossen sind sich wirklich bewusst, wie es um die Gen-Theorie steht. Kein geringerer als der US-Mediziner Prof. Nicholas Christakis (Harvard Medical School, Boston) warnte davor, sich vor der Gen-Theorie bis zum Boden zu verbeugen. Langlebigkeit sei eben nicht genetisch vorbestimmt. Die Methode, für 350.000 Dollar die eigenen Gene untersuchen zu lassen, hält er für üble Beutelschneiderei. Christakis: „Etliche Ärzte und Biologen schieben die Gene in den Mittelpunkt und nähren die Illusion: Wenn wir die Gene in den Griff kriegen, haben wir einen Jungbrunnen entdeckt." [8]

Aber warum wird hier gelogen, dass sich die Balken biegen? Der Grund ist sehr einfach: Es geht um Forschungsgelder, um Milliarden Dollar und Euro. Deshalb wird die Gen-Theorie so promotet, dass uns die Ohren klingen. Wenn wir erst einmal alle menschlichen Gene kennen, so wird uns weisgemacht, sei alles in Butter mit unserer Gesundheit.

Das Thema Gene wird also aufgeblasen und hochgeschaukelt, dass es eine Wonne ist. Es wird gelogen, dass sich die Balken biegen, es wird gefälscht, dass es einem schier den Atem verschlägt. Die tatsächlichen

Resultate dieses Forschungszweiges lassen mehr als zu wünschen übrig, man muss es wieder und wieder wiederholen.

Und noch einmal, hartnäckig nachgefragt: Warum wird die neue Gentechnologie wie eine neue Heilslehre überall verkündet? Die Wahrheit ist: Es gibt hier einige weitere gut gehütete Geheimnisse.

BIG BUSINESS

Packen wir wirklich aus! Vielleicht ist nie darauf aufmerksam gemacht worden, aus welchem Grund heute so viel über die Genforschung zusammenfantasiert wird. Sind unsere Herren Wissenschaftler nicht zur Objektivität verpflichtet?

Die Unterscheidung zwischen akademischen und industriellen Forschern ist längst verwischt. Es gibt immer weniger objektive Wissenschaftler. Selbst die akademischen Forscher machen mehr und mehr Kasse.

Aber ungleich bedeutsamer ist: Jedes Jahr werden über 4.000 DNA-Patente vergeben, bereits 20 Prozent aller menschlichen Gene befinden sich in Privatbesitz! Wissenschaft, vor allem Gen-Wissenschaft, Genetik, bedeutet heute wirklich Big Business. Das ist nichts für zarte Gemüter. Seit 1999 vergab das Europäische Patentamt weit über 1.000 Patente auf Gene, Tierarten und Pflanzensorten. Der Grund: Allerorten erhoffte man sich die fantastischsten Renditen und Gewinne. Big Business winkt! In unvorstellbarem Ausmaß!

Selbst Krankheiten werden heute schon patentiert. Es geht um mögliche Milliarden-Umsätze, das größte Geschäft des 21. Jahrhunderts. Hepatitis C, HIV und diverse Diabetes-Gene befinden sich bereits im Besitz verschiedener Institutionen, allen voran natürlich Big Pharma und einige Universitäten.

FÄLSCHUNGSTECHNIKEN

Es geht also konkret um Milliarden von Dollars, die Bio-Technologie-Firmen oder andere Nutznießer abgreifen. Unvorstellbare Summen fließen von enthusiasmierten Investoren in die Genforschung. Es handelt sich um eine der letzten Goldgräber-Themen, mit denen im Moment die halbe Welt für dumm verkauft wird.

Um Investoren anzulocken, werden die wildesten Geschichten erfunden. Die teuersten und besten Werbeagenturen werden angeheuert, um im Verbund mit schamlosen PR-Agenturen eine Lüge nach der anderen in die Welt zu setzen. Natürlich wissen die Werbeprofis, was sich verkauft:

WELTNEUHEIT: DIE ENTDECKUNG EINES SEX-GENS, DAS FRIGIDE FRAUEN MUNTER MACHT

Eine solche Überschrift bringt sofort Schlagzeilen und zieht die Aufmerksamkeit auf sich. Sex verkauft, das weiß heute auch der dümmste Zeitungsmacher. Natürlich existiert ein solches Gen nicht.

Werden überdies Gene angepriesen, die scheinbar für Krankheiten verantwortlich sind oder die die Gesundheit und Langlebigkeit fördern, hat man den Kunden in der Tasche:

DIE ENTDECKUNG EINES ALTERS-GENS STEHT KURZ BEVOR.

Sie werden es erraten haben: Auch dieses Gen gibt es nicht.

Mit solchen Werbesprüchen lockt man Investoren an und Kunden, die unbedingt neue, schnell aus dem Boden gestampfte Produkte ausprobieren wollen. Hinterfragt wird nichts, der Verstand bleibt auf der Strecke. Die Verheißungen klingen gar zu verlockend.

Die entsprechenden Werbeagenturen arbeiten hinter verschlossenen Türen wie verrückt daran, immer wieder Aufsehen erregende Neuigkeiten zu formulieren. Verkauft werden Hoffnungen und Schlagzeilen. In eigenen Strategie-Sitzungen werden zugkräftige Namen für neue Gene oder Heilmittelchen erfunden. Aufgrund der Milliardengewinne und Milliardensummen, die zur Verfügung stehen, ist es ein Leichtes, einen Teil der „unabhängigen" Journalisten zu guten Nachrichten über die Gene zu verführen.

Was bleibt also?

URTEIL ÜBER DIE GENTHEORIE

Die Geschichte der Genetik ist eine Geschichte der Irrungen und Wirrungen sowie eine Geschichte des Verbrechens, die uns noch heute schaudern lässt. Die Sünden dieser Industrie in der Gegenwart wurden dabei nicht einmal ansatzweise aufgearbeitet. Wir konnten nur einige Highlights setzen.

Wiederholen wir in gebotener Kürze die Geschichte der Vererbungslehre:

1. Griechische Philosophen stellen völlig falsche Behauptungen auf.

2. Mendel entdeckt einige richtige Gesetze hinsichtlich der Vererbung.

3. Die Nationalsozialisten nutzen die Vererbungslehre, um Millionen Menschen, die die „falschen" Gene besaßen, zu töten.

4. In der Gegenwart wird die Gentechnologie dazu benutzt, Menschen nach allen Regeln der Kunst einzuseifen und völlig falsche Hoffnungen zu wecken.

Wir sollten ein wenig Sensibilität gegenüber Wahrheit und Lüge entwickeln. Über kein Gebiet wurde vielleicht mehr die Unwahrheit gesagt als über das Gebiet der Vererbung. Genforscher werden natürlich sofort eifrig dagegenhalten. Sie werden heftig mit den Armen gestikulieren und argumentieren, es gebe möglicherweise ein Lügen-Gen, das den Schaden angerichtet habe, das man zu behandeln habe und ausrotten müsse. Ein Lügen-Gen? Was für eine interessante Idee! Vielleicht sollte man sie sofort patentieren lassen.

Urteil über die Synthetische Theorie der Evolution

Der Leser, der einen roten Faden liebt, mag zu Recht einwenden, dass wir jetzt endlich zu unserem Thema zurückkehren sollten. Einverstanden! Das Thema? Ja richtig! Eine neue Geschichtstheorie.

Wiederholen wir sie

> Zwei Theorien wurden zu einer neuen Theorie zusammengepanscht. Eine neue Geschichtstheorie wurde geboren, als (1) die natürliche Selektion (= Darwin, Haeckel & Co.) plus (2) die Vererbung durch die Gene zusammengeworfen und wie in einem Kochtopf umgerührt wurden. Die neue Theorie hieß Synthetische Theorie der Evolution.

Inzwischen haben Sie sicherlich ein wenig Distanz sowohl zu (1) als auch zu (2) gewonnen. Der Ausflug in andere Gefilde war also nicht vergebens.

Was bleibt von der Evolution, die angeblich durch natürliche Selektion und die Gene diktiert wird? Viel weniger als man annehmen sollte.

   1. Zunächst bleibt dieser Herr Darwin, der zugegebenermaßen einige richtige Beobachtungen anstellte, der aber auch als einer der Urväter der verbrecherischsten Polit-Philosophie, die je die Menschheit heimsuchte, gelten muss. Es bleibt der Fälscher

Haeckel, der dem Darwinismus eine solche Verbreitung sicherte. Und es bleiben viele Forscher, die in der Folge eifrig weiterfälschten, die Schädel flugs zum Zwischenglied zwischen Affen und Menschen erklärten, Knochenfunde falsch datierten und derlei Späße mehr. Denn das versprach wissenschaftliche Reputation.

2. Auf der anderen Seite bleibt die Erblehre, die mit Mendel einige erstaunliche Entdeckungen machte und in deren Reihen sicherlich auch ein paar ehrenwerte Forscher zu finden sind. Aber es bleibt auch die beschämende Geschichte der Gen-Theorie, die ihren Gipfelpunkt in den Verbrechen der Nazis fand und bis heute die Menschen an der Nase herumführt und ihnen das Geld aus der Tasche zieht.

Aber all das widerlegt noch nicht die Evolution oder die Synthetische Theorie der Evolution, wie man heute korrekterweise sagen muss. Darwin wurde ja wie gesagt mit den Gen-Theoretikern in einen Topf geworfen. Diese „zusammengesetzte" (griech. *synthesis* = Zusammensetzung) Theorie ist noch immer nicht widerlegt, wenn es uns auch immer schwerer fällt, sie zu akzeptieren und als das Nonplusultra aller Erkenntnis zu feiern. Korrigieren muss man jedoch mit Sicherheit Folgendes:

- Evolution kann in kürzester Zeit erfolgen. Eine der wichtigsten Thesen Darwins (auf die sich praktisch alle Evolutions-Verteidiger stützen) lautet, Evolution gehe allmählich vor sich. Man kann allerdings in der Tierwelt beobachten, dass Evolution manchmal auch sehr „plötzlich" erfolgt. Die Felle einiger braunhäutiger Tiere färben sich manchmal innerhalb von nur zwei Generationen weiß, wenn das ihrem Überleben dient, sie zum Beispiel unversehens in einer schneereichen Region um ihr Dasein kämpfen müssen. Die Farbe Weiß garantiert hier Un-sichtbarkeit. Das Tier kann sich leichter verbergen oder sich leichter an Beute heranschleichen. Die Geschwindigkeit der

Evolution ist also beeindruckend. Und dieser Umstand bringt Darwins Theorie beträchtlich ins Wanken, sie erscheint uns sehr ergänzungsbedürftig.

- Wir müssen mit Sicherheit auch von der Idee Abschied nehmen, dass sich Evolution hübsch gradlinig, so wie sie uns in den Lehrbüchern präsentiert wird, stattgefunden hat. Auch das haben wir hinreichend belegt. Sofern wir dieser Theorie weiter anhängen wollen, wäre es viel klüger, von Wellenbewegungen auszugehen. Die Wellenbewegungstheorie, wie wir sie nennen wollen, ließe durchaus Hochkulturen vor sehr langer Zeit zu, vor Jahrzehntausenden und Jahrhunderttausenden, die danach vielleicht wieder in tiefste Barbarei versanken. Möglicherweise gab es ein permanentes Auf und Ab. Man könnte mit dieser evolutionären historischen Wellenbewegungstheorie geografischen Besonderheiten leicht gerecht werden und müsste nicht zwanghaft versuchen, alles auf einen gemeinsamen Nenner zu bringen, den es vielleicht nie gab. Man könnte diesen Stammbaum der Menschheit vergessen.

Die Wellenbewegungstheorie würde, nebenbei bemerkt, ein wirkliches Dilemma der Wissenschaft lösen, die bei jedem neuen Knochenfund ins Zittern gerät. Dadurch muss nämlich manchmal die gesamte zeitliche Einteilung richtiggestellt werden. Es ließe Raum für die Entdeckung, dass es hochintelligente Menschen bereits vor Hunderttausenden von Jahren gegeben hat, ja vielleicht noch früher. Es würde der Wissenschaft die Mühe ersparen, verzweifelt nach neuen *missing links* Ausschau zu halten und zu fälschen, was das Zeug hält, nur um einer alten, abgetakelten, bestenfalls halbrichtigen Theorie immer wieder Leben einzuhauchen. Und es würde der Wissenschaft die Mühe ersparen zu heucheln, man wisse inzwischen, was sich wirklich vor 6 Millionen Jahren abgespielt habe. Kein Mensch wird das jemals mit Sicherheit in Erfahrung bringen können. Es würde der Vokabel

Wissenschaft etwas von ihrer Arroganz und ihrer falschen Autorität nehmen. Wie kann sich ein einzelner Forscher, der selten mehr als 200 Jahre innerhalb einer einzigen, eng begrenzten Region wirklich überblickt, allen Ernstes anmaßen, die gesamte Welt und 6 Millionen Jahre zu kennen?

Die Wellenbewegungstheorie besäße darüber hinaus den Vorteil, dass man völlig unvoreingenommen an neue Funde herangehen könnte und als Forscher nicht von vorneherein dazu verdammt wäre, sozusagen mit einer Schere im Hinterkopf einen Knochenfund oder andere Funde in ein Gedankengebäude einordnen zu müssen, das gerade modern und akzeptiert ist und den Autoritäten, die gerade das Sagen haben, nicht widerspricht.

Darüber hinaus mangelt es der Synthetischen Theorie der Evolution an einer weiteren entscheidenden Einsicht. Damit wird es jetzt erst richtig spannend! Bitte schnallen Sie sich an!

KETZERISCHE FRAGEN, DIE NIEMAND ZU STELLEN WAGT

Dass einige tierische Überreste (Gene, Überbleibsel) im menschlichen Körper zu finden sind, ist unbestritten. Das Beweismaterial ist erdrückend, wir haben bereits darauf hingewiesen. Doch wer kann schon *wirklich* beweisen, auf welche Art und Weise eine Entwicklung nach „oben" stattgefunden hat? Wie bereits gesagt: Die Indizien mehren sich, dass die Evolution, die Höherentwicklung, sehr sprunghaft verlaufen ist und in eine neue Theorie der Wellenbewegung eingebettet werden muss, die Höhen und Tiefen besitzt.

Falls es diese Höherentwicklung gab, wer setzte sie dann in Szene? Muss es nicht ein geistiges Prinzip geben, ein verursachendes Prinzip, das für diese Entwicklung verantwortlich zu machen ist? Ist die Behauptung, etwas passiere von allein oder nur aufgrund bestimmter Umweltreize, nicht sehr unlogisch und eigentlich unwissenschaftlich?

298

Lehrt uns nicht Alltagserfahrung, Alltagsbeobachtung und die gesamte Geschichte, dass es für jede Wirkung eine Ursache gibt? Lehren uns nicht andere Wissenschaften, dass man nach einer Ursache forschen muss, wenn man sie nicht kennt? Wer hat Gott Zufall eigentlich zur höchsten aller Erkenntnisse erhoben, und wie viel logische, wissenschaftliche Existenzberechtigung besitzt diese Zufalls-Philosophie?

Wir gehen heute unbesehen davon aus, dass sich Leben ursprünglich aus einem See von Ammoniak gebildet habe – eine Theorie, die auch nie wirklich bewiesen worden ist, man vermutet es nur. Unseres Erachtens ist die mathematische Wahrscheinlichkeit hierfür gleich null.

Wir gehen unbesehen davon aus, dass sich aus primitivsten Einzellern einst höhere und höhere Formen des Lebens entwickelten. Auch hierfür fehlen die hieb- und stichfesten Beweise, denn all diese Zwischenschritte, die ständig entdeckt werden, beweisen längst nicht, dass kein verursachendes Prinzip vorhanden war.

Und wir gehen davon aus, dass sich stufenweise alle möglichen Formen und Arten entwickelten – Vögel, Fische, Landtiere und so fort. Auch das wurde nie wirklich bewiesen. Es handelt sich nur um eine Theorie, vergessen wir das nie!

Wir schlussfolgern, dass sich aus den intelligentesten Affen der Mensch entwickelt habe. Aber auch das wurde nie wirklich bewiesen; nur die Tatsache, dass sich im menschlichen Genhaushalt auch tierische Gene befinden, kann nicht wegdiskutiert werden.

Selbst wenn eine Evolution (= Höherentwicklung von niederen zu höheren Lebensformen) stattgefunden hat, so könnte es sich theoretisch lediglich um eine Evolution der Organismen gehandelt haben. Tierische Körperhüllen hätten sich dann im Laufe der Zeit zu menschlichen Körperhüllen gewandelt. Damit wäre die Frage, ob diese Evolution nicht durch ein geistiges Prinzip, wie wir das vorsichtig nennen wollen, in die Wege geleitet wurde, längst nicht aus der Welt geschafft.

Alles Gott Zufall oder der Natur in die Schuhe schieben zu wollen ist unseres Erachtens eine relativ primitive Denkweise. Als Geschichtswissenschaftler weiß man, dass der Zufall dann gern zitiert wird, wenn nicht gründlich genug recherchiert worden ist. Geht man den Tatsachen dagegen besonders sorgfältig auf den Grund, entdeckt man gewöhnlich einen oder mehrere konkrete Verursacher. Man entdeckt Drahtzieher oder Strippenzieher.

Längst gehen sogar einige Wissenschaftler davon aus, dass die Organismus-Evolution, wie wir sie vorsichtig nennen wollen, (die, wenn es sie gab, in gigantischen Sprüngen und äußerst ungeordnet verlaufen ist) sich nicht nur rein materiell oder materialistisch erklären lässt. Doch wenn es eine Evolution gab, wer leitete sie in die Wege?

Wer Zuflucht zu der Antwort „die Natur" sucht, muss sich fragen lassen: Wer programmierte die Natur auf eine Art und Weise, dass eine Evolution überhaupt stattfinden konnte?

Man betrachte sich einmal offenen Auges all die Millionen Tiere auf unserem Planeten und all die Milliarden Pflanzen! Zugegeben, der Bau eines Tierkörpers wird oft von der Funktion und dem Faktor Überleben bestimmt, aber oft auch von purer Ästhetik. Das gilt auch für Pflanzen. Man könnte zum Beispiel ohne Weiteres rein theoretisch und spekulativ ein Heer von 10.000 Malern, 50.000 Bildhauern und 100.000 Bio-Ingenieuren annehmen, die das alles geschaffen haben. Man könnte von vielen Göttern sprechen oder zahlreichen Verursachern. Selbstredend fehlt hierzu jeder Beweis.

Doch von einer Art unpersönlichen Evolution auszugehen widerspricht ebenfalls unseren Alltagserfahrungen. Es widerspricht der Geschichtswissenschaft an sich, die stets auf konkrete Verursacher prüft.

Fest steht also, dass die alte Evolutionstheorie so löchrig ist wie ein Schweizer Käse. Sie lässt einfach zu viele Fragen unbeantwortet. Nähme man dagegen auch eine Evolution des Geistes an, unabhängig von Organismen, ließen sich zahlreiche interessante Phänomene auf einmal erklären.

Nun ist diese Frage, *wer* diesen ganzen Spaß in die Wege leitete, nicht neu. Sie wird seit mindestens 6.000 Jahren gestellt, und wir können davon ausgehen, dass sie uns die nächsten 6.000 Jahrtausende weiter beschäftigen wird.

Antworten aus der Geschichte

Fragen wir uns erneut in aller Naivität: Was geschah wirklich vor 6 Millionen Jahren? Gibt es hierauf überhaupt eine Antwort? Interessanterweise ja! Sogar mehr als eine, die auf der Historie selbst fußt.

Wir kennen zahlreiche Mythen, Legenden und Überlieferungen, nach denen das Menschengeschlecht sehr viel älter ist, als heute gemeinhin angenommen wird. Fast kein kulturell hochstehendes Volk versäumte es, darauf hinzuweisen, dass es früher (oft wird von Abermillionen von Jahren oder riesigen Zeitspannen gesprochen) Götter gab.

Jeder Historiker, gleich welcher Provenienz, wird zugeben und zustimmen, dass über Mythen, Legenden, Heldensagen und alte Erzählungen die beiden folgenden Urteile abgegeben werden müssen:

Man darf sie nicht wörtlich nehmen.

In nahezu jedem Mythos ist ein wahrer Kern enthalten.

Konzentrieren wir uns auf den zweiten Punkt! In diesem Sinne ist es mehr als brisant, dass die alten Griechen von Göttern sprachen, wenn sie auf die alte Zeit deuteten. Die Japaner besitzen ebenfalls Mythen und Menschheitserinnerungen von Göttern, die in Urzeiten zugange waren. Die alten Ägypter sprachen von Göttern, genau wie die alten Inder, die alten Sumerer, die alten Germanen, die Azteken und Mayas und rund 50 andere Völkerschaften mehr. Ein erdrückendes Beweismaterial.

Ist es nicht auffallend und eine bemerkenswerte Parallele, dass fast überall eben *nicht* auf die Abstammung von Affen gedeutet wurde, sondern auf die Abstammung des Menschen von Göttern oder einem Gott? Gab es gleichzeitig eine Evolution des Geistes, wie man das nennen könnte? Handelte es sich bei diesen Göttern um Außerirdische? Um geistige Wesen mit enormen Fähigkeiten? Um Götter, die sich eines Tages mit Menschen einließen, wie im indischen und griechischen Raum sattsam beschrieben? Natürlich wissen wir das nicht.

Warum ähneln sich die alten Mythen auf so verdächtige Weise? Könnte es sich hierbei nicht um einen wahren Kern handeln, den wir einmal ernsthaft in Erwägung ziehen sollten? Müssen wir immer nur nachbeten, was gängige Wissenschaft gerade zu glauben befiehlt, obwohl heute hoch gepriesene Erkenntnisse der heiligen Wissenschaft morgen in Abrede gestellt und belächelt werden? Gab es Einflüsse auf den Menschen, die bislang nicht genug gewürdigt wurden? Wer will darauf eine seriöse Antwort geben? Wir können es nicht.

Fest steht jedoch, dass die Gemeinsamkeiten der Mythen der Menschheit zu denken geben. Zu viele Legenden berichten uns von Göttern oder Wesen mit fantastischen Fähigkeiten, als dass wir dies arrogant außer Acht lassen dürften. Nicht wenige ernstzunehmende Wissenschaftler behaupten inzwischen, dass die Abstammung vom Affen allein zu viele Fragen offen lässt und für sich benommen nicht befriedigend ist. Mehr und mehr wird das Denken populär, dass es auch eine geistige Evolution gab, wie man das nennen könnte. Die alte Evolutionstheorie müsste in diesem Fall ergänzt werden durch eine geistige, psychische oder mentale Komponente.

Was bleibt also?

KÜNFTIGE ENTDECKUNGEN

Begeben wir uns auf das gefährlich glatte Parkett der Zukunftsschau und wagen wir einige unorthodoxe Prophezeiungen!

Da die Evolutionstheorie mit gewaltigen Lücken und Unlogiken behaftet ist, glauben wir, dass es eines Tages überraschende Entdeckungen geben wird, dass man in nicht allzu ferner Zukunft auch Menschenskelette entdecken wird, die älter als 6 Millionen Jahre sind. Vergessen wir nicht: Die Archäologie, die sich mit so riesigen Zeiträumen befasst, ist eine relativ junge Wissenschaft. Hier stehen uns wahrscheinlich noch die unglaublichsten Entdeckungen ins Haus. Und auch die Paläoanthropologie ist ein junger Spund. Natürlich wird die „heilige Wissenschaft" im Falle solcher Entdeckungen kopfstehen!

Auch die Abstammung des Menschen vom Affen wird unseres Erachtens eines Tages eine Korrektur erfahren. Selbst wenn es genetische Befunde gibt, die gewisse Gemeinsamkeiten zwischen Tier und Mensch beweisen, heißt das noch nicht, dass deshalb kein geistiges Prinzip existiert, das die verschiedenen Sprünge des Menschen nach „oben" in die Wege leitete.

Geschichte, besonders die Frühgeschichte, wird im Laufe der nächsten Jahrzehnte und Jahrhunderte beträchtliche Änderungen erfahren, die so manche „gesicherten" Erkenntnisse über den Haufen werfen werden. Erinnern wir uns: Die genauen und präzisen Methoden, derer wir uns in der Historie und Archäologie bedienen, sind gerade einmal 100 bis 200 Jahre alt – auch die naturwissenschaftlichen Methoden. Geschichtlich gesehen stehen wir völlig am Anfang einer echten Geschichtsforschung, wir befinden uns in einem embryonalen Stadium, nicht etwa am Ende.

Ein künftiges Zeitalter wird vielleicht einmal lächelnd auf uns herabschauen und uns herzlich bedauern, weil unserer Methodiken so barbarisch und so unwissenschaftlich waren. Man wird über unsere Autoritätsgläubigkeit den Kopf schütteln und unserer Leichtgläubigkeit, wenn wir Glück haben, mit Humor begegnen.

Noch einmal: Wir stehen am Anfang der Entwicklung einer neuen Wissenschaft, die völlig in den Kinderschuhen steckt und die sich vielleicht einmal in einer fernen Zukunft den Namen Geschichtswissenschaft verdienen wird.

ENDGÜLTIGES FAZIT

Kehren wir ein letztes Mal zu unserer ursprünglichen Frage zurück: Was geschah wirklich vor 6 Millionen Jahren? Entwickelte sich der Mensch tatsächlich vom Affen zum Menschen?

Wir haben die Bibel abgehakt und unseren Kinderglauben verloren. Die Fehlinformationen im Buch der Bücher sind zu offensichtlich.

Wie wir gesehen haben, ist auch die Synthetische Theorie der Evolution längst nicht mehr unumstritten. Sie ist an allen Ecken und Enden angreifbar und hat sich mit ihren beiden Vertretern, den Gen-Enthusiasten und den Darwinisten, nicht unsere ungeteilte Zuneigung erworben. Wir konnten sehen, dass wir sie zumindest in einigen Aspekten beträchtlich korrigieren müssen.

Der Rest bleibt Spekulation, die jedoch gestattet sein muss. Dass es auch eine geistige Evolution gab, wurde inzwischen zwar von einigen Wissenschaftlern behauptet, bewiesen wurde sie jedoch nicht, sofern man nicht die zahlreichen Mythen als Beweismaterial akzeptiert.

Die Wahrheit ist sehr einfach: Wir wissen nicht, wie der Mensch entstanden ist und woher er kommt. Wir verfügen seit vielleicht 2,5 Jahrhunderten über eine Theorie, wie sich alles auf der Ebene von Organismen abgespielt haben könnte. Und seit knapp einem Jahrhundert haben wir eine Korrektur dieser Theorie. Aber selbst die korrigierte Theorie steht auf wackligen Beinen.

Wir schauen also noch immer sehnsuchtsvoll hinauf zu den Sternen, wundern uns und fragen uns, woher wir kommen. Wir haben gerade erst angefangen, unserer eigenen Geschichte auf die Spur zu kommen. In astronomischem Kontext gedacht: Seit einer einzigen Weltsekunde versuchen wir, das Rätsel Mensch zu lösen, den es offenbar bereits seit 6 Millionen Jahren auf der Erde gibt. Wir haben gerade erst angefangen nachzudenken.

10. KAPITEL

DIE UNVORSTELLBARE MACHT VON GESCHICHTSPHILOSOPHIEN

Ist man Lügen der Geschichte auf der Spur und Geschichtsfälschungen, stolpert man notwendigerweise über die verschiedenen Geschichtsphilosophien oder Geschichtstheorien. Immer handelt es sich hierbei um

1. eine Meinung, eine Ansicht, *wie* Geschichtsschreibung eigentlich vonstatten gehen müsse und *was* die Schwerpunkte angeblich sein müssten. So kann man beispielsweise nur die nackten Fakten chronologisch aneinanderreihen – oder sich darauf verlegen, die Ursachen für bestimmte geschichtliche Ereignisse auszutüfteln. Auch was geschichtswürdig und überhaupt der Aufzeichnung wert ist, ist unterschiedlich innerhalb der verschiedenen Geschichtsphilosophien. Beispielsweise kann man sich darauf verlegen, nur die Geschichte der Könige niederzuschreiben oder aber nur die Geschichte der Massen.

2. Es kann sich bei dem Ausdruck *Geschichtsphilosophie* jedoch auch um das Glaubensbekenntnis handeln, welches *Ziel* Geschichte vorgeblich zu erreichen sucht und welchen *Zweck* Geschichte angeblich zu erfüllen hat. Lange glaubte man in unseren Breiten beispielsweise, dass das Endziel der Geschichte Jesus Christus sei (und das Letzte Gericht). Marx wiederum nahm an, dass alles auf eine Diktatur des Proletariats zulaufe. Verschiedene Ziele wurden demnach visioniert und angenommen. Wir sprechen hier auch von rein persönlichen Weltsichten, die zum Teil einen enormen Einfluss ausübten und das Denken vieler Generationen bestimmten.

All diese Meinungen, Ansichten, Weltsichten und Glaubensbekenntnisse sind ausnahmslos subjektiver Natur, einige sind mehr, andere weniger intelligent. Zu oft verursachen sie die Verdrehung oder die einseitige Betrachtung von Geschichte. Eine Geschichtsphilosophie kultiviert nicht selten Vor-Urteile. Man betrachtet in der Folge die verschiedenen historischen Ereignisse wie durch eine getönte Brille, und das hat auf das Urteil über Geschichte natürlich einen verheerenden Einfluss.

Wenn wir Geschichtsfälschungen auf der Spur sind, müssen wir uns auch diese Geschichtsphilosophien vorknöpfen, die scheinbar „über" der Geschichte schweben, in Wahrheit jedoch Historie in ungewöhnlichem Ausmaß einseitig und inkorrekt wiedergeben.

Man darf sie nie unterschätzen: Eine Geschichtsphilosophie vermag manchmal jahrhunderte-, ja jahrtausendelang (!) Menschen zu beeinflussen. Theorien über die Geschichte gaben Menschen Gründe zu leben und zu sterben. Sie waren Ursache dafür, dass sich Historie über schier unvorstellbar lange Zeiträume in eine einzige bestimmte Richtung bewegte. Geschichtsphilosophien – ein Ausdruck, der von Voltaire geprägt wurde – beinhalten wirklichen Zündstoff. Steigen wir ein!

Die erste Lüge

Wenn es um Geschichtsphilosophien geht, besteht die erste Lüge darin, dass im Allgemeinen behauptet wird, es gebe nur etwa 30 Geschichtsphilosophien. In Wahrheit entwickelte nahezu jede Nation eine eigenständige Kultur und Zivilisation und hob eine eigenständige Geschichtsphilosophie aus der Taufe. Es existieren, vorsichtig geschätzt, vielleicht 300 nationale Geschichtsphilosophien.

Ein Beispiel: Die alten Ägypter konzentrierten sich bei ihren relativ sorgfältigen Aufzeichnungen in erster Linie auf ihre Religion und die Pharaonen – daneben existierte wenig, was es wert war, aufgezeichnet zu werden. Geschichte wurde nicht nach „objektiven" Jahreszahlen eingeteilt, wie wir das heute kennen, sondern nach den Regierungsdaten eines Pharaos. Man sprach also beispielsweise vom Jahr 1 des Pharaos Thutmosis I., danach vom Jahr 2 des Pharaos Thutmosis I. und so weiter. Gelangte der nächste Pharao an die Macht, ging die Zählung von vorn los und man sprach vom Jahr 1, 2 und 3 und so fort des Pharaos Thutmosis II. Geschichte hatte außerdem etwas mit der Stellung der Sterne und der Astronomie zu tun sowie mit den Göttern, die angeblich von den Sternen gekommen waren. Eine lupenreine Geschichtsphilosophie!

Die Chinesen wiederum gingen ganz anders vor. Sie besaßen eine verhältnismäßig sorgfältige Geschichtsschreibung, die bereits Jahrtausende alt war, bevor wir in Europa gewissermaßen unsere Höhlen verließen! China wurde einst das Paradies der Historiker genannt, da es hier lange vor unserer europäischen Kultur eine hochoffizielle Historiografie gab, die erstaunliche Höhen erreichte. Alles, einfach alles wurde aufgezeichnet – spätestens ab dem Jahre 776 v. Chr. Aber viele chinesische Geschichtsschreiber berichteten ohne mit der Wimper zu zucken auch von Ereignissen, die 3000 v. Chr. stattfanden. Selbst die Erschaffung der Welt (sie fand der chinesischen Geschichtsschreibung zufolge vor rund 2.229.000 Jahren statt) wurde von ihnen beschrieben. Und die ersten Menschen? Die ersten kultivierten Menschen entwickelten sich nach chinesischen Historikern aus Läusen. Demnach stammen wir nicht vom Affen ab, sondern von der Laus! Es ist schwierig zu bestimmen, wer hier recht hat ...

Die frühe chinesische Geschichtsschreibung ist voller Mutmaßungen, Mythen und Legenden, sie versuchte aber immerhin, auf vielen Gebieten auch die kulturellen Fortschritte festzuhalten. Am wichtigsten waren lange Zeit die verschiedenen Kaiser und mit ihnen die Geschichte rund um den Drachenthron. Die religiöse Geschichte besaß ein weitaus geringeres Gewicht als etwa im alten Indien oder im alten Ägypten. Auch hier begegnen wir einer eigenständigen Geschichtsphilosophie.

Abgesehen von den verschiedenen Geschichtsphilosophien in den einzelnen Kulturen, die durchaus unterschiedliche Akzente setzten, muss man auch die individuellen Geschichtsschreiber berücksichtigen. Es existieren ein paar Tausend Ansichten und Weltsichten, wie „richtige" Geschichtsschreibung zu sein hat – sagen wir spaßeshalber 2.000. 2.000 plus 300 = 2.300. Es existieren also 2.300 Geschichtsphilosophien, nicht nur 30! Das ist die erste Lüge.

Wir müssten theoretisch jeden einzelnen Chronisten und Geschichtsschreiber untersuchen, um unserem Anspruch, Geschichtsphilosophien zu untersuchen, halbwegs gerecht zu werden. Da das nicht zu leisten ist, sind wir darauf angewiesen, nur die interessantesten herauszupicken.

DIE ZWEITE LÜGE

Während die frühesten Geschichtsschreiber auf Teufel komm raus logen, wenn es etwa um die Entstehung der Welt ging – die Berichte widersprechen sich allesamt vehement –, so setzten griechische und römische Geschichtsschreiber ihren Ehrgeiz darein, etwas objektiver zu berichten. Etwas!

Als Vater der Geschichtsschreibung gilt in unseren Breiten noch immer Herodot (ca. 485–424 v. Chr.). Er beschrieb unter anderem die Kriege der Griechen gegen die Perser. Herodot reiste viel, befragte Gewährsmänner vor Ort und bezog sich je und je auch auf schriftliche Quellen, wenn auch in bescheidenem Ausmaß. Spätere Historiker stellten fest, dass er oft ungenau war und sich gern in Sagen, Anekdoten und unterhaltsamen Begebenheiten verlor, über die man viel behaupten kann, aber sicherlich nicht, dass sie der Wahrheit entsprechen. Wer Herodot je im Urtext gelesen hat, wird vielfach schmunzeln und sich gut unterhalten fühlen, aber er wird ihm nicht alles abkaufen. Die einzige Ausnahme: Herodot berichtete über eine Ameise, so groß wie ein Hund, die in Indien nach Gold schürfte. In dieser Beziehung hielt er sich natürlich strikt an die Wahrheit! Kurz und gut, Herodot wollte nicht nur ruhmreiche Taten festhalten, sondern auch unterhalten, er wollte nicht nur Geschichte erzählen, sondern auch Geschichten. [1]

In strengem Gegensatz zu Herodot steht der griechische Geschichtsschreiber Thukydides (ca. 460–397 v. Chr.) Er berichtete vor allem über den mörderischen Bruderkrieg zwischen Athen und Sparta. Thukydides versuchte, weitaus objektiver und neutraler als Herodot zu berichten; er suchte Angaben zu verifizieren, reiste viel, recherchierte vor Ort und interviewte zahlreiche Persönlichkeiten. Der nüchterne, gescheite Thukydides versuchte darüber hinaus, Gründe für den Krieg zwischen den Athenern und Spartanern zu eruieren, also die Vorgeschichte dieses Krieges herauszufinden und die Ursachen auszuleuchten. Er beobachtete schärfer als andere, prüfte Aussagen nach und bemühte sich um Überparteilichkeit und Genauigkeit. Augenzeugenberichte dünkten ihm wertvoll, seine geschichtlichen Darstellungen sind frei von Erfindungen. Er fühlte sich nur der Wahrheit verpflichtet. Zunächst präsentierte er Fakten, bevor er mit viel Intelligenz seine Schlüsse zog. Thukydides ist kurz gesagt eine Lichtgestalt unter den Historikern.[2]

Man könnte diese beiden Arten, Geschichte darzustellen – die Methode Herodots und die des Thukydides –, ohne Weiteres gegeneinander ausspielen. Das führt uns zur zweiten Lüge über die Geschichtsschreibung. Man könnte darauf beharren, dass ein Historiker sein Publikum zugleich gut unterhalten müsse – wie Herodot, und genauso gut könnte man fordern, dass ein Historiker der reinen Wahrheit verpflichtet sein solle – wie Thukydides. Hieraus ließe sich ein hübscher Gegensatz konstruieren, wie es tatsächlich vielfach getan wurde. Einigen Besserwissern erschien Thukydides zu trocken und zu faktenvernarrt. In Wahrheit lassen sich beide Methoden durchaus vereinbaren: Während es eine lässliche Sünde sein mag, nicht gut zu unterhalten, ist es gewiss eine Todsünde, die Wahrheit zu verdrehen, wenn man Geschichte schreibt.

Warum lässt man nicht einfach beide Methoden gelten, vereinigt sie in These und Antithese zur Synthese und hört auf, sich wechselseitig die Köpfe einzuschlagen – über die Frage, was angeblich die einzig richtige Methode der Geschichtsschreibung ist?

DIE DRITTE LÜGE

Betrachten wir die römische Geschichtsschreibung, insoweit sie uns zu Erkenntnissen verhilft.

Bereits in unserem Buch *Die größten Lügen der Geschichte* wiesen wir darauf hin, dass Cäsar wie gedruckt log, als er über seinen Krieg im heutigen Frankreich berichtete (*Bellum Gallicum*).[3] Wir lernen hieraus, dass Politiker selten oder nie dazu taugen, neutral über geschichtliche Vorgänge zu schreiben, verfechten sie doch stets ihren eigenen Standpunkt. Bewusst oder unbewusst suchen sie sich zu beweihräuchern, sich zu rechtfertigen, Sympathien zu gewinnen und den Leser auf die eigene Linie einzuschwören.

Das gilt auch für Cäsars Parteigänger Sallust (86–35 v. Chr.) Er ließ Cäsar in seinen Schriften hochleben – der Diktator hatte ihm offenbar mehr als einmal Kopf und Kragen gerettet. Ganz abgesehen davon war Sallust ein Windhund, seine persönliche Karriere galt ihm alles, er gestand in seinen eigenen Schriften ein, dass er sich bestechen ließ, von Neid zerfressen war und einen schlechten Ruf besaß. Als er hohe politische Positionen innehatte, beutete er schamlos römische Provinzen aus und raffte kaltblütig und skrupellos so viele Reichtümer wie eben möglich zusammen.

Als Geschichtsschreiber disqualifizierte Sallust sich demnach völlig. Er ergriff Partei! Das heißt: Auch Parteigänger können selten oder nie objektiv Geschichte verfassen. Sie sind Propagandisten. Wenn sie auch nur den Mund aufmachen, verdrehen sie schon die Wahrheit, sie lügen sozusagen von Haus aus. Sind sie außerdem bestechlich und von minderer ethisch-moralischer Qualität, kann man sie vollständig vergessen.

Weitaus edleren Gemüts als Sallust war der römische Geschichtsschreiber Tacitus (ca. 58–116 n. Chr.). Der Rechtsanwalt und Gerichtsredner machte auch als Senator von sich reden; er wurde vor allem als Historiograf berühmt. Kritisch nahm er die Verfallserscheinungen

Roms im 1. Jahrhundert n. Chr. unter die Lupe und beschrieb und beurteilte mit spitzer Feder verschiedene römische Kaiser. Tacitus forderte, *sine ira et studio*, also ohne Zorn und Eifer (besser: ohne Zorn und Übereifer oder Parteilichkeit), Geschichte zu verfassen – ein löbliches Postulat, dem er jedoch selbst selten gerecht wurde. Kein Geschichtswerk ergreift mehr Partei als seine *Annalen*![4] Er stützte sich bei seinen Recherchen auf Senatsakten, mündliche Berichte und Geschichtswerke, aber auch auf Hofklatsch. Als Anhänger der Republik kritisierte er verschiedene römische Tyrannen und brach eine Lanze für die Freiheit, was ihn uns sympathisch macht. Gleichzeitig ergriff er Partei für den Adel und die Senatoren, einen Stand, dem er selbst angehörte. Das macht ihn uns verdächtig. Denn damit war er ebenfalls ein Parteigänger. Wir finden bei ihm neben der relativ objektiven Beschreibung geschichtlicher Vorgänge auch dramatische, rhetorisch ausgefeilte Angriffe auf die Monarchie und leidenschaftliche Predigten, voller Zorn und Parteilichkeit.

Sogar der große Tacitus, der zweifellos von den besten Absichten beseelt war und sich zumindest bemühte, sich über seine eigenen Vorurteile zu erheben, ist also mit einer gewissen Vorsicht zu genießen.

Wir könnten auf diese Weise noch weitere römische Geschichtsschreiber vor den Richterstuhl zerren, aber der springende Punkt ist die Parteilichkeit.

Die dritte Lüge der Geschichtsschreibung besteht in dem Versuch, nicht nur einen nationalen Blickwinkel einzunehmen, sondern darüber hinaus noch einen parteiischen. Rom war stets zerstritten in der politischen Arena. Römische Historiografen versuchten deshalb fast ausnahmslos, ihrer Richtung das Wort zu reden – nicht anders als heutige Journalisten, die nur die CDU oder nur die SPD gelten lassen wollen. Geschichtsschreibung gerät jedoch zu einer Lüge, wenn nur ein parteiischer Standpunkt eingenommen wird und nur einer bestimmten politischen Richtung das Wort geredet wird.

DIE VIERTE LÜGE

Über die vierte Lüge stolpern wir, wenn wir Historiker untersuchen, die eine bestimmte pädagogische Absicht verfolgen, die erziehen wollen, die moralisch-ethische Ziele verfolgen, oft von den besten Absichten beseelt. Wir persönlich lieben sie, aber auch sie schreiben nicht immer die Wahrheit. Der sympathische Plutarch (45–125 n. Chr.) etwa fällt in diese Kategorie: von Haus aus ein Grieche, der auch zu den Römern beste Beziehungen unterhielt. Plutarch wollte die Römer, die sich zu seiner Zeit auf dem Gipfel ihrer Macht befanden, unter anderem davon überzeugen, dass Griechenland kulturell viel zu bieten hatte. Er wollte das Griechentum aufwerten. Griechenland war zu seiner Zeit herabgesunken zu einer unbedeutenden römischen Provinz. Trotz sorgfältigen Quellenstudiums (das freilich nicht mit heutigen Methoden zu vergleichen ist) ist Plutarch ein Musterbeispiel eines Historikers, der moralisch-didaktisch denkt und schreibt.

Aber: Die moralisch-didaktische Geschichtsschreibung fühlt sich nicht immer der Wahrheit verpflichtet.

DIE FÜNFTE LÜGE

Nehmen wir die religiöse Geschichtsschreibung aufs Korn, sind wir der fünften Lüge auf der Spur.

Untersuchen wir nur einmal die christliche Historiografie! Ereignisse, die nichts mit der christlichen Religion zu tun haben, werden kaum erwähnt und als unwichtig abgetan. Die christliche Heilsgeschichte bemüht sich, alles auf einen einzigen Punkt zulaufen zu lassen – auf Jesus Christus. Die Geschichte als Ganzes ist nebensächlich, erst nach Christus beginnt die christliche Zeitrechnung. Sie gilt als „Endzeit".

Geschichte schreitet hier auf ein bestimmtes Ziel zu, das Endgericht oder Jüngste Gericht. Um diese Art von Geschichtsschreibung zu legitimieren, wird die Wahrheit in unvorstellbarem Ausmaß verdreht. Berufenere Geister als wir es sind haben hierauf bereits hinlänglich aufmerksam gemacht.

Und selbst die christliche Heilsgeschichte wird verdreht. Es wimmelt in einer solchen Geschichtsschreibung von Wundern und übernatürlichen Ereignissen. Diese Art von Geschichtsschreibung will Christen in ihrem Glauben bestärken oder neue Christen gewinnen. Es handelt sich um eine propagandistische Art der Geschichtsschreibung.

Nicht selten schreitet christliche Geschichte in bestimmten Schritten voran, der Dreierschritt ist besonders populär.

Andere Religionen machten sich dieser Art von (unwahrer) Geschichtsschreibung ebenfalls schuldig – niemand darf ausgenommen werden, weder Juden noch Muslime, weder Buddhisten noch Taoisten.

Grundsätzlich dominierte religiös motivierte Geschichtsschreibung, die einem bestimmten Glauben Vorschub leisten sollte, in Europa rund 3.000 Jahre lang die Geschichtsbücher. Die christliche Geschichtsschreibung verfälschte in unseren Breiten etwa 1.700 Jahre lang die Historie.

Misstrauen wir Geschichtsschreibern, die nur einer bestimmten Religion das Wort reden wollen!

Der Sieg der Vernunft: Voltaire

Einen neuen Meilenstein in der Geschichtsschreibung setzte der große Voltaire (1694–1778). Er begründete die moderne Historiografie gewissermaßen erst.

Neben seinen berühmten Romanen *Zadig, Candide* und *Micromegas* verfasste der größte französische Federfuchser auch geschichtliche Werke. So schrieb er eine *Geschichte Karls XII.* und arbeitete über das

Zeitalter Ludwigs XIV. In der Schweiz entstanden seine berühmtesten historischen Werke. Obwohl Voltaire Geschichte für einen „Mississippi des Betrugs" hielt, schrieb er die *Geschichte Russlands* und verfasste einen dicken Schmöker über das *Zeitalter Ludwigs des XIII.*

Seine Vorgehensweise war ganz anders als die der anderen Herren Historiker. Vorher hatte man nur das Christentum zu verherrlichen gesucht. Demzufolge existierten, ein wenig überspitzt ausgedrückt, bei den christlich motivierten Geschichtswissenschaftlern nur Frankreich, Deutschland, England, Griechenland, Italien und Israel. Voltaire arbeitete von einem ganz anderen Blickwinkel aus. Für ihn gab es auch China, für ihn gab es Indien und für ihn existierte die gesamte Welt. Er suchte den Horizont zu erweitern und vom egozentrischen, eurozentrischen, „ego-europäischen" Standpunkt abzurücken. Er studierte sorgfältiger als andere Historiker vor ihm die Quellen. Er las praktisch alles Erreichbare über einen Gegenstand, studierte Hunderte von Memoirenwerken und kontaktierte persönlich zahlreiche Augenzeugen. Er forschte überall nach Aufzeichnungen, las Lebenserinnerungen, holte Auskünfte von Ohrenzeugen ein und suchte Kontakt zu Persönlichkeiten, die etwas mit der Geschichte, die er schrieb, zu tun gehabt hatten.

Außerdem war Voltaire der erste europäische Kulturhistoriker. Er betrachtete Geschichte nicht bloß als eine Addition von Kriegen, von Scharmützeln, von Gefechten und Schlachten, er spürte vielmehr auch kulturelle Ereignisse auf. Künstler schienen ihm wichtiger als Herrscher, Schriftsteller, Philosophen, Maler und Musiker bedeutender als jeder Fürst.

Voltaire strich die Rolle der Vorsehung aus der Historie, er strich die Idee, alles sei von einem christlichen Verständnis aus zu interpretieren, und versuchte Geschichte tatsächlich zu begreifen. Damit griff Voltaire das Alte und das Neue Testament an. Er machte mit seiner spitzen Feder alles lächerlich, was zuvor der jüdisch-christlichen Geschichtsschreibung heilig gewesen war. Er versuchte, Vernunft und Verstehen in die Historie einzuführen, und revolutionierte auf diese Art die Geschichtsschreibung.

Als Voltaire den Aberglauben und die Lügen der christlichen Geschichtsschreibung endgültig satt hatte, überschwemmte er ganz Europa
mit seinen Schriften. Er ließ einen wahren Niagara von Flugschriften,
Traktaten, Romanen, persönlichen Briefen, belehrenden Schriften,
beißenden Kritiken, ätzenden Spottgedichten, bissigen Predigten,
scharfzüngigen Erzählungen und intelligenten Fabeln auf die Welt
herabstürzen. Teils veröffentlichte Voltaire unter seinem eigenen Namen,
teils unter Pseudonymen. Er verwendete dabei über 100 Decknamen.
Manchmal unterschrieb er mit *Erzbischof, Pastor* oder *Mönch.* Es war
dies „die erstaunlichste propagandistische Mannigfaltigkeit, die je von
einem einzelnen Menschen produziert wurde."[5] Voltaire unternahm
also wirklich etwas gegen den Aberglauben. Und er wurde gelesen und
gelesen. Seine Flugschriften erreichten Auflagen von 300.000 Stück!
In der gesamten Literaturgeschichte ist kaum eine ähnliche Wirkung
bekannt. Und das Ganze initiierte Voltaire – man muss es sich vorstellen!
– in weit fortgeschrittenem Alter. Mit der Waffe der Ironie attackierte er
alles, was gegen die Vernunft sprach.

Eine seiner Waffen war das im Jahre 1759 veröffentlichte Buch *Candide.*
Nach kürzester Zeit befahl der Genfer Große Rat die Verbrennung
dieses Romans. Voltaire bestritt seine Autorenschaft. Im Rahmen einer
Abenteuer- und Liebesgeschichte enthielt dieser Roman eine grausame
Satire auf die beste aller Welten – eine Annahme des Philosophen
Leibnitz. Das Buch *Candide* nahm den religiösen Aberglauben, die
pikanten Liebesaffären in Klöstern, die hässlichen Standesvorurteile, das
juristische Fehlurteil, die Bestechlichkeit der Richter, die Barbarei des
Strafgesetzbuches, die Unmenschlichkeit der Sklaverei und die Gräuel
des Krieges aufs Korn.

Das Stück strotzt und trieft vor Ironie und intelligenten Bosheiten.
Es enthält gleichzeitig das philosophische Glaubensbekenntnis, dass
diese Welt eben doch nicht die beste aller möglichen ist, speziell wenn
es sich um eine Welt handelt, in der vergewaltigt, gemordet und gefoltert
wird – wie es der gute Candide, die Hauptfigur des Romans, beobachtet. Die Weltauffassung, hier auf unserer Erde sei alles wohl bestellt

316

und hier walte ein gütiger Gott, erstach Voltaire mit dem Degen des Sarkasmus.[6]

Seinen Slogan, das Losungswort und den Streitruf „Zermalmt die Niederträchtige!" (hiermit deutete er auf die Kirche) wiederholte Voltaire in der Folge unaufhörlich und in allen Tonarten. Er kämpfte unnachgiebig gegen Fanatismus, Verfolgung und Inquisition. Er entlarvte die Priester, die die Geschichte geschrieben und verdreht hatten, immer wieder als Schwindler. Der Kampf gegen die Kirche nahm ihn so in Anspruch, dass er kaum mehr die politische Korruption bekämpfen konnte – vorher sein Lieblingssport. Jetzt hatte er die Kirche im Visier. Ihn wurmten die Unwahrheiten und die Lügen. Und so trug er die Fackel der Wahrheit eine große Strecke weiter.

Seine Kritik auch gegen die Geschichtsschreibung hat bis heute nichts von ihrer Aktualität eingebüßt. Von Voltaire wahrscheinlich inspiriert stellte seine langjährige Lebensgefährtin beispielsweise fest: „... Eine lange Geschichte unserer modernen Völker habe ich noch nie bis zu Ende lesen können. Ich sehe darin nichts als Verwirrung, eine Reihe unbedeutender Ereignisse ohne Verbindung untereinander und ohne logische Folge und tausend ergebnislose Schlachten ... Ich verzichte auf ein Studium, das dem Geist eine so unverdauliche Nahrung verschafft."[7]

Voltaire selbst kritisiert ebenfalls das rein additive Aneinanderreihen von bloßen, dummen Fakten, die zu keiner Erkenntnis führen – was nebenbei bemerkt bis heute 90 Prozent unserer Geschichtsschreibung ausmacht. Denn so viel ist wahr: Noch immer leidet die Geschichtsschreibung darunter, dass Daten und Fakten nicht ausgewertet und gewichtet werden. Das ist zum Teil darauf zurückzuführen, dass viele Geschichtsschreiber fürchten, ihr Kopf könne hinter den Zinnen ihrer akademischen Geistesburgen abgeschlagen werden. Und so verzichten sie darauf, Fakten auszuwerten und wichtige Erkenntnisse in Stein zu meißeln – was Geschichtsschreibung zu einem gewissen Grad wertlos macht.

Voltaire gab zu, dass die Geschichtsschreibung nie den Gewissheitsgrad wie etwa die Mathematik erreichen könne. Er plädierte dafür, nach den Ursachen eines Ereignisses Ausschau zu halten und ein möglichst hohes Maß an Wahrscheinlichkeit zu erreichen. Weiter plädierte er dafür, aus den Geschehnissen der Vergangenheit einen Nutzen für die Gegenwart zu ziehen.

Er verlangte, wiederholen wir, grundsätzlich nicht nur die politische Geschichte zu untersuchen, sondern auch die Geschichte des Handels, der Industrie, der Wissenschaft und der Kunst.

Er forderte dazu auf, in puncto christlicher Geschichtsschreibung auf die Barrikaden zu gehen. Voltaire schätzte die Geschichtsschreiber Thukydides, Xenophon (426–355 v. Chr.) und Polybios (200–120 v. Chr.), misstraute aber Mönchen und Priestern, die Geschichte geschrieben hatten. Er misstraute weiter „großen Denkern", die versucht hatten, Geschichte auf eine simple Formel zu bringen. Hegel und Marx hätte er ausgelacht, und ihre Thesen innerhalb einer einzigen Minute mit dem spitzen Degen seiner Ironie erstochen. Trotz seines Standpunktes, den er auch verfocht, bemühte er sich um Objektivität und Toleranz. Aber er diente sich keiner politischen Strömung an, er war kein Parteigänger und katzbuckelte weder vor Päpsten noch vor Königen.

Und worin bestand Voltaires eigene Geschichtsphilosophie? Worin bestanden seine konkreten Erkenntnisse – nachdem er viele Tausend Bücher studiert hatte?

Der größte aller französischen Denker glaubte an die Vernunft. Er glaubte daran, dass sich der Mensch langsam und tastend nach „oben" bewegen und die Menschheit peu à peu Einsichten gewinnen könne. Er lehnte den dumpfen Glauben an Wunder ab und begrüßte die Wissenschaft. Er stellte fest, dass Ideen die Welt verändert hatten, und schlussfolgerte messerscharf, dass deshalb auch in Zukunft vernünftige Ideen die Welt verändern könnten.

Voltaire war außerdem der wichtigste Vorkämpfer und Vater der Menschenrechte. Seine Geschichtsphilosophie beeinflusste Jahrhunderte und löste im Grunde auch die Geschichtsphilosophie des Christentums ab. Der versetzte er den Todesstoß, jedenfalls in intellektuellen Kreisen. Freiheit, Gerechtigkeit und Vernunft waren ihm die höchsten Ideale. Er glaubte daran, die Menschheit verbessern zu können. Nicht anders als Platon hielt er dabei den Einfluss auf gekrönte Häupter für besonders wichtig.

Niemand, so urteilten viele große Geister, kann bis heute Voltaire das Wasser reichen. Und so viel ist wahr: Bis heute wurde sein Einfluss auf die Geschichtsschreibung von keinem einzigen Schreiberling übertroffen.

OPTIMISTEN UND PESSIMISTEN

Verzichten wir an dieser Stelle absichtlich darauf, die Geschichtsphilosophien von Turgot, Rousseau, Kant, Dilthey, Troeltsch, White, Burckhardt, Nietzsche, Benjamin, Horkheimer, Adorno und so fort aufzuarbeiten.

Zu Kant nur so viel: Ihm erschien Geschichte als ein Gewebe „kindischer Bosheit und Zerstörungswut" und als „Possenspiel". Was für eine einseitige Betrachtungsweise!

Rousseau glaubte, Geschichte bestehe nicht aus Fortschritt, sondern beschreibe nur den Verfall. Woher nahm er seine Gewissheit?

Horkheimer und Adorno glaubten ebenfalls, die Gesellschaft befinde sich auf dem absteigenden Ast und das Endziel sei negativ; vielleicht wurden sie von den beiden entsetzlichen Weltkriegen im 20. Jahrhundert beeinflusst. Das beweist, dass die Geschichte selbst einen Einfluss auf die Geschichtsphilosophie besitzt.

Aber all dieser Negativismus ist bestimmt nicht logisch begründbar.

Grundsätzlich bekämpften sich die Optimisten und Pessimisten unablässig, wenn es darum ging, die „richtige" Geschichtsphilosophie zu begründen. Auf der einen Seite gab es die Optimisten und Fortschrittsgläubigen, die auf die neuen wissenschaftlichen Erkenntnisse, die künftigen atemraubenden technischen Möglichkeiten und den zunehmenden wirtschaftlichen Reichtum verwiesen, womit die Annahme einer ständigen Höherentwicklung verbunden war. Auf der anderen Seite standen und stehen die Pessimisten und Untergangsapostel, die auf die negativen Auswirkungen der Technik aufmerksam machten, auf soziale Probleme und den allgemeinen Verfall.

Vielleicht verrät ein Mensch nur etwas über sich selbst und sein Inneres, wenn er ein Pessimist oder ein Optimist ist? Möglicherweise sind seine „philosophischen" Aussagen also vollkommen wertlos, und er erzählt uns nur, ob er glücklich oder unglücklich ist.

Erlauben wir uns, auch hier ein wenig zu philosophieren und uns eine eigene Meinung zu bilden. Unserer Ansicht nach liegt die Wahrheit in der Mitte: Es gibt zweifellos Figuren und Gestalten, die hart daran arbeiten, dass sich Dinge verschlechtern, und zweifellos Figuren und Gestalten, die hart daran arbeiten, dass sich Dinge verbessern. Gewinnen die Cowboys mit den schwarzen Hüten, ist das Endziel der Geschichte negativ. Gewinnen die Cowboys mit den weißen Hüten, führt Geschichte nach „oben". Geschichte ist in diesem Sinne ein ständiger Kampf zwischen Gut und Böse. Es gibt also kein objektives Geschichtsziel: Geschichte wird gemacht, verursacht und in die Wege geleitet.

GESCHICHTSPHILOSOPHEN IM 18. UND 19. JAHRHUNDERT

In Deutschland machte rund ein Jahrhundert nach Voltaire Leopold von Ranke (1795–1886) von sich reden. Einige bezeichnen ihn als Begründer der modernen deutschen Geschichtswissenschaft. Ranke forderte erneut, aufzuzeigen, „wie es eigentlich gewesen ist", forderte Objektivität ein, einen quellenkritischen Ansatz und Systematik. Sein Renommee war und ist bedeutend in Deutschland.

Gleichzeitig gab es in Deutschland einen beträchtlichen Rückschritt, der mit dem Namen Georg Wilhelm Friedrich Hegel verbunden ist. Hegel (1770–1831) nahm an, dass es in der Geschichte vier Reiche gegeben habe, die orientalische, die griechische, die römische und die germanische Welt – ein Konzept, das so kurz greift, dass man darüber heute kaum mehr diskutieren muss. Er verkündete mit einer Selbstsicherheit, die uns lächeln lässt, das der Endzweck der Weltgeschichte die Versöhnung von Natur und Geist sei und ein ewiger Frieden. Den Beweis hierfür blieb er schuldig.

Hegel lehrte mit der Naivität des geborenen Dogmatikers, dass die Geschichte eines Volkes normalerweise in drei Perioden ablaufe: Zunächst lebe ein Volk ohne Zwiespalt nach seinem inneren Prinzip, in der zweiten Stufe lebe es im Genuss des Erreichten und in der letzten Periode würden Tugend- und Moralvorstellungen angeblich in Frage gestellt; Wissenschaft und Philosophie blühten hier, aber der Untergang lauere bereits am Horizont. Nach Hegel kann ein Volk nur ein einziges Mal diese dritte Periode durchlaufen und eine weltgeschichtliche Rolle spielen. Danach gehe es unter, es erscheine wieder ein neues Volk, falls es eine weitere Stufe gebe. Nun, diese Theorie wird durch die Geschichte Chinas und Ägyptens widerlegt, die viele Male eine weltgeschichtliche Rolle spielten, sowie durch die Geschichte Deutschlands, US-Amerikas, Russlands oder Englands. Oh Georg Wilhelm Friedrich, hättest du doch geschwiegen!

Hegel inspirierte Karl Marx, dessen Historischen Materialismus wir bereits behandelt haben. Marx nahm an, dass Geschichte nach bestimmten Gesetzen regelmäßig fortschreite und es vier verschiedene Entwicklungsstadien gebe – Urgesellschaft, Sklavenhaltergesellschaft, Feudalgesellschaft und Kapitalismus. Die letzten drei Stadien sind nach Marx durch Klassenkämpfe bestimmt, nach dem Kapitalismus folge deshalb notwendig der Kommunismus. Marx ist heute in Bezug auf seine Geschichtsphilosophie mausetot, die Geschichte selbst hat ihn widerlegt.

Erwähnenswert ist noch J. G. Droysen (1808–1884), der Geschichte vor allem als eine Geschichte des Geistes und der Ideen sehen wollte. Große Personen bestimmen nach ihm maßgeblich den Gang der Geschichte. Seine Geschichtsphilosophie wird gern als Historismus bezeichnet. Auch der Historismus drängte darauf, die Quellen kritisch zu prüfen und erst danach vorsichtig die geschichtlichen Zusammenhänge aufzuzeigen.

In direktem Gegensatz dazu entwickelte sich eine Geschichtsphilosophie, die darauf beharrte, dass nur Massen Geschichte machen. Vor allem Soziologen und Marxisten machten sich hierfür stark. Was ist dazu anzumerken?

Inzwischen spricht man kaum mehr von Massen. Man hat längst erkannt, dass jede Masse aus verschiedenen Gruppen oder Zielgruppen zusammengesetzt ist. Die amorphe, undefinierbare Masse von gestern ist wissenschaftlich tot. Jede Masse besteht nach heutiger Erkenntnis aus einzelnen Zielgruppen, jede Zielgruppe verfügt über einen (oder mehrere) *Opinion Leader* (OL), über Meinungsmacher oder Leitfiguren, von der sich eine Zielgruppe lenken und beeinflussen lässt. Diese OLs sind für die Richtung verantwortlich, in die sich eine Zielgruppe bewegt.

Mit anderen Worten: Zahlreiche Meinungsführer machen Geschichte, nicht Massen. Die Wissenschaft der Public Relations besiegte die Behauptungen der Soziologie.

GESCHICHTSTHEORIEN IM 20. JAHRHUNDERT

Im 20. Jahrhundert schossen weitere Geschichtsphilosophien aus dem Boden. Die Franzosen Lucien Febvre (1878–1956) und Marc Bloch (1886–1944) forderten etwa, mehr zu quantifizieren und zu messen, um so Geschichte objektiver an Zahlen festmachen zu können. Die Besiedlungsdichte einer Stadt dünkte ihnen zum Beispiel wichtig, aber auch anderes statistisches Zahlenmaterial.

Andere forderten erneut, sich mehr auf die Gesellschaft (= Massen, die Masse) zu konzentrieren oder auf die Sozialgeschichte. Zu oft verkam eine solche Art der Geschichtsschreibung jedoch zur Ideologie: Andere Arten der Historiografie wurden abqualifiziert und die Gesellschaft als das einzig wichtige Momentum der Geschichte begriffen – was offensichtlich zu kurz greift.

Natürlich erblickten im 20. Jahrhundert noch weitere Geschichtsphilosophien das Licht der Welt. Verzichten wir darauf, noch einmal die Nazi-Geschichtstheorie (1933–1945) nachzuvollziehen – wir haben diese Arbeit bereits in einem früheren Kapitel erledigt. Als der Rassenwahn untergegangen war, suchte man ihm Rahmen der Geschichtswissenschaft nach neuen Orientierungspunkten. Geschichte wurde nun teilweise dazu benutzt, eine künftige Nazi-Herrschaft zu verhindern und dem alten Denken das Wasser abzugraben.

Das Fach Geschichte begann sich nach 1945 stark auszudifferenzieren. Untersucht wurden jetzt auch Wirtschaftsgeschichte, Technikgeschichte, Militärgeschichte, Kulturgeschichte, die Geschichte der Frauen, Alltagsgeschichte, Landesgeschichte, die lokale Geschichte und noch einige Geschichtsarten mehr.[8] Sofern nur der Anspruch erhoben wird, einen Teilaspekt der Geschichte zu begreifen, ist daran nichts falsch, Spezialisierungen stellen eine Erweiterung des Horizonts dar. Kritisch wird es nur, wenn übergeordnete Zusammenhänge ignoriert werden oder die eigene Geschichtsphilosophie als die einzige, allein seligmachende Wahrheit hingestellt wird.

Und wie ist über die Geschichtsschreibung im 21. Jahrhundert zu urteilen?

Moderne Ansätze

Noch immer liegt der Schwerpunkt deutscher Universitäten auf der Geschichte Deutschlands, und die wird überstrapaziert. Je und je wird zwar die europäische Geschichte gestreift, aber sie wird nicht intensiv genug behandelt. Die Internationalität bleibt so im Allgemeinen auf der Strecke.

Die Geschichte Afrikas, Australiens und Amerikas wird fast vollständig ignoriert, Asien wird allenfalls nur am Rande wahrgenommen. Die Geschichte Griechenlands und Roms ist überrepräsentiert, die Geschichte Ägyptens, Persiens, Indiens und Russlands dagegen kaum vorhanden. Das führt zu einem zu engen Blickwinkel und zu Unwahrheiten.

Immerhin experimentiert man fleißig. Kaum eine neue Generation von Historikern versäumt es, Geschichte völlig neu zu erzählen, von einem anderen Gesichtspunkt aus. Neue Methoden werden schick, die jungen Gelehrten widersprechen den alten, es gibt neue Denk- und Wissenschaftsmodelle, tiefer eindringende Sonden, objektivere naturwissenschaftliche Verfahren und vieles mehr. Die Geschichtsschreibung ist also glücklicherweise in Bewegung.

Dabei weiß jeder schriftstellernde Historiker, dass er wirkliche Objektivität nie erreichen kann. Es existieren einfach zu viele Fakten und zu viele Gesichtspunkte. Ein Großteil der Fakten ist dabei längst verloren gegangen, wieder andere Fakten wurden absichtlich vernichtet.

Jeder Historiker ist zudem persönlich geprägt – durch Erziehung, Lehrer, Bücher, Stadt, Land und Nation; er besitzt Neigungen, Abneigungen, Lieblingstheorien und Wertesysteme, die religiöser, weltanschaulicher oder politischer Natur sein können. Schon die gestellten Fragen sind subjektiv, nicht zu reden von der Anordnung der Fakten oder gar den Auswertungen. Jeder Historiker selektiert, thematisiert und interpretiert. Und jeder Geschichtsschreiber neigt wissentlich oder unwissentlich einer bestimmten Geschichtsphilosophie zu.

Eine neue Geschichtsschreibung

Dennoch kann sich jeder Historiker um Objektivität bemühen und im Idealfall sogar eine Annäherung an die Wahrheit erreichen.

Man kann trotz dieses Ozeans von Fakten das Allgemeingültige klug herausfiltern, das zehn-, hundert- und tausendfach empirisch

Bewiesene, und auf diese Weise zu wichtigen Erkenntnissen gelangen. Man muss sich nicht verlieren in diesen „dummen Fakten", wie sie bezeichnet wurden.

Man kann durchaus die Gründe für bestimmte Ereignisse herausfiltern und sie in eine Skala relativer Wichtigkeit einordnen, man kann generell wichtig von unwichtig unterscheiden. Man kann eine Ordnung in bestimmte Geschehnisse bringen und den zeitlichen Ablauf festlegen, was allein schon erhellend wirkt. Wir können inzwischen die Zeit sehr genau bestimmen – hier verbessern wir uns ständig. Denken wir nur an all die naturwissenschaftlichen Hilfsmittel, die uns mittlerweile zur Verfügung stehen. Wir können immer genauer den Ort bestimmen – auch hier werden wir ständig zuverlässiger. Denken wir nur an die Fortschritte in der Archäologie. Endlich kann man die Drahtzieher entdecken, das WER festlegen, den Ursprung, die Veranlasser, die Beweger, die Strippenzieher. Und man kann Ereignisse von verschiedenen Gesichtspunkten aus beleuchten, wodurch sich ebenfalls die Wahrhaftigkeit erhöht.

Genaue Zeiten, genaue Orte, handelnde Personen und verschiedene Gesichtspunkte weisen in Richtung Wahrheit. Präzise Zahlen und Statistiken stützen die Zuverlässigkeit einer Aussage oder eines Ereignisses ab.

Allen Problemen lassen sich positive Einsichten und Lösungen gegenüberstellen. Nichts ist fataler, als überhaupt nichts zu wissen, als Geschichte gar nicht zu kennen. Aber wir müssen unser Konzept von Wahrheit verändern. Es gibt zugegebenermaßen allenfalls eine Annäherung an die geschichtliche Wahrheit, die auf einer angenommenen Skala von minus 100 bis plus 100 eingezeichnet werden könnte.

- 100	// 0	+ 100

Grad der Wahrheit in der Geschichtsschreibung

Minus 100 würde vollständige Lüge bedeuten, plus 100 vollständige Wahrheit. Beide Extreme sind unerreichbar.

Während Geschichtsschreibung im Altertum im Allgemeinen bestenfalls bei + 30 anzusiedeln ist, können wir heute von einer Geschichtsschreibung von + 70 sprechen. In einigen Fällen wird der Wert weit höher liegen, in anderen weit tiefer. Aber noch einmal: Hier handelt es sich nur um ein Denkmodell. Die „Wahrheit" eines Thukydides ist weit höher anzusiedeln als die „Wahrheit" eines heutigen Diktators in Nord-Korea etwa, der über Geschichte reflektiert.

Dennoch befindet sich jeder Historiker auf einer bestimmten Stelle der obigen Skala, die Wahrhaftigkeit seiner Aussagen könnte zumindest theoretisch mit einem Wert, einer Zahl, bemessen werden. Mittlerweile befinden wir uns also in der komfortablen Lage, jede Geschichtsphilosophie zu bewerten. Unsere ganz persönliche Skala sähe so aus:

- 100			// 0				+ 100	
Nazi-Histo-riker	Marx	Hegel	Judaismus Christentum Islam	Cäsar Sallust	Herodot Plutarch	Droysen Tacitus	Thukydides Ranke Spezial-Historie	Voltaire Durant
- 90	-80	- 70	- 50	- 10	+ 10	+20	+ 30-50	+ 90

Grad der Wahrheit in der Geschichtsschreibung

Fazit

Als Fazit bleibt noch einmal festzuhalten, dass im Grunde jeder Historiker, der Geschichte schreibt, über seine eigene, private Geschichtsphilosophie verfügt.

Die großen Geschichtsphilosophien, die wir in diesem Kapitel nur anreißen konnten, sind manchmal mächtige Waffen, die ganze Nationen und Kulturen beeinflusst haben und damit mitunter das Denken von Jahrtausenden.

Vielleicht ist keine Philosophie machtvoller als die Geschichtsphilosophie. Sie entscheidet darüber, in welchem intellektuellen, geisti-gen Rahmen wir uns bewegen und welche Ziele wir anstreben. Geschichtsphilosophien haben ganze Zeitalter verdunkelt – auf der anderen Seite aber auch ganze Zeitalter zu höchsten Höhen emporgeführt. Geschichtstheorien zeichneten für Millionen Tote verantwortlich – aber auch dafür, dass völlig neue Wissenschaften das Licht der Welt erblickten und die Menschheit auf ein weit höheres Überlebensniveau gelangte.

Die meisten Geschichtsphilosophien dienten nur einer bestimmten Weltsicht, Religion, Nation oder dem eigenen Vorurteil. Es gab nicht viele Geschichtsphilosophien, die die Menschheit wirklich voranbrachten – Gestalten wie Thukydides oder Voltaire sind Ausnahmeerscheinungen.

Zumeist wurden Geschichtsphilosophien dazu missbraucht, eine bestimmte Ansicht weiterzutragen zu helfen. Und trotzdem kommen wir nicht ohne Geschichte aus. Wir würden ansonsten darauf verzichten, aus der Vergangenheit zu lernen, was fatal und dumm wäre. Geschichte und Geschichtsschreibung ist jedoch nicht denkbar ohne Geschichtsphilosophie.

Was ist die Lösung? Betrachten wir Geschichtsphilosophien ab heute mit einem gesunden Misstrauen und einer gewissen Skepsis! Aber verzichten wir nie darauf, Geschichte selbst zu studieren!

Die Fallen, die uns die Geschichtsphilosophie stellt, sind dann leicht zu umgehen, wenn wir Geschichte nicht nur oberflächlich, sondern sehr gut kennen. Nur sie informiert uns auch über die Struktur der Fallen.

Das Heilmittel gegen die Sünden der Geschichtsphilosophien ist die Geschichte.

QUELLENVERZEICHNIS

Kapitel 1

Teil 1

1 Vgl. SPIEGEL, 52/2006 sowie die Forschungen des Ägyptologen Jan Assmann

2 Will Durant: Weltreiche des Glaubens, Bd. 5, München, 1981, S. 91

3 Vgl. Adrian Kerr: Ancient Egypt and Us – The Impact of Ancient Egypt on the Modern World, ohne Ortsangabe, 2009
Vgl. weiter die Schriften von Will Durant, besonders seine Kulturgeschichte der Menschheit, Frankfurt, München, 1980

Teil 2

1 R. Hamilton: Das alte Ägypten, München, ohne Zeitangabe, S. 24ff.

2 Christian Jacq: Die Pharaonen, München, 1996, S. 22ff.

3 Vgl. Erdogan Ercivan: Verbotene Ägyptologie, Rottenburg, 2004[11] sowie Erdogan Ercivan: Das Sternentor der Pyramiden, München, 2004

Kapitel 2

1 Frank Fabian: Die größten Lügen der Geschichte, München, 2009, S. 143ff. Vgl. auch Roger Liebi: Herkunft und Entwicklung der Sprachen, Holzgerlingen, 2007[3] S. 172ff.
Vgl. weiter Will Durants Darstellungen, Kulturgeschichte der Menschheit, München 1980

2 Vgl. weiter Will Durant: Kulturgeschichte der Menschheit, München, Frankfurt, 1980

Kapitel 3

1 Vgl. Dante Alighieri: Die Göttliche Komödie, München, 1997
Vgl. weiter Dante Alighieri, Die Göttliche Komödie, Basel, 1990. Vgl. auch die Darstellung der Hölle. Zitat nach Will Durant, Frankfurt 1981, S. 242

2 Vgl. http://www.kath.ch/aktuell vom 8. Okt. 2009

3 Ägyptisches Totenbuch, übersetzt und kommentiert von Gregoire Kolpaktchy, Bern, München, Wien, 1970, S. 90, vgl. weiter S. 77 und S. 189

4 Vgl. Friedhelm Prayon: Die Etrusker, Mainz, 2006

5 Vgl. Friedhelm Prayon: Die Etrusker, Mainz, 2006

329

Kapitel 4

1 Karlheinz Deschner: Kriminalgeschichte des Christentums, Band I, Reinbek bei Hamburg, 1999, S. 244ff.
2 Horst Fuhrmann: Constitutum Constantini, Hannover, 1984
3 Karlheinz Deschner: Kriminalgeschichte des Christentums, Band 4, a. a. O., S. 396ff.
4 Vgl. Deschner sowie verschiedene Wikipedia-Einträge

Kapitel 5

1 Axel Kuhn: Die Französische Revolution, Stuttgart, 1999, S. 27f.
2 Guido Grandt: Schwarzbuch Freimaurerei, Rottenburg, 2007, S. 159ff.
3 Jim Marrs: Rule by Secrecy, New York, 2000, S. 222 sowie Nesta H. B. Webster: Masons originated Revolution, ohne Ortsangabe, S. 165
4 Vgl. zahlreiche Internet-Quellen sowie Wikipedia-Einträge, die immer wieder auf den Einfluss der Freimaurerei auf die Französische Revolution aufmerksam machen. Stichworte *Freimaurerei* und *Französische Revolution*
Vgl. auch Will Durant: Die Französische Revolution, München, 1979, S. 19 und S. 29
5 Brinton Crane: The Jacobins, New York, 1950
6 Vgl. Nesta H. Webster: The Origin and Progress of World Revolution, London, 1932. Die Quellenlage hierfür ist durchaus umstritten. „Verschwörungs-Theoretiker" berichten auf diese Weise, andere Autoren auf andere Weise.
7 Vgl. Abbé Barruel: Denkwürdigkeiten zur Geschichte des Jakobinismus, London, 1797;
Willem Smitt: Handbuch der Freimaurerei, Leipzig, 1910;
Oskar Posmer: Internationales Freimaurerlexikon, ohne Ortsangabe, 1780;
Eugen Lennhoff: Politische Geheimbünde, Wien, 1966
Auch Hermann Schüttlers Werk ist empfehlenswert: Illuminaten im Vorfeld der Französischen Revolution, Köln, 1989

Kapitel 6

Teil 1

1 Werner Blumenberg: Karl Marx, Reinbek bei Hamburg, 28. Auflage, 2001, S. 71f.
2 Werner Blumenberg: a. a. O., S. 50ff.
3 Werner Blumenberg: a. a. O., S. 195ff.
4 Werner Blumenberg: a. a. O., S. 98
5 Sigmund Freud, Neue Folge der Vorlesungen zur Einführung in die Psychoanalyse, 1933, gef. bei: Werner Blumenberg, a. a. O., S. 167
6 Vgl. verschiedene Internet-Quellen zu Karl Popper und seiner HistoMat-Kritik, vgl. weiter Wikipedia, Stichworte „Karl Popper" und „Historischer Materialismus"

Teil 2

1 Hermann Weber, Lenin, Reinbek bei Hamburg, 2008, Nachbemerkungen
2 Hermann Weber, a. a. O., S. 33

3 Lenin: Werke, Berlin, 1962, Bd. I, S. 429
4 Lenin: Werke, a. a. O., Band VIII, S. 58
5 Evan Mawdesley, The Russian Civil War, Edinburgh 2005, S. 81. Der englische Originaltext liest sich so: „Organize immediately mass terror, shoot und deport hundreds of prostitutes who are making drunkards of the soldieres, as well as former officers."
6 Lenin: Briefe, Berlin, 1967, Bd. IV., S. 52f.
   Zitate nach Hermann Weber
7 Hermann Weber, a. a. O., S. 80
8 Nicolas Werth, Ein Staat gegen sein Volk, in: Stéphanie Courtois u. a., Das Schwarzbuch des Kommunismus, München 1998, S. 143
9 Vgl. Das Schwarzbuch des Kommunismus, Wikipedia. Vgl. weiter die Berechnungen verschiedener Statistikexperten, die von den Kritikern des Schwarzbuches genannt wurden, und eigene Berechnungen
10 Frank Fabian: Die Kunst des Regierens, Suhl, 2008

Teil 3

1 Maximilian Rubel: Stalin, Reinbek bei Hamburg, 2000 [9] S. 27
2 Maximilian Rubel: a. a. O., S. 79, vgl. auch S. 33
3 Vgl. Alexander Solschenyzin: Der Archipel Gulag, Hamburg, 1970
4 Maximilian Rubel, a. a. O., S. 93
5 Vgl. Wikipedia, Das Schwarzbuch des Kommunismus
6 Maximilian Rubel, a. a. O., S. 212
7 Vgl. verschiedene Bücher über den KGB, z. B. von John Barron

Kapitel 7

1 Zitiert nach Wolfgang Benz: Die Protokolle der Weisen von Zion, München, 2007, S. 35
2 Wolfgang Benz: a. a. O., S. 40f.
3 Zitiert nach Hadassa Ben-Itto: Die Protokolle der Weisen von Zion – Anatomie einer Fälschung, Berlin, 1998, S. 23
4 Hadassa Ben-Itto: a. a. O., S. 25
5 Wolfgang Benz: a. a. O., S. 44
6 Frank Fabian: Die geheim gehaltene Geschichte Deutschlands, Suhl, 2011, S. 80
7 Wolfgang Benz: a. a. O., S. 49
8 Zitiert nach Heiko A. Oberman: Wurzeln des Antisemitismus, Berlin, 1981, S. 136 und S. 155
9 Frank Fabian, Die größten Lügen der Geschichte, a. a. O., S. 398
10 Vgl. D. Martin Luther: Die gantze Heilige Schrift, Bd. 1, Wittemberg, 1545 (München, 1974), S. 13, sowie Bd. III., S. 2261
11 Frank Fabian: Die größten Lügen der Geschichte, a. a. O., S. 398
12 Thomas Röder: Die Männer hinter Hitler, Malters, 1994, S. 80ff.
13 Hadassa Ben-Itto: a. a. O., S. 398
14 Vgl. Frank Fabian: Die geheim gehaltene Geschichte Deutschlands, Suhl, 2011
15 Vgl. Ha. A. Mehler: Macht und Magie der Public Relations, Idstein, 2000

Kapitel 8

Teil 1

1 Plutarch: Die großen Griechen und Römer, Neu-Isenburg, 2008, S. 35
2 Plutarch: Die großen Griechen und Römer, a. a. O., 2008, S. 60
3 Plutarch: Die großen Griechen und Römer, a. a. O., 2008, S. 60

Teil 3

1 Frank Fabian: Die geheim gehaltene Geschichte Deutschlands, Suhl, 2011
2 Adolf Hitler: Mein Kampf, München 1936, S. 519
Hitler im Originalton: „Ausgehend von der ,Schuld am Krieg', um die sich damals kein Mensch kümmerte, ...wurde fast alles behandelt, was irgendwie agitatorisch zweckmäßig ... war."
3 Adolf Hitler: a. a. O., S. 197
4 Adolf Hitler: a. a. O., S. 197
5 Adolf Hitler: a. a. O., S. 201
6 Adolf Hitler: a. a. O., S. 203
7 Adolf Hitler: a. a. O., S. 523
8 Golo Mann: Deutsche Geschichte 1919–1945, Frankfurt, 1959, S. 102
9 Golo Mann: a. a. O., S. 101
10 Werner Klose: Hitler und sein Staat, Tübingen, 1979, S. 21ff.
11 Werner Klose: a. a. O., S. 29 und S. 168
12 Werner Klose: a. a. O., S. 168
13 Vgl. Wikipedia, Stichworte Frank-Lothar Kroll, Nationalsozialismus, Weltanschauung

Teil 4

1 Vgl. SPIEGEL, 8/2003
2 Robert Baer: Der Niedergang der CIA, München, 2002, S. 359/363
3 Vgl. Michael Gorbatschow: Über mein Land, München, 2002, S. 40
Als die ehemalige UdSSR am Rande des Abgrunds stand, kurz vor dem Zerfall, weil sie sich törichterweise auf ein Wettrüsten mit dem Westen eingelassen hatte, überlebte sie jahrelang nur aufgrund einer einzigen Geldquelle: Öl.
4 Vgl. http:/www.dr-rath-foundation.org/open-letter/0 2002 02 28.htm

Kapitel 9

1 Die Zeit, 2003
2 Wikipedia, vgl. die Stichworte David Pilbeam und Evolutions-Kritik
3 Vgl. SPIEGEL, 41/2009; vgl. weiter Science: http://www.sciencemag.org
4 Charles Darwin: Die Abstammung des Menschen und die geschlechtliche Zuchtwahl, I. Teil, Stuttgart, 1871, S. 146

5   H. M. Peters: Soziomorphe Modelle in der Biologie, in: Ratio 1, 1960, S. 22 sowie
    I I. M. Peters; in: H.-G. Gadamer, P. Vogler (Hrsg.): Neue Anthropologie, Bd. 2, 1. Teil,
    München und Stuttgart, 1972, S. 326–362
6   Christoph Mai: Die Zwillingsmethode, Hamburg, 1945
7   Torsten Forberger: Die Anti-Aging (R)Evolution, Güllesheim, 2006, S. 21ff.
8   Vgl. SPIEGEL, 29/2008

Kapitel 10

1   Herodot: Das Geschichtswerk, Frankfurt, 2001
2   Thukydides: Der Peloponnesische Krieg, Ditzingen, 2000
3   Frank Fabian, Die größten Lügen der Geschichte, a. a. O., S. 61ff.
4   Tacitus: Annalen, Stuttgart, 1964
5   Will Durant: Die großen Denker, München, 1996, S. 288
6   Vgl. Voltaire: Candide oder: Die Beste der Welten, Stuttgart, 1992
7   Will Durant: Das Zeitalter Voltaires, München, 1980, S. 247
8 . Vgl. auch Stefan Jordan: Einführung in das Geschichtsstudium, Stuttgart, 2009 sowie Johannes
    Rohbeck: Geschichtsphilosophie, Hamburg, 2004

FRANK FABIAN, Jahrgang 1952, lebt in Florida, USA. Fabian studierte Geschichte und Philosophie in Deutschland, England und in den USA. Der in neun Ländern publizierte Bestsellerautor wurde mit vielen Preisen ausgezeichnet. Einige seiner Bücher wurden in Deutschland zum Einsatz als Lehrbuch empfohlen: für die 9. bis 12. Klasse, für Regelschulen, Gymnasien und berufsbildende Schulen, für Studenten, Ausbilder und Lehrer.

Erfolgstitel in Deutschland:
- Sehr geehrte Frau Bundeskanzlerin
- Die Kunst des Regierens
- Die größten Lügen der Geschichte
- Die geheim gehaltene Geschichte Deutschlands
- Die Steuer-Tyrannei

Kontakt: frankfabian11@yahoo.com

So spannend wie ein Thriller